金亮 著

市场权力结构与价格竞争

基于动态博弈的分析

MARKET POWER STRUCTURE
AND PRICE COMPETITION

AN ANALYSIS BASED ON DYNAMIC GAME

社会科学文献出版社
SOCIAL SCIENCES ACADEMIC PRESS (CHINA)

本书出版受江西省教育科学"十三五"规划2020年度重点课题（19ZD007）以及江西省社会科学"十三五"基金项目（20GL35）资助

摘 要

本书基于不同市场权力结构的视角，研究了竞争企业或竞争供应链之间的价格竞争问题，构建了不同企业主导市场以及各企业均势等市场权力结构下的动态博弈模型，考察了不同市场权力结构、消费者购买行为、市场入侵威胁等现实因素对企业价格竞争、市场占有率以及利润水平的影响，以期为竞争环境下企业运营管理实践提供理论和方法指导。本书研究形成的模型、理论方法和运作策略对制定企业或者供应链产品价格战略以及市场营销策略具有指导意义，能为企业价格管理实践提供系统性建议。

首先，针对由两家竞争企业或者两条竞争供应链组成的寡头垄断市场，考虑消费者对两种质量差异化产品具有不同的支付意愿，建立了质量差异化产品的效用函数和需求函数，构建了不同企业主导市场以及各家企业均势等市场权力结构下的两阶段动态博弈模型，分析了市场权力结构、质量差异化竞争对企业或供应链价格竞争策略和绩效的影响。研究发现，拥有市场主导权的企业或者供应链会选择高价策略，并获得更多的利润份额；不同产品之间的质量差异化竞争会导致产品价格竞争的加剧，但不一定会导致企业或者供应链系统绩效的降低；为提高企业市场竞争力，企业策略性地提供售后服务可以在一定程度上避免价格竞争。

其次，针对由两家品牌差异化竞争制造商和共同零售商组成的供应链，考虑两家制造商之间、各制造商与零售商之间存在不同的市场权力结构，建立了品牌差异化产品的效用函数和需求函数，构建了制造商主导、零售商主导以及双方均势三种市场权力结构下的三阶段动态博弈模型，考察了品牌差异化程度、市场权力结构、市场入侵对各制造商之间以及供需双方企业之间价格竞争的影响。研究发现，高端品牌产品的批发价格和零售价格总是更高，品牌差异化程度会加剧两家制造商之间的批发价格竞争；相较于完全垄断市场，面对品牌差异化竞争制造商的市场入侵，低价策略对原来的制造商来说总是最优选择；拥有供应链主导权总是对各企业有利，但由于品牌差异化制造商之间存在价格竞争，零售商能够获得比供应端制造企业更多的利润。

最后，进一步考虑消费者退货行为的影响，建立了同时考虑消费者退货、品牌差异化竞争以及消费者渠道偏好的消费者效用函数和产品需求函数，建立了品牌差异化制造商在不同市场权力结构下的供应链三阶段动态博弈模型，分析了退款保证对品牌差异化产品定价、供需双方企业利润以及价格竞争的影响。研究发现，在不同市场权力结构下，面对消费者退货行为，在线零售商会根据退货产品残值大小策略性地调整产品的零售价格；在线零售商向消费者提供退款保证服务不一定能提升各家供应链成员企业的利润水平，这取决于消费者对产品的满意度以及消费者退货成本的大小；品牌差异化竞争总是对在线零售商有利，消费者却不一定能从市场竞争、退款保证中获得更多的剩余，且消费者对品牌差异化产品支付意愿的不同也会加剧退款保证对消费者的不利影响。

Abstract

This book examines the question of price competition between competitive enterprises or competitive supply chains from the perspective of different market power structures. The dynamic game models under the market power structure such as the dominance of different enterprises and the balance of power of each enterprise are constructed. On this basis, the influence of real factors such as the threat of market invasion on the market share and profit level of enterprises in price competition is investigated in order to provide theoretical and method guidance for the operation and management practice of enterprises in the competitive environment. The model theory method and operation strategy developed in this book are of guiding significance for enterprises or supply chain product price strategy or marketing strategy, and can provide systematic suggestions for enterprises' price management practice

Firstly, we consider an oligopoly market consisting of two competitive enterprises or competitive supply chains. According to consumers' different willingness to pay for two quality differentiated products, the utility function and demand function of quality differentiated products are established. Then, several types of two-stage dynamic game modelin this section are established under the market power structure of several different enterprises dominating the market and the balance of power of each enterprise. And analyzes the influence of quality differentiation competition in the market power structure on the price competition strategy and performance of each enterprise or supply chain. The results show that, companies with market dominance or supply chains will choose high prices and gain a larger share of profits. The quality differentiation competition among different products will lead to the intensification of product price competition, but it will not necessarily lead to the decrease of enterprise or supply chain system performance. Moreover, in order to improve the market competitiveness of enterprises, enterprises can avoid price competition to some extent by strategically providing after-sales service.

Secondly, we consider a supply chain that consists of two brands, a differentiated competing manufacturer and a co-retailer. According to the different market power structure between each manufacturer and retailer, the utility function and demand function of brand differentiation products are established. Then, we construct a three-stage dynamic game model under three market power structures, such as manufacturer-led, retailer-led and bilateral equilibrium, to investigate the influence of market power structure intrusion on the price competition among manufacturers and between suppliers and suppliers. The results show that, the wholesale and retail prices of high-end brand products are always higher, and the degree of brand differentiation will intensify the wholesale price competition between the two manufacturers. Compared with completely monopolizing the market, the low price strategy is always the best choice for the original manufacturers in the face of the market invasion of differentiated brand competition manufacturers. Moreover, having supply-chain dominance is always in the interest of individual companies, but retailers can make more money than supply-side manufacturers because of price competition among brand-differentiated manufacturers.

Finally, further considering the influence of consumers' return behavior, a consumer utility and product demand function considering consumers' return brand differentiation competition and consumers' channel preference is established. By establishing a three-stage dynamic game model of supply chain under different market power structure of brand differentiation manufacturers, we analyze the influence of the guarantee on the profits and price competition of suppliers and suppliers of brand differentiation product pricing. The results show that, the online retailers strategically adjust the retail price of products based on the residual value of returned products in the face of consumer return behavior under different market power structures. The money-back guarantee provided by an online retailer to consumers may not necessarily improve the profitability of each member of the supply chain, and it depending on consumers' satisfaction with the product and the cost of returning it to consumers. Differentiated brand competition is always beneficial to online retailers, but consumers may not be able to obtain more surplus from the money-back guarantee in the market competition. Moreover, consumers' different willingness to pay for differentiated products of brand will also aggravate the negative impact of money-back guarantee on consumers.

目 录

第一章 绪论 …… 001

第二章 不同市场权力结构下寡头垄断市场价格竞争策略 …… 014
  第一节 问题描述与符号定义 …… 015
  第二节 伯特兰德模型（B） …… 017
  第三节 古诺模型（C） …… 021
  第四节 均衡结果比较分析 …… 023
  第五节 算例分析 …… 029
  第六节 本章小结 …… 032

第三章 存在竞争零售商的供应链定价策略 …… 033
  第一节 问题描述与模型假设 …… 034
  第二节 统一定价策略情形（U） …… 037
  第三节 差别定价策略情形（D） …… 042
  第四节 供应链均衡比较 …… 047
  第五节 数值仿真 …… 049
  第六节 本章小结 …… 053

第四章　不同市场权力结构下竞争供应链定价策略 …… 054
第一节　问题描述与模型假设 …… 057
第二节　单一供应链情形 …… 059
第三节　链与链竞争情形 …… 063
第四节　均衡比较分析 …… 068
第五节　消费者福利分析 …… 071
第六节　本章小结 …… 074

第五章　市场垄断下制造商定价与质量差异化销售策略 …… 076
第一节　问题描述与模型假设 …… 078
第二节　未实施质量差异化销售策略下的基准模型 …… 082
第三节　质量差异化销售策略下的供应链均衡分析 …… 087
第四节　质量差异化销售策略的价值分析 …… 098
第五节　数值算例与仿真分析 …… 103
第六节　本章小结 …… 107

第六章　基于市场入侵的品牌差异化竞争供应链定价策略 …… 109
第一节　问题描述与模型假设 …… 112
第二节　仅存在在位制造商的供应链均衡 …… 115
第三节　进入制造商入侵后的供应链均衡 …… 117
第四节　不同市场权力结构下的均衡分析 …… 127
第五节　数值算例分析 …… 134
第六节　本章小结 …… 137

第七章　基于品牌差异化竞争的供应链权力结构模型 …… 139
第一节　问题描述与模型假设 …… 141
第二节　不存在市场入侵的基准模型 …… 145

第三节	市场入侵下的供应链均衡分析	148
第四节	不同市场权力结构下的均衡比较分析	160
第五节	数值算例分析	166
第六节	本章小结	168

第八章　顾客退货对差异化竞争供应链价格竞争的影响　171
- 第一节　问题描述与模型假设　174
- 第二节　模型构建与求解　177
- 第三节　退款保证和品牌差异化竞争的影响　185
- 第四节　问题延伸与拓展　195
- 第五节　本章小结　207

第九章　主要结论与管理启示　209
- 第一节　主要结论　209
- 第二节　管理启示　212

参考文献　215

第一章
绪　论

一　本书的研究背景

价格竞争（Price Competition）指企业运用价格手段，通过价格的提高、维持或降低，以及对竞争者定价或变价的灵活反应等，来与竞争者争夺市场份额的一种竞争方式。长期以来，通过产品价格战略来与竞争对手展开价格竞争受到商品生产者、经营者的重视（Afeche et al., 2019；金亮等，2019a）。通常情况下，产品价格战略作为市场营销组合战略中的重要组成部分是必要的，企业依据其总体战略或者为实现其经济效益目标，对产品价格做出规划和调整方案（Cui et al., 2019；李世杰、李伟，2019；Zhou et al., 2019；Xiao and Zhou, 2020）。

近年来，随着我国经济的迅速增长以及市场经济的不断发展，市场逐步成熟，市场规律的作用日益增强，市场竞争日趋激烈，产品价格战略逐渐成为企业谋求发展的一种重要手段，市场上价格竞争问题或者"价格战"在各行各业频繁发生（Ceryan, 2019）。例如，20世纪90年代彩电行业的"价格战"，长虹为提高市场份额实施低价策略，降低长虹彩电的价格，康佳、TCL、熊猫等彩电企业也竞相降价参与价格竞争；2019年格力选择降价，开展一场名为"工厂价直销"的活动，以针对奥克斯采取的降价措施，导致空调行业价格竞争越来越激烈，格力、奥克斯、美的、海尔、长虹等大品牌以及一些中小品牌，均以不同形式调整各自的空调价格。

价格竞争策略是企业参与市场竞争的核心，也是企业竞争的有力手段，合理的价格不仅可以作为调节产品供应的重要手段，而且能使企业在市场竞争中处于有利地位、提高市场竞争力、求得生存与发展（金帅等，2020）。同时，价格竞争能淘汰市场上的劣质产品生产企业，减少重复投资，使社会资源得到有效的整合和利用，并激励企业提高其品牌知名度、服务水平、产品质量、技术水平等。然而，面对价格竞争，企业不合理的定价策略或者价格竞争策略会造成利润损失或者丧失竞争优势（Wu and Lai，2019），具体包括以下几个方面。第一，价格竞争会增加企业成本。随着价格竞争的加剧，企业销售产品获得的边际利润会降低，有可能价格的降低并不能使企业获得相应的市场份额，进而导致企业整体利润的降低。第二，价格竞争尤其是降价或低价策略，会影响企业定位或企业形象。企业的定位往往决定了企业的形象，这需要企业投入大量成本来提升产品品质和进行品牌的宣传维护，进而导致产品价格上升，但企业价格竞争会导致品牌定位的模糊和品牌形象的受损，甚至低价策略是以牺牲产品质量和服务为代价，会进一步损害企业形象。第三，价格竞争会影响企业可持续竞争力，不利于行业进步。企业的可持续竞争力包含很多方面，如品牌、企业形象、技术储备、管理、产品品质等，但这些均需要以企业有足够的经营利润为前提。另外，许多行业都面临产业结构调整、技术更新等现实问题，企业为了短期利益易陷入低层次的价格竞争中，最终导致整个行业利润的巨幅下降，阻碍行业的发展和进步。

与此同时，也不难发现，企业在市场竞争中因拥有的资源优势不同、在供应链中地位不同或者拥有的渠道能力不同等，存在不同的市场权力结构。各企业均追求自身利润最大化，即以各自利润最大化为目标来选择价格竞争策略，不合理的市场权力结构不仅会增加企业定价决策的难度，而且容易导致企业决策激励失调或者供应链系统及各成员企业绩效的降低。例如，美国高通公司利用其在手机芯片、3G、4G知识产权方面的垄断地位，向华为、苹果、魅族等手机厂商收取高额的专利费，结果各手机厂商认为高通的专利费计费方式或者专利收费标准不平等不合理，导致各种专利诉讼、纠纷的发生；苹果公司因其生产的 iPhone、iPad、MAC 等产品占据市场主导地位，占有其产品销售利润率的 90% 以上，而其代工工厂的利润率则低至 2%。

鉴于此，本书基于不同市场权力结构的视角，以"市场权力结构与价格竞争：基于动态博弈的分析"为题，采用动态博弈方法，研究企业在不同市场结构或者不同供应链结构下的价格竞争问题，考察不同市场权力结构、消费者购买行为、市场入侵威胁等现实因素对企业价格竞争、市场占有率以及利润水平的影响，以期对竞争环境下企业运营管理实践提供理论和方法指导。

二 基本概述

根据本书的研究内容，将从动态博弈、市场权力结构、价格竞争三方面对本书做基本概述。

1. 动态博弈

一般认为，博弈理论研究开始于 1944 年冯·诺伊曼（John von Neumann）和摩根斯顿（Oskar Morgenstern）合作出版《博弈论与经济行为》（*The Theory of Games and Economic Behavior*）一书，书中提出了以博弈为指导的对策论、博弈论以及预期效用理论等。随后，到 50 年代，合作博弈发展到鼎盛期，非合作博弈论也开始创立。约翰·纳什（John Nash）在 1950 年和 1951 年发表了两篇关于非合作博弈的重要文章，塔克（Tucker）于 1950 年定义了"囚徒困境"。到 60 年代后，莱茵哈德·泽尔腾（Reinhard Selten）将纳什均衡的概念引入了动态分析，提出了"精炼纳什均衡"概念。随后，70 年代中期至 80 年代后期博弈论在经济学中被广泛应用，并成为主流经济学的一部分，甚至可以说已成为微观经济学的基础。

博弈的划分可以从两个角度进行。基于参与人行动的先后顺序，博弈可以划分为静态博弈和动态博弈。其中，静态博弈是指博弈中参与人同时选择行动，或者虽然不是同时行动但并不知晓前行动者采取了什么具体行动；动态博弈是指博弈中参与人的行动有先后顺序，且后行动者能观察到前行动者的具体行动。基于参与人对其他参与人特征、战略空间及支付函数是否知晓，博弈可以划分为完全信息博弈和不完全信息博弈。其中，完全信息博弈是指博弈中的每一个参与人对所有参与人的信息都知晓；不完全信息博弈是指博弈中的参与人对其他参与人的信息不知晓。根据上述博弈划分，可以得到四种不同类型的博弈，即完全信息静态博弈、完全信息动态博弈、不完全信息静态博弈、不完全信息动态博弈，如表1-1所示。

表1-1 博弈的划分

信息类型	静态	动态
完全信息	完全信息静态博弈 纳什均衡	完全信息动态博弈 子博弈精炼纳什均衡
不完全信息	不完全信息静态博弈 贝叶斯纳什均衡	不完全信息动态博弈 精炼贝叶斯纳什均衡

本书考虑由不同企业组成的寡头垄断市场或者竞争供应链，多家企业之间进行价格竞争，且不同企业在决策过程中存在先后顺序，如制造商通过零售商将产品销往市场时，制造商率先决策产品的批发价格，然后零售商再决策产品零售价格。因此，本书将采用动态博弈分析方法，分析不同市场权力结构下各家企业或者各条供应链之间的价格竞争问题。

2. 市场权力结构

在市场竞争中，由于企业拥有的资源不同、长期市场经营、掌握销售渠道等原因，在与其他企业或者供应链合作伙伴竞争、合作过程中，往往能够拥有市场主导权。例如，高通在手机行业拥有大量的知识产权，在与各家手机厂商合作过程中拥有市场主导权；苹果、微软、华为等手机厂商在各自领域经营时间较长，拥有较高的市场占有率，也能够拥有市场主导权；京东、苏宁以及国内其他零售商，通过掌握市场销售渠道也能够获得一定的市场主导权。与此相应，当某家企业拥有市场主导权并成为市场领导者时，与其合作或者竞争的企业则处于劣势地位并成为市场跟随者。因此，市场权力结构可以表示为不同企业在市场或者供应链中处于不同的地位，拥有主导权的企业为市场领导者，能够率先决策价格来保证自身利润，否则，则成为市场跟随者。

如图1-1所示，在考虑市场权力结构背景下，不同企业在决策价格过程中，领导者率先决策价格，然后跟随者决策价格。以由制造商和零售商组成的供应链为例，制造商需要确定产品批发价格，将产品批发给零售商进行销售，零售商需要确定产品零售价格并销往市场。如果制造商拥有市场主导权，即在制造商市场主导结构下，制造商作为市场领导者率先决策产品批发价格；然后，零售商作为市场跟随者再根据产品批发价格决策产品零售价格。如果零售商拥有市场主导权，即在零售商市场主导结构下，零售商作为市场领导者率先决策产品零售价格；然后，制造商作为市场跟随者再根据产品零售价格决策产品批发价格。

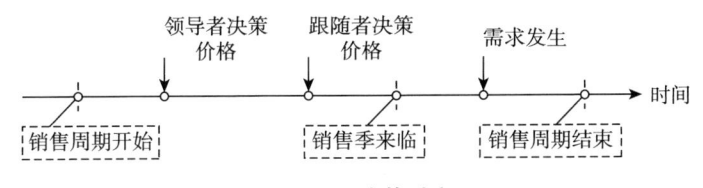

图1-1 决策时序

3. 价格竞争

价格竞争是市场经济的必然产物，是市场营销的重要组成部分。随着市场的逐步成熟，市场规律的作用日益增强，垄断市场渐渐消退，在市场经济体制下各种产品市场都呈现供大于求现象，且消费者的消费需求和行为逐渐趋于理智，产品趋于多样化，市场竞争日渐激烈。因此，较多的企业基于同业竞争或者为了获得高市场占有率、短期利润等，会不同程度地采用价格竞争策略，尤其是低价策略。

从企业的角度看，一般情况下，价格竞争能有效提升市场占有率，提高企业效率和竞争力。在市场竞争日益激烈背景下，价格竞争尤其是低价策略已成为企业抢占市场、提升市场占有率的首选利器，如中国联通刚刚成立时，其资本、技术、实力等均比不上中国移动，但中国联通通过价格调整，用低价策略从中低端市场入手，抢占市场份额并迅速将其市场份额提升至30%，从而企业逐步发展壮大。从消费者的角度看，企业之间的价格竞争能够给消费者带来实惠，促进消费。根据消费者效用理论或者需求理论，企业降低价格能提升消费者购买产品的效用并激励消费者购买产品，实现产品需求增加。从行业发展的角度看，价格竞争在一定程度上可以推动行业发展。一个行业在发展之初，其技术上的不成熟和资源配置、利用的不合理会导致成本偏高，致使价格居高不下，但随着市场竞争的加剧，企业价格竞争会导致价格逐渐逼近成本，企业无利润可赚时，其他的竞争形式，包括品牌竞争、质量竞争、服务竞争、产品品种竞争以及技术竞争等就成为企业竞争的主体，企业服务、质量、技术等方面的提高同时会促进整个行业的进步。

三　相关研究现状与进展

根据本书的内容，从价格竞争、市场权力结构两个方面综述相关研究现状和进展。

1. 价格竞争的研究现状与进展

已有关于价格竞争的研究有很多，主要基于不同背景、结合不同影响因素或者企业决策来考察价格竞争及其影响。Kurata 等（2007）、Chiang（2012）、申成然等（2014）、Chen 等（2014）、Hsieh 等（2014）、刘汉进等（2015）、Levina 等（2015）、Xiao 和 Shi（2016）、Kalnins（2016）较早研究了不同渠道间的价格竞争问题。在此基础上，Li（2018）基于消费者行为分析，研究了多渠道产品定价与价格竞争问题；Niu 等（2019）、MacCarthy 等（2019）、Song 等（2020）考虑 O2O 模式下线上、线下渠道合作与竞争问题，研究了渠道价格竞争及其对零售商绩效的影响；Zhou 等（2019）考虑供应链成员企业之间存在信息不对称，研究了制造商、零售商的最优定价决策以及线上、线下渠道价格竞争问题；Gupta 等（2019）考虑市场上存在一个全渠道零售商，研究线上、线下渠道整合背景下多期定价以及渠道价格竞争问题。上述文献均针对一般产品，金亮（2018a）、唐跃武等（2018）、艾学轶等（2019）、De Zegher 等（2019）、Tang 和 Yang（2020）以生鲜农产品为研究对象，分别考虑不对称信息、策略性消费者行为、保鲜技术投资等因素的影响，研究了生鲜农产品定价问题，其中金亮（2018b）发现零售商在定价时应当选择低价策略或者高价策略，固定价格策略总是次优策略；Esenduran

等（2020）以耐用品为研究对象，研究了多渠道耐用品回购价格竞争问题，认为较高的耐用品回购价格会导致新产品价格的升高。

随着研究的深入，Liu等（2018）、郑本荣等（2018）、赵静和肖亚倩（2018）、Wu和Zhou（2019）均以闭环供应链为研究对象，分别考虑企业社会责任、消费者渠道偏好、第三方再制造等因素的影响，研究了闭环供应链中新产品和回收产品的最优定价问题；Huang和Wang（2017）、Wu（2018）、Jeon（2019）、金亮等（2019a）、Wu（2019）以技术供应链为研究对象，研究了不对称信息背景下技术持有企业对专利技术的定价及其与下游专利使用企业之间的价格竞争问题。除了上述闭环供应链、技术供应链的视角，还有较多学者从消费者行为的角度来研究价格竞争问题，Shum等（2017）、Liu等（2019a）、罗子灿等（2020）、Lin等（2020）针对策略性消费者多期购买以及等待行为，研究了零售商应该如何选择定价策略以实现利润最大化的问题；在此基础上，Chen和Gallego（2019）、Wu和Lai（2019）、Xiao和Zhou（2020）认为面对消费者的策略性购买行为，零售商应该选择动态定价策略，在一定条件下能够提升产品销售量和零售商的利润水平；Rossi（2018）、姜璇等（2020）考虑消费者对零售商返利促销的偏好程度，研究了零售商定价策略选择问题，其中姜璇等（2020）进一步设计了收益共享契约来协调供应链；Afeche等（2019）研究了消费者时间敏感对零售商定价决策以及价格竞争的影响；Liu等（2019b）、Galbreth和Ghosh（2020）考虑消费者在选购产品时可能发生的搜索成本，研究了零售商产品信息揭示对其定价策略的影响；Jiang和Yang（2019）也考虑产品信息揭示问题，认为消费者关于产品信息的知识会影响产品质量。

此外，有关其他研究背景或者研究问题的文献也涉及定价策略、价格竞争策略选择的问题，如零售商或者供应链订货问题（Herbon，2018；扈衷权等，2019；Bai et al.，2019；Chen et al.，2019；Ceryan，2019；于悦等，2020）、零售商退货策略选择问题（金亮等，2019b；Khouja et al.，2019；Huang and Feng，2020）、制造商或供应商渠道入侵问题（Yang et al.，2018；Zheng et al.，2019）、新产品销售或旧产品回收问题（Kirshner et al.，2017；

Cui et al.，2019；Feng and Chan，2019；王文宾等，2020；Hagiu and Wright，2020）、品牌差异化竞争问题（任晓丽等，2013；Jing，2015；Kalnins，2016；曾伏娥等，2017；Jena et al.，2019）、渠道选择或渠道整合问题（Xue et al.，2014；Zhang et al.，2019）、产能约束问题（Feng et al.，2019），发现了企业其他订货、渠道入侵、产品回收、差异化竞争等决策对价格竞争的影响，为企业的运营管理实践提供参考。

2. 市场权力结构的研究现状与进展

有关市场权力结构的研究大多考察不同研究背景下市场权力结构的影响问题。Pan等（2010）、王文宾等（2011）、Wu等（2012）、张廷龙和梁樑（2012）、王玉燕和申亮（2014）较早关注供应链渠道中存在的权力结构问题，研究了不同渠道权力结构对供应链均衡或者供应链协调机制设计的影响。在此基础上，部分学者进一步拓展双渠道结构情形，Fang等（2018）研究了不同市场权力结构对制造商和零售商最优定价决策以及零售商线上、线下渠道选择的影响；Dennis等（2017）、金亮（2018b）、Hu等（2020）均以线上零售商为研究对象，其中Dennis等（2017）结合线上零售商代发货策略来研究不同市场权力结构对供应链线上、线下渠道选择的影响；金亮（2018b）考虑线下渠道仅向消费者提供产品体验服务，研究了不同市场权力结构对线上零售商O2O渠道选择的影响，研究发现，拥有市场主导权能强化线上零售商引入O2O渠道的动机；Hu等（2020）和Shi（2019）考虑由契约制造商和OEM组成的供应链系统，研究了不同渠道权力结构对契约制造商市场入侵和产品质量决策的影响；李诗杨等（2019）以医药供应链为研究对象，通过构建双渠道权力结构模型研究了不同市场权力结构对药品供应商最优决策和利润的影响；文悦等（2019）考虑消费者对线上、线下渠道存在接受差异，研究了不同市场权力结构对电商平台自营决策和绩效的影响。与上述文献考虑零售商拥有双渠道不同，孙书省等（2019）、孙自来等（2020）考虑制造商拥有线上、线下渠道情形，研究了不同市场权力结构对制造商线上渠道拓展、产品定价、需求以及利润的影响。

随着资源和环境问题对实现全球经济可持续发展的约束日益凸显（金

亮、郝冠淞，2018），部分学者开始结合环境保护、碳排放等因素来研究不同市场权力结构的影响问题。例如，Chen 等（2017b）从市场权力结构的视角，研究了环境保护规制背景下的供应链协调问题；范丹丹和徐琪（2018）、Meng 等（2018）、李友东等（2019）均针对碳减排问题进行研究，范丹丹和徐琪（2018）认为不同市场权力结构会影响供应链企业的碳减排决策，并且这种影响取决于政府补贴策略以及消费者低碳偏好，但李友东等（2019）通过研究也发现了消费者较强的低碳偏好能够激励制造商提高减排水平，Meng 等（2018）结合碳税政策的影响，认为不同市场权力结构会影响制造商对低碳产品的选择；杨天剑和田建改（2019）认为在不同市场权力结构下，供应链绿色投资策略还会受到绿色创新效率的影响。除了结合相关环保因素来研究市场权力结构的影响外，还有较多学者以闭环供应链为研究对象，Zheng 等（2017b）研究了不同市场权力结构下的闭环供应链协调问题；高鹏等（2017）、李新然等（2018）、Mokhtar 等（2019）分别考虑消费者后悔预期、消费者搭便车行为、政府补贴等因素的影响，研究了市场权力结构对闭环供应链均衡的影响；范建昌等（2019）、杨艳等（2019）则考虑企业需要承担社会责任，研究了市场权力结构对供应链或者闭环供应链均衡决策的影响。

随着研究的深入，一方面，还有较多学者考虑规模经济（周茂森等，2017）、公平关切（舒斯亮、柳键，2017）、网络外部性（易余胤等，2018）、第三方物流服务增值（冯颖、张炎治，2018）、产品退货（Chen et al.，2018）、品牌差异化竞争（Luo et al.，2018；金亮、温焜，2020；金亮、黄向敏，2020）、信息共享（Hao et al.，2018；Zhang et al.，2019）、市场入侵（金亮、郭萌，2018；Zheng et al.，2019）、产品或服务外包（Bian et al.，2017；Yan et al.，2019）、消费者风险规避（Ma et al.，2019）等因素，研究了不同市场权力结构的影响问题。另一方面，基于不同市场权力结构的视角，部分学者研究了产品质量选择（Huang et al.，2018）、产品预售策略选择（Liu et al.，2019c）、供应链协调契约设计（Kyparisis and Koulamas，2016；Lackes et al.，2016；Wang et al.，2018；Lu et al.，2019；黄帅、樊治平，2020）等问题。通过上述研究，得到了有关市场权力结构影响的结论,可以为企业在激烈市场竞争环境下调整运营策略提供指导。

四 本书的主要内容与研究框架

在概述动态博弈、市场权力结构、价格竞争以及与本书相关研究现状与进展的基础上,本书针对不同的供应链结构,即一家制造商和一家零售商组成的"一对一"型供应链、一家制造商和两家竞争零售商组成的"一对二"型供应链、两家竞争制造商和一家零售商组成的"二对一"型供应链、多家竞争制造商和多家竞争零售商组成的竞争供应链,以及不同企业之间的市场权力结构或者不同供应链之间的市场权力结构,从动态博弈与消费者行为的视角,研究不同企业之间、供应链与供应链之间的价格竞争问题。全书分九章,主要内容如下。

第一章,绪论。主要介绍本书的研究背景,概述本书涉及的市场权力结构、价格竞争、动态博弈的相关研究,通过分析和综述相关研究背景,阐述本书的具体研究内容。

第二章,不同市场权力结构下寡头垄断市场价格竞争策略。该章针对由两家差异化竞争企业组成的寡头垄断市场,二者生产差异化的替代产品,考虑市场上消费者对不同企业生产产品的认同价值或者偏好,以及两家竞争企业之间的不同市场权力结构,建立差异化竞争产品消费者效用函数和产品需求函数,分别构建价格竞争情形下的伯特兰德模型和产量竞争情形下的古诺模型。通过动态博弈模型求解,分别得到伯特兰德模型和古诺模型下的纳什均衡,进而考察不同市场权力结构对各企业均衡定价决策和利润的影响,比较分析不同决策情形下的供应链均衡以及两家竞争企业之间的价格竞争问题。

第三章,存在竞争零售商的供应链定价策略。在第二章的基础上,该章进一步考虑由一家制造商和两家竞争零售商组成的"一对二"型供应链系统,其中制造商将其生产的一种产品通过两家零售商销往市场。考虑两家竞争零售商之间因渠道掌控力、市场占有率等差异,品牌知名度或者服务能力较强的零售商能为消费者提供较为完善的售后服务,建立受产品售后服务影响的消费者效用函数和产品需求函数,分别构建制造商统一定价策略和差别定价策略情形下的三阶段动态博弈模型。通过模型求解,分别得到统一定价策略和差别定价策略情形下的供应链均衡,进而考察不同市场权力结构对制造商和各零售商最优定价策略、市场需求以及利润的影响,比较分析不同定价策略对零售商价格竞争和利润的影响。

第四章,不同市场权力结构下竞争供应链定价策略。在第三章研究基础上,该章以"二对二"型供应链为研究对象,即考虑市场上存在两条竞争供应链,每条供应链分别由一家制造商和一家零售商组成,分别销售一种存在质量差异化的替代产品。与第二章消费者效用函数类似,建立消费者购买质量差异化竞争产品的效用函数和需求函数,构建单一供应链情形、链与链竞争情形下的两阶段动态博弈模型。通过模型求解,分别得到单一供应链情形、链与链竞争情形下的子博弈纳什均衡,进而考察供应链竞争、市场权力结构等对供需双方企业最优定价策略、产品需求和利润的影响,并基于消费者福利视角,分析不同市场权力结构下消费者福利变化情况。

第五章,市场垄断下制造商定价与质量差异化销售策略。该章针对由一家制造商和一家零售商组成的供应链系统,即以"一对一"型供应链为研究对象,考虑制造商同时生产两种质量差异化的替代产品,通过零售商销往市场。基于消费者对质量差异化产品的不同支付意愿建立产品需求函数,构建制造商主导、零售商主导以及双方均势三种市场权力结构下的两阶段动态博弈模型,同时为考察产品差异化销售策略的价值,构建制造商未实施产品差异化销售策略下的两阶段动态博弈模型。通过模型求解,分别得到实施产品差异化销售策略前后三种市场权力结构下的供应链均衡,进而考察不同市场权力结构对供需双方企业价格竞争和利润的影响,分析产品差异化销售对各企业的价值。

第六章,基于市场入侵的品牌差异化竞争供应链定价策略。在第五章研究基础上,考虑两种产品分别由不同品牌的制造商生产,通过共同的零售商销往市场,即以由在位制造商、进入制造商以及零售商组成的"二对一"型供应链为研究对象。考虑消费者对不同品牌产品的认同价值,建立消费者购买不同品牌产品时的效用函数和需求函数，构建各制造商主导和零售商主导的供应链权力结构模型。通过求解三阶段动态博弈模型，考察进入制造商入侵对在位制造商定价策略和利润的影响，比较分析不同市场权力结构对进入制造商市场入侵以及两家竞争制造商之间价格竞争的影响。考虑在位制造商与进入制造商之间的市场主导地位差异，进一步研究在位制造商市场主导地位的价值。

第七章，基于品牌差异化竞争的供应链权力结构模型。与第六章研究"二对一"型供应链类似，该章针对由一家在位制造商、一家进入制造商和一家零售商组成的供应链系统，考虑两家制造商各自生产一种存在品牌差异化的替代产品，并通过一家共同的零售商销往市场。基于各制造商批发价格的决策权以及零售商产品零售价格的决策权，构建在品牌差异化竞争制造商市场入侵情形下的各制造商主导、零售商主导和双方均势三种供应链权力结构模型。进而通过对所得均衡结果的比较，分析市场入侵对在位制造商和零售商最优定价策略和利润的影响，考察市场入侵情形下不同市场权力结构、品牌差异化等因素对供应链成员企业最优定价决策和利润的影响。

第八章，顾客退货对差异化竞争供应链价格竞争的影响。在第六章、第七章的基础上，进一步考虑消费者退货行为。针对由两家品牌差异化竞争制造商和一家线上零售商组成的"二对一"型供应链系统，考虑市场上消费者对品牌差异化产品偏好以及可能存在的退货行为，基于消费者效用理论，构建消费者预期效用函数和品牌差异化产品需求函数，建立未提供退款保证和提供退款保证情形下的供应链博弈模型。在此系统中，各制造商以各自利润最大化为目标，在存在市场竞争情形下决策各自产品的批发价格；线上零售商则需要根据产品批发价格以及不同产品退货率，决策产品零售价格。通过模型求解，分析退款保证对品牌差异化产品定价、各成员企业利润以及市场竞争的影响，考察品牌差异化竞争对线上零售商和高端品牌制造商决策、利润的影响。

第九章，主要结论与管理启示。在总结本书主要工作以及研究结论的基础上，结合不同市场权力结构背景下企业或者供应链运营管理实践，指出本书研究结论的管理启示。同时，结合不同现实影响因素，通过构建不同市场权力结构下的动态博弈模型，揭示不同竞争情形下竞争或合作企业之间的价格策略，为企业或者供应链提升运营效率、实现更高效的定价决策提供决策参考和系统性建议。

综上，第一章为本书的研究背景以及相关理论概述，提出本书的研究问题、研究内容、研究框架等；第二章至第八章为本书的核心内容，分别探讨了不同市场权力结构下的企业或者供应链价格竞争问题，并提出了不同现实因素影响下各企业的最优定价策略；第九章对全书的结论进行总结并提出管理启示。

第二章
不同市场权力结构下寡头垄断市场价格竞争策略

价格竞争策略是企业参与市场竞争的核心，也是企业竞争的有力手段。随着我国经济的迅猛发展，产品价格战略已成为企业应对市场竞争以及谋求发展的一种重要手段（Jalali et al.，2019）。然而，在市场竞争过程中，不合理的价格策略不仅不能使企业在竞争中获得优势地位，而且不能达到调节产品供需的目标。例如，近年来电子商务的普及使得在线零售企业与传统零售企业之间的价格竞争愈演愈烈，京东、苏宁、国美等之间的价格战，使各自均受到不同程度的损失。与此同时，竞争企业之间会因拥有不同的资源优势或渠道掌控力等，而存在不同的市场权力结构，进而影响企业之间的价格竞争（金亮、黄向敏，2020）。在此背景下，本章以寡头竞争市场为研究对象，分别构建价格竞争下的伯特兰德模型和产量竞争下的古诺模型。通过模型求解，比较分析不同市场权力结构、不同博弈模型下各企业的均衡决策和绩效，考察价格竞争对企业市场占有率和利润的影响，分析不同市场权力结构对各企业价格竞争和产量竞争的影响。

本章其余部分的结构：第一节从产品需求函数、企业利润函数等方面提出本章的基本假设；第二节给出价格竞争下的伯特兰德模型，求解两家竞争企业最优定价策略；第三节给出产量竞争下的古诺模型，求解两家竞争企业最优产量决策；第四节根据第二节和第三节的均衡结果，比较分析价格竞争对各企业市场占有率和利润的影响；第五节结合前文的理论模型结果和数值算例，考察不同市场权力结构对供应链均衡的影响；第六节是本章的研究总结和相关政策建议。

第一节　问题描述与符号定义

考虑市场上存在两家差异化竞争企业，生产两种存在质量差异化的替代产品并销往同一市场。为简化表达，分别用"企业1"和"企业2"来表示两家竞争企业，并且企业 i（$i=1, 2$）生产的产品为产品 i。例如，华为公司（HUAWEI）生产的荣耀手机与小米公司（MI）生产的小米手机同时在中国市场销售；丰田汽车公司（Toyota Motor Corporation）生产的凯美瑞汽车与大众汽车公司（Volkswagen）生产的帕萨特汽车在中国市场相互竞争。

假设潜在市场规模为1，每个消费者至多购买1单位产品。考虑产品1和产品2之间的质量差异，不妨设产品1的质量较高或者具有较高知名度，如华为公司生产的手机在中国市场拥有较高的知名度和质量。因此，消费者在选购产品时，对产品1具有较高的估值或支付意愿，并用 v 来表示，由于不同消费者对同一产品往往具有不同的估值或支付意愿，即存在消费者异质性，故 $v \sim U[0, 1]$（黄宗盛等，2016；Li et al.，2018）；如果消费者购买产品2，则消费者对产品2的估值或者支付意愿为 θv，其中 θ 表示产品1和产品2的质量差异化程度，$0 < \theta < 1$（金亮、黄向敏，2020）。

根据上述分析，当消费者选择购买产品1时，能够获得效用 $u_1 = v - p_1$，其中 p_1 为产品1的市场零售价格；如果消费者选择购买产品2，能够获得效用 $u_2 = \theta v - p_2$，其中 p_2 为产品2的市场零售价格。然后，消费者根据效用最大化原则，选择购买产品1或产品2或者不购买。如果 $u_1 \geq u_2$ 且 $u_1 \geq 0$，即 $v \geq \max\left\{p_1, \dfrac{p_1 - p_2}{1 - \theta}\right\}$，则消费者会选择购买产品1；如果 $u_2 \geq u_1$ 且 $u_2 \geq 0$，即 $\dfrac{p_2}{\theta} \leq v \leq \dfrac{p_1 - p_2}{1 - \theta}$，则消费者会选择购买产品2；如果 $u_2 \leq 0$ 且 $u_1 \leq 0$，则消费者不会购买产品。由此，在满足 $\dfrac{p_2}{p_1} < \theta < 1$ 的条件下，可以得到两种产品的需求

$q_1(p_1, p_2)$、$q_2(p_1, p_2)$ 分别为：

$$q_1(p_1, p_2) = 1 - \frac{p_1 - p_2}{1 - \theta} \tag{2-1}$$

$$q_2(p_1, p_2) = \frac{p_1 - p_2}{1 - \theta} - \frac{p_2}{\theta} \tag{2-2}$$

在式（2-1）、式（2-2）中，产品 i（$i = 1, 2$）的需求 q_i 与其产品的零售价格 p_i 负相关，但同时会受到竞争产品价格 p_{3-i} 的影响，且呈现正相关关系。例如，在式（2-1）中，如果产品 1 的零售价格提高，则产品 1 的需求会降低；但如果产品 2 的零售价格提高，价格敏感消费者会放弃购买产品 2，转而购买产品 1，产品 1 的需求增加。最后，根据式（2-1）、式（2-2），还可以得到两种产品的逆需求函数 $p_1(q_1, q_2)$、$p_2(q_1, q_2)$ 分别为：

$$p_1(q_1, q_2) = 1 - q_1 - \theta q_2 \tag{2-3}$$

$$p_2(q_1, q_2) = \theta(1 - q_1 - q_2) \tag{2-4}$$

在式（2-3）、式（2-4）中，产品 i（$i = 1, 2$）的市场零售价格 p_i 取决于两种产品的总供给，即两家企业决策的产品 1 和产品 2 的产量 q_1、q_2。并且，两种产品的市场零售价格与其产量呈负相关关系，企业 1 和企业 2 决策的产品产量越高，产品价格就越低。

企业的利润为产品销售收益与生产成本之差，假设企业的边际成本为常量（金亮、郭萌，2018），为简化表达，用 c_i 来表示企业 i 的单位产品生产成本。并且，考虑产品 1 具有更高的质量，企业 1 在生产产品 1 时所花费的原材料、零部件以及生产工艺等成本均更高，故假设企业 1 生产产品 1 的生产成本更高，则存在关系：$c_1 > c_2$（Luo et al.，2018）。由此，可以得到企业 i 的利润函数 π_i（$i = 1, 2$）为：

$$\pi_i = (p_i - c_i) q_i \tag{2-5}$$

本章涉及的部分符号定义与说明具体见表 2-1。

表 2-1 符号定义与说明

符号	定义与说明
v	消费者的支付意愿或对产品的估值，$v \sim U[0, 1]$
θ	两种产品的质量差异化程度，$0 < \theta < 1$
p_i	零售商决策的产品 i 零售价格
c_i	产品 i 的生产成本，$c_1 > c_2$
q_i	产品 i 的市场需求
u_i	消费者购买产品 i 获得的效用
CS	消费者剩余
π_i	企业 i 获得的利润

在由企业1和企业2组成的寡头垄断市场下，考虑两种常见的寡头竞争模型：伯特兰德模型（Bertrand Model）和古诺模型（Cournot Model）。其中，在伯特兰德模型中，企业1和企业2进行价格竞争，即二者需要分别决策各自产品的零售价格；在古诺模型中，企业1和企业2进行产量竞争，即二者需要分别决策各自产品的产量。

在市场竞争过程中，考虑不同企业的知名度、渠道能力、生产能力等因素，本书假设存在三种市场权力结构情形：企业1市场主导结构、企业2市场主导结构以及双方均势结构。在企业1市场主导结构下，企业1拥有市场主导权，能够率先决策产品1的市场零售价格或产量，用上标"$j1$"表示，其中 $j \in \{B, N\}$ 分别表示价格竞争和产量竞争情形；同理，在企业2市场主导结构下，拥有市场主导权的企业2能够率先决策产品2的市场零售价格或产量，用上标"$j2$"表示；在双方均势结构下，企业1和企业2同时决策各自产品的市场零售价格或产量，用上标"jN"表示。

第二节 伯特兰德模型（B）

在伯特兰德模型中，企业1和企业2进行价格竞争，二者分别决策各自的最优产品零售价格，以最大化自身利润。将式（2-1）、式（2-2）代入式（2-5），然后分别求解 π_1、π_2 关于 p_1、p_2 的二阶偏导数，可以得到：$\dfrac{\partial^2 \pi_1}{\partial p_1^2} = -\dfrac{2}{1-\theta}$，$\dfrac{\partial^2 \pi_2}{\partial p_2^2} = -\dfrac{2-\theta}{(1-\theta)\theta}$。

根据前文 $0 < \theta < 1$ 的假设，可以知道：$\dfrac{\partial^2 \pi_1}{\partial p_1^2} < 0$、$\dfrac{\partial^2 \pi_2}{\partial p_2^2} < 0$，因此 π_1、π_2 是关于 p_1、p_2 的凹函数，存在唯一最优解。然后，根据三种市场权力结构，分为三种情形求解两家质量差异化竞争企业的最优定价策略。

在企业 1 市场主导结构下，企业 1 率先决策产品 1 的零售价格 p_1，然后企业 2 决策产品 2 的零售价格 p_2。根据逆向递推法，首先，求解企业 2 的反应函数，根据最优性一阶条件 $\dfrac{\partial \pi_2}{\partial p_2} = 0$，即可求得企业 2 的反应函数为 $p_2^{B1*}(p_1) = \dfrac{\theta p_1 + c_2}{2}$；其次，将 $p_2^{B1*}(p_1)$ 代入企业 1 的利润函数 π_1，并根据最优性一阶条件 $\dfrac{\partial \pi_1}{\partial p_1} = 0$，求得企业 1 的最优定价决策 p_1^{B1*}；最后，将 p_1^{B1*} 代入 $p_2^{B1*}(p_1)$，即可得到企业 2 的最优定价决策 p_2^{B1*}。

在企业 2 市场主导结构下，企业 2 率先决策产品 2 的零售价格 p_2，然后企业 1 决策产品 1 的零售价格 p_1。与企业 1 市场主导结构求解过程类似，根据逆向递推法，首先求解企业 1 的反应函数，根据最优性一阶条件 $\dfrac{\partial \pi_1}{\partial p_1} = 0$，即可求得企业 1 的反应函数为 $p_1^{B2*}(p_2) = \dfrac{1 - \theta + p_2 + c_1}{2}$；其次，将 $p_1^{B2*}(p_2)$ 代入企业 2 的利润函数 π_2，并根据最优性一阶条件 $\dfrac{\partial \pi_2}{\partial p_2} = 0$，求得企业 2 的最优定价决策 p_2^{B2*}；最后，将 p_2^{B2*} 代入 $p_1^{B2*}(p_2)$，即可得到企业 1 的最优定价决策 p_1^{B2*}。

在双方均势结构下，企业 1 和企业 2 同时决策各自产品的市场零售价格 p_1、p_2。根据最优性一阶条件，令 $\dfrac{\partial \pi_1}{\partial p_1} = \dfrac{\partial \pi_2}{\partial p_2} = 0$，即可求得二者的最优定价决策 p_1^{BN*} 和 p_2^{BN*}。

综合三种市场结构下求得的均衡解，可以得到价格竞争下的子博弈纳什均衡，见定理2.1。

定理 2.1 在价格竞争下，三种不同市场权力结构下的子博弈纳什均衡解见表2-2。

表2-2 价格竞争下的子博弈纳什均衡解

j	p_1^{j*}	p_2^{j*}
B1	$\dfrac{4-4c_1-\theta^2+(c_1+c_2+5)\theta-2c_2}{4\theta-8}$	$\dfrac{\theta^2+(1-c_1+c_2)\theta-2c_2}{2\theta-4}$
B2	$\dfrac{(\theta-2)c_1+2\theta-c_2-2}{2\theta-4}$	$\dfrac{(c_1+2)\theta^2+(2-2c_1+c_2)\theta-4c_2}{4\theta-8}$
BN	$\dfrac{2\theta-2c_1-c_2-2}{\theta-4}$	$\dfrac{\theta^2-(1+c_1)\theta-2c_2}{\theta-4}$

根据定理2.1，在不同市场权力结构下，各企业除了需要考虑自身的产品生产成本之外，还受到竞争企业产品生产成本的影响。并且，企业1和企业2在价格竞争过程中，二者的最优定价策略均会受到产品质量差异化的影响。比较两种质量差异化产品的市场零售价格，可知产品1的价格总是比产品2的价格要高，这是因为产品1的质量更高，市场上的消费者总是对产品1具有较高的估值或者支付意愿，因而企业1会实施高价策略获取更多收益。根据表2-2，将各企业的最优定价决策代入式（2-1）、式（2-2），可以求得三种市场权力结构下的产品需求分别为 q_1^{j*}、q_2^{j*}，见表2-3。根据式（2-5），将最优产品定价决策和需求代入各企业的利润函数，即可得到各企业获得的利润为 π_1^{j*}、π_2^{j*}。

表2-3 价格竞争下的产品需求

j	q_1^{j*}	q_2^{j*}
B1	$\dfrac{\theta^2+(3c_1-c_2-5)\theta+2c_2+4-4c_1}{4(1-\theta)(2-\theta)}$	$\dfrac{\theta^2-(1+c_1+c_2)\theta+2c_2}{4\theta(\theta-1)}$

续表

j	q_1^{j*}	q_2^{j*}
$B2$	$\dfrac{(2-c_1)\theta+2c_1-c_2-2}{4\theta-4}$	$\dfrac{(2-c_1)\theta+2c_1-c_2-2}{4\theta-4}$
BN	$\dfrac{(c_1-2)\theta-2c_1+c_2+2}{(1-\theta)(4-\theta)}$	$\dfrac{-\theta^2+(c_1+c_2+1)\theta-2c_2}{\theta(1-\theta)(4-\theta)}$

命题 2.1 针对价格竞争情形，比较三种市场权力结构下的子博弈纳什均衡解，可以得到：

（1）$p_1^{B1*}>p_1^{BN*}>p_1^{B2*}$，$p_2^{B2*}>p_2^{BN*}>p_2^{B1*}$；

（2）$\pi_1^{B1*}>\pi_1^{BN*}>\pi_1^{B2*}$，$\pi_2^{B2*}>\pi_2^{BN*}>\pi_2^{B1*}$。

证明：根据表 2-2 和表 2-3，比较三种市场权力结构下两家企业的最优定价决策和利润，易得，略。

命题 2.1 表明，企业 1 和企业 2 之间的不同市场权力结构会影响二者的最优定价决策和利润。当企业 1 拥有市场主导权时，企业 1 决策的产品零售价格会高于其他两种市场权力结构下的价格，如果企业 2 拥有市场主导权，则产品 1 的零售价格最低；相似的，企业 2 拥有市场主导权时也会实施高价策略，且在企业 1 市场主导结构下的价格最低，这意味着不管是企业 1 还是企业 2，总是能够利用市场主导权来制定较高的产品零售价格。根据产品 1 和产品 2 的价格变化，可以知道两种产品在不同市场权力结构下的需求变化，其取决于两种产品的价格变化。

此外，命题 2.1 也考察了不同市场权力结构对各企业利润的影响，与产品价格变化情形类似，拥有市场主导权的企业总是能够获得比其他两种市场权力结构下更多的利润。也就是说，如果企业 1 或者企业 2 拥有市场主导权，则企业 1 或企业 2 能够获得更多的利润份额。在双方均势结构下，各企业获得的利润大小会介于两种不平衡市场权力结构下的利润之间，这表明不平衡的市场权力结构会扩大竞争企业之间的利润差异。

第三节 古诺模型（C）

在古诺模型中，企业 1 和企业 2 进行产量竞争，二者分别决策各自的最优产品产量，以最大化自身利润。将式（2-3）、式（2-4）代入式（2-5），然后分别求解 π_1、π_2 关于 q_1、q_2 的二阶偏导数，可以得到：$\frac{\partial^2 \pi_1}{\partial q_1^2} = \theta - 2$，$\frac{\partial^2 \pi_2}{\partial q_2^2} = -2\theta$。

根据前文 $0 < \theta < 1$ 的假设，可以知道 $\frac{\partial^2 \pi_1}{\partial q_1^2} < 0$、$\frac{\partial^2 \pi_2}{\partial q_2^2} < 0$，因此 π_1、π_2 分别为关于 q_1、q_2 的凹函数，存在唯一最优解。然后，根据三种市场权力结构，分为三种情形求解两家质量差异化竞争企业的最优产量决策。

在企业 1 市场主导结构下，企业 1 率先决策产品 1 的产量 q_1，然后企业 2 决策产品 2 的产量 q_2。根据逆向递推法，首先，求解企业 2 的反应函数，根据最优性一阶条件 $\frac{\partial \pi_2}{\partial q_2} = 0$，即可求得企业 2 的反应函数为 $q_2^{C1*}(q_1) = \frac{\theta - \theta q_1 - c_2}{2\theta}$；其次，将 $q_2^{C1*}(q_1)$ 代入企业 1 的利润函数 π_1，并根据最优性一阶条件 $\frac{\partial \pi_1}{\partial q_1} = 0$，求得企业 1 的最优产量决策 q_1^{C1*}；最后，将 q_1^{C1*} 代入 $q_2^{C1*}(q_1)$，即可得到企业 2 的最优产量决策 q_2^{C1*}。

在企业 2 市场主导结构下，企业 2 率先决策产品 2 的产量 q_2，然后企业 1 决策产品 1 的产量 q_1。与企业 1 市场主导结构求解过程类似，根据逆向递推法，首先求解企业 1 的反应函数，根据最优性一阶条件 $\frac{\partial \pi_1}{\partial q_1} = 0$，即可求得企业 1 的反应函数为 $q_1^{C2*}(q_2) = \frac{1 - \theta q_2 - c_1}{2}$；其次，将 $q_1^{C2*}(q_2)$ 代入企业 2 的利润函数 π_2，并根据最优性一阶条件 $\frac{\partial \pi_2}{\partial q_2} = 0$，求得企业 2 的最优产量决

策 q_2^{C2*}；最后，将 q_2^{C2*} 代入 $q_1^{C2*}(q_2)$，即可得到企业 1 的最优产量决策 q_1^{C2*}。

在双方均势结构下，企业 1 和企业 2 同时决策各自产品的产量 q_1、q_2。根据最优性一阶条件，令 $\frac{\partial \pi_1}{\partial q_1} = \frac{\partial \pi_2}{\partial q_2} = 0$，即可求得二者的最优产量决策 q_1^{CN*} 和 q_2^{CN*}。

综合三种市场结构下求得的均衡解，可以得到产量竞争下的子博弈纳什均衡，见定理 2.2。

定理 2.2 在产量竞争下，三种不同市场权力结构下的子博弈纳什均衡解见表 2-4。

表 2-4 产量竞争下的子博弈纳什均衡解

j	q_1^{j*}	q_2^{j*}
C1	$\dfrac{\theta + 2c_1 - c_2 - 2}{2\theta - 4}$	$\dfrac{\theta^2 - (2 + 2c_1 + c_2)\theta + 4c_2}{4\theta(\theta - 2)}$
C2	$\dfrac{(1 + c_1)\theta + 2c_2}{2\theta(2 - \theta)}$	$\dfrac{(3 - c_1)\theta + 4c_1 - 2c_2 - 4}{4\theta - 8}$
CN	$\dfrac{\theta - c_2 + 2c_1 - 2}{\theta - 4}$	$\dfrac{(1 + c_1)\theta + 2c_2}{\theta(4 - \theta)}$

定理 2.2 给出了产量竞争情形下的最优产量决策。与价格竞争情形类似，在不同市场权力结构下，在决策过程中，各企业除了需要考虑自身的产品生产成本之外，还需要考虑竞争企业产品生产成本的影响。并且，企业 1 和企业 2 在产量竞争过程中，最优产量决策均会受到产品质量差异化的影响。根据表 2-4，比较两种质量差异化产品的产量，可知产品 1 的产量并不一定会比产品 2 的产量高。根据表 2-4，将各企业的最优产量决策代入式（2-3）、式（2-4），可以求得三种市场权力结构下的产品零售价格分别为 p_1^{j*}、p_2^{j*}，见表 2-5。根据式（2-5），将最优产品产量决策和零售价格代入各企业的利润函数，即可得到各企业获得的利润为 π_1^{j*}、π_2^{j*}。

表 2-5　产量竞争下的产品零售价格

j	p_1^{j*}	p_2^{j*}
C1	$\dfrac{(\theta-2)(\theta-2c_1-c_2-2)}{8-4\theta}$	$\dfrac{\theta^2+(-2c_1+3c_2-2)\theta-4c_2}{4\theta-8}$
C2	$\dfrac{(3c_1+3)\theta-4c_1-2c_2-4}{4\theta-8}$	$\dfrac{(\theta c_1+\theta+2c_2)(\theta-2)}{4\theta-8}$
CN	$\dfrac{(\theta-2)c_1+\theta-c_2-2}{\theta-4}$	$\dfrac{(-c_1+c_2-1)\theta-2c_2}{\theta-4}$

命题 2.2　针对产量竞争情形，比较三种市场权力结构下的子博弈纳什均衡解，可以得到：

(1) $q_1^{C1*}>q_1^{CN*}>q_1^{C2*}$，$q_2^{C1*}>q_2^{CN*}>q_2^{C2*}$；

(2) $\pi_1^{C1*}>\pi_1^{CN*}>\pi_1^{C2*}$，$\pi_2^{C1*}>\pi_2^{CN*}>\pi_2^{C2*}$。

证明：根据表 2-4 和表 2-5，比较三种市场权力结构下两家竞争企业的最优产量决策和利润，易得，略。

在产量竞争情形下，命题 2.2 考察了不同市场权力结构对各企业的产量决策和利润的影响。与价格竞争情形类似，企业 1 和企业 2 之间的不同市场权力结构会影响二者的最优产量策略和利润。并且，当企业 1 拥有市场主导权时，企业 1 总是比其他两种市场结构情形选择更高的产量，但企业 1 在企业 2 市场主导结构下的决策产量最低；相似的，对于企业 2 而言，其拥有市场主导权能促使其选择更高的产品产量。根据命题 2.2，通过比较产量竞争情形下不同市场权力结构对企业 1 和企业 2 利润的影响，也可以知道拥有市场主导权的企业总是能够获得比在其他两种市场权力结构下更多的利润，并且不平衡的市场权力结构会扩大竞争企业之间的利润差异。

第四节　均衡结果比较分析

在本章第二节和第三节中，通过求解伯特兰德模型和古诺模型，分别得到了价格竞争情形与产量竞争情形下的子博弈纳什均衡解。基于此，本节将进一步比较分析不同情形下各企业的均衡决策和利润。

一 均衡决策比较

本节将根据定理 2.1 和定理 2.2，比较三种市场权力结构下产品 1 和产品 2 的最优零售价格和市场需求，分析价格竞争与产量竞争的关系。

命题 2.3 比较价格竞争情形和产量竞争情形下的最优产品零售价格，可以得到：

（1）在企业 1 市场主导结构下，当 $\theta < c_2$ 时，$p_1^{B1*} > p_1^{C1*}$，当 $\theta < \dfrac{2c_2}{1+c_1}$ 时，$p_2^{B1*} > p_2^{C1*}$；

（2）在企业 2 市场主导结构下，$p_1^{B2*} < p_1^{C2*}$，$p_2^{B2*} < p_2^{C2*}$；

（3）在双方均势结构下，$p_1^{BN*} < p_1^{CN*}$；当 $\theta < c_2$ 时，$p_2^{BN*} > p_2^{CN*}$。

证明：根据定理 2.1 和定理 2.2，比较企业 1 市场主导结构下两种产品的最优零售价格，可以得到：$p_1^{B1*} - p_1^{C1*} = \dfrac{\theta(c_2-\theta)}{4(2-\theta)}$，$p_2^{B1*} - p_2^{C1*} = \dfrac{\theta(2c_2-\theta c_1-\theta)}{4(2-\theta)}$，可知当 $\theta < c_2$ 时，$p_1^{B1*} - p_1^{C1*} > 0$，当 $\theta < \dfrac{2c_2}{1+c_1}$ 时，$p_2^{B1*} - p_2^{C1*} > 0$。

根据定理 2.1 和定理 2.2，比较企业 2 市场主导结构下两种产品的市场需求，可以得到：$p_1^{B2*} - p_1^{C2*} = \dfrac{\theta(\theta+2c_1-c_2-2)}{4(2-\theta)}$，$p_2^{B2*} - p_2^{C2*} = -\dfrac{\theta^2(1-c_1)}{4(2-\theta)}$，可知 $p_1^{B2*} - p_1^{C2*} < 0$，$p_2^{B2*} - p_2^{C2*} < 0$。

根据定理 2.1 和定理 2.2，比较双方均势结构下两种产品的市场需求，可以得到：$p_1^{BN*} - p_1^{CN*} = -\dfrac{\theta(1-c_1)}{4-\theta}$，$p_2^{BN*} - p_2^{CN*} = -\dfrac{\theta(\theta-c_2)}{4-\theta}$，可知 $p_1^{BN*} - p_1^{CN*} < 0$，当 $\theta < c_2$ 时，$p_2^{BN*} - p_2^{CN*} > 0$。

通过比较价格竞争情形和产量竞争情形下两种产品的最优产品零售价格，命题 2.3 考察了两家竞争企业之间的价格竞争问题。可以知道，在不同市场权力结构下，企业 1 和企业 2 的定价策略存在差异，并取决于各企业的市场主导权以及两种产品的质量差异化程度，具体分析如下。

首先，当企业1拥有市场主导权时，由于市场上的消费者对产品1的估值或支付意愿更高，因而产品1和产品2的零售价格变化会受到两种产品质量差异化程度的影响。如果两种产品的质量差异化程度较高且满足一定条件，则在价格竞争情形下，产品1和产品2的零售价格会更高。

其次，当企业2拥有市场主导权时，不管产品1和产品2的质量差异化程度如何变化，在价格竞争情形下，企业1和企业2决策的最优产品零售价格总是更低，这表明两家竞争企业进行价格竞争会促使产品价格降低，即消费者能够通过更低的价格购买到产品。

最后，在双方均势结构下，企业1和企业2同时进行决策，即同时决策各自产品市场零售价格或产量，此时产品1的零售价格在价格竞争情形下更低（$p_1^{BN*} < p_1^{CN*}$），产品2的零售价格取决于两种产品的质量差异化程度。

根据命题2.3的分析，也可以知道，当企业1和企业2进行价格竞争时，消费者不一定需要为购买产品支付更高的溢价，这取决于两家竞争企业的市场权力结构及其产品的质量差异化程度。然而，产品价格的变化并一定会导致产品需求发生相应变化，即如果某种产品的价格上升，但该产品的市场需求不一定会降低。因此，为考察价格竞争情形和产量竞争情形下各产品的需求，进一步比较即可得到命题2.4。

命题2.4 比较价格竞争情形和产量竞争情形下的最优产品市场需求，可以得到：

（1）在企业1市场主导结构下，当 $\theta < \dfrac{c_2}{c_1}$ 时，$q_1^{B1*} > q_1^{C1*}$，当 $\dfrac{1+c_1+c_2}{2} - \dfrac{1}{2}\sqrt{(c_1+c_2)^2 + 2c_1 - 6c_2 + 1} < \theta < 1$ 时，$q_2^{B1*} > q_2^{C1*}$；

（2）在企业2市场主导结构下，当 $\theta < 1 - \dfrac{c_1 - c_2}{2 - c_1}$ 时，$q_1^{B2*} > q_1^{C2*}$，当 $1 - c_1 + c_2 < \theta < 1$ 时，$q_2^{B2*} > q_2^{C2*}$；

（3）在双方均势结构下，当 $\theta < 1 - c_1 + c_2$ 时，$q_1^{BN*} > q_1^{CN*}$，当 $\dfrac{c_2}{c_1} < \theta < 1$

时，$q_2^{BN*} > q_2^{CN*}$。

证明：根据定理2.1和定理2.2，比较企业1市场主导结构下两种产品的市场需求，可以得到：$q_1^{B1*} - q_1^{C1*} = -\dfrac{\theta(c_1\theta - c_2)}{4(2-\theta)(1-\theta)}$，$q_2^{B1*} - q_2^{C1*} = \dfrac{-\theta^2 + (c_1 + c_2 + 1)\theta - 2c_2}{4(2-\theta)(1-\theta)}$，可知当 $\theta < \dfrac{c_2}{c_1}$ 时，$q_1^{B1*} - q_1^{C1*} > 0$，当 $\dfrac{1+c_1+c_2}{2} - \dfrac{1}{2}\sqrt{(c_1+c_2)^2 + 2c_1 - 6c_2 + 1} < \theta < 1$ 时，$q_2^{B1*} - q_2^{C1*} > 0$。

根据定理2.1和定理2.2，比较企业2市场主导结构下两种产品的市场需求，可以得到：$q_1^{B2*} - q_1^{C2*} = \dfrac{[2 - 2c_1 + c_2 - (2-c_1)\theta]\theta}{4(2-\theta)(1-\theta)}$，$q_2^{B2*} - q_2^{C2*} = \dfrac{\theta(\theta + c_1 - c_2 - 1)}{4(2-\theta)(1-\theta)}$，当 $\theta < 1 - \dfrac{c_1 - c_2}{2 - c_1}$ 时，$q_1^{B2*} - q_1^{C2*} > 0$，当 $1 - c_1 + c_2 < \theta < 1$ 时，$q_2^{B2*} - q_2^{C2*} > 0$。

根据定理2.1和定理2.2，比较双方均势结构下两种产品的市场需求，可以得到：$q_1^{BN*} - q_1^{CN*} = -\dfrac{\theta(\theta + c_1 - c_2 - 1)}{(4-\theta)(1-\theta)}$，$q_2^{BN*} - q_2^{CN*} = \dfrac{\theta c_1 - c_2}{(4-\theta)(1-\theta)}$，当 $\theta < 1 - c_1 + c_2$ 时，$q_1^{BN*} - q_1^{CN*} > 0$，当 $\dfrac{c_2}{c_1} < \theta < 1$ 时，$q_2^{BN*} - q_2^{CN*} > 0$。

由于价格竞争情形和产量竞争情形下两种产品的零售价格存在差异，因而不同竞争情形下两种产品的市场需求或产量也不同，具体分析如下。

首先，当企业1拥有市场主导权时，在价格竞争情形下，当产品1的零售价格较高时，其市场需求并不一定会降低，仅在满足 $c_2 < \theta < \dfrac{2c_2}{1+c_1}$ 的条件下，产品1较高的零售价格导致其市场需求的降低；对于产品2，如果其质量较高或者消费者对其认同价值较高，则不管其零售价格如何变化，在价格竞争情形下的市场需求总是更高。

其次，当企业2拥有市场主导权时，由命题2.3可知，在价格竞争情形下产品1和产品2的价格总是更高，但此时二者的市场需求不一定会降低。容易知道，当产品1和产品2的质量差异化程度较高时，产品1的市场需求会更高；而两种产品的质量差异化程度较低时，消费者对产品 2 的认同价值较高，产品 2 的市场需求也会更高。

最后，在双方均势结构下，尽管产品 1 的零售价格在价格竞争情形下总是更低，但此时产品 1 的市场需求不一定会增加，这与其他两种市场权力结构情形类似，价格竞争情形下和产量竞争情形下的市场需求取决于两种产品的质量差异化程度。对于产品 2，市场需求只有在消费者对其认同价值较高时才会更高。

根据上述分析，命题 2.4 揭示了价格竞争情形和产量竞争情形下两种产品市场占有率的变化情况。可以知道，不管是价格竞争情形，还是产量竞争情形，如果企业 1 和企业 2 以提高各自产品的市场占有率为目标，则并不存在最优选择或占优策略，二者的市场占有率主要取决于两种产品的质量差异化程度或者市场竞争水平。

二　均衡利润比较

通过比较价格竞争情形和产量竞争情形下的均衡决策，可知两种产品的价格和需求均会受到企业 1 和企业 2 不同决策情形的影响，进而各企业的利润也会受到影响。为此，本节将进一步比较不同决策情形下各企业的利润。

命题 2.5　在三种市场权力结构下，随着企业 1 和企业 2 之间竞争程度的变化，两家竞争企业在价格竞争情形和产量竞争情形下的利润之差存在差异，即表现为如下关系：当 $\theta < \dfrac{1 - c_1^2 + 2c_2 - \sqrt{(1 - c_1^2)^2 - 4c_2}}{2}$ 时，$\pi_i^{B1*} > \pi_i^{C1*}$，$\pi_i^{B2*} > \pi_i^{C2*}$，$\pi_i^{BN*} > \pi_i^{CN*}$。

证明：根据定理 2.1 和定理 2.2，比较企业 1 市场主导结构下两种产品的市场需求。为简化模型表达，设 $X = \dfrac{\theta^2 + \theta(c_1^2 - 2c_2 - 1) - (2c_1 - c_2 - 2)c_2}{1 - \theta}$，则可以得到：$\pi_1^{B1*} - \pi_1^{C1*} = \dfrac{\theta X}{8(2 - \theta)}$，$\pi_1^{B2*} - \pi_1^{C2*} = \dfrac{\theta^2 X}{16(2 - \theta)^2}$，$\pi_1^{BN*} -$

$$\pi_1^{CN*} = \frac{\theta X}{(4-\theta)^2}; \quad \pi_2^{B1*} - \pi_2^{C1*} = \frac{\theta^2 X}{16(2-\theta)^2}, \quad \pi_2^{B2*} - \pi_2^{C2*} = \frac{\theta X}{8(2-\theta)}, \quad \pi_2^{BN*} -$$

$$\pi_2^{CN*} = \frac{\theta X}{(4-\theta)^2}; \quad \text{当 } \theta < \frac{1 - c_1^2 + 2c_2 - \sqrt{(1-c_1^2)^2 - 4c_2}}{2} \text{ 时, } X > 0 \text{, 即 } \pi_i^{B1*} -$$

$\pi_i^{C1*} > 0$、$\pi_i^{B2*} - \pi_i^{C2*} > 0$、$\pi_i^{BN*} - \pi_i^{CN*} > 0$。

命题 2.5 比较了价格竞争情形和产量竞争情形下企业 1 的利润水平，可知，随着企业 1 和企业 2 之间竞争程度的变化，各企业的利润之差也会发生变化。当企业 1 和企业 2 生产的产品的质量差异化程度较低时，二者的市场竞争程度较低，此时在不同市场权力结构下价格竞争总是对企业 1 有利，即企业 1 选择价格竞争是占优策略。随着两种产品质量差异化程度的变化，价格竞争的优势会先增大后减小。

根据命题 2.5，在不同市场权力结构下，从利润最大化的视角看，当企业 1 和企业 2 生产的产品的质量差异化程度较低时，价格竞争是对二者有利的，即企业 1 和企业 2 应当选择价格竞争；但随着两种产品质量差异化程度的提高，企业 1 和企业 2 进行产量竞争才是占优策略。

命题 2.6 比较价格竞争情形和产量竞争情形下企业 1 和企业 2 的利润之和，即整个市场的利润，可以得到：当 $\theta < \dfrac{1 - c_1^2 + 2c_2 - \sqrt{(1-c_1^2)^2 - 4c_2}}{2}$

时，$\sum_{i=1}^{2} \pi_i^{B1*} > \sum_{i=1}^{2} \pi_i^{C1*}$，$\sum_{i=1}^{2} \pi_i^{B2*} > \sum_{i=1}^{2} \pi_i^{C2*}$，$\sum_{i=1}^{2} \pi_i^{BN*} > \sum_{i=1}^{2} \pi_i^{CN*}$。

证明：根据定理 2.1 和定理 2.2，比较企业 2 市场主导结构下两种产品的市场需求，容易得到：

$$\pi_1^{B1*} + \pi_2^{B1*} - \pi_1^{C1*} - \pi_2^{C1*} = \frac{\theta(4-\theta)[\theta^2 + (c_1^2 - 2c_2 - 1)\theta - c_2(2c_1 - c_2 - 2)]}{16(1-\theta)(2-\theta)^2} \quad (2-6)$$

$$\pi_1^{B2*} + \pi_2^{B2*} - \pi_1^{C2*} - \pi_2^{C2*} = \frac{\theta(4-\theta)[\theta^2 + (c_1^2 - 2c_2 - 1)\theta - c_2(2c_1 - c_2 - 2)]}{16(1-\theta)(2-\theta)^2} \quad (2-7)$$

$$\pi_1^{BN*} + \pi_2^{BN*} - \pi_1^{CN*} - \pi_2^{CN*} = \frac{\theta[\theta^2 + (c_1^2 - 2c_2 - 1)\theta - c_2(2c_1 - c_2 - 2)]}{2(1-\theta)(4-\theta)^2} \quad (2-8)$$

根据式（2-6）、式（2-7）、式（2-8），求解关于 θ 的二元一次函数

$\theta^2 + (c_1^2 - 2c_2 - 1)\theta - c_2(2c_1 - c_2 - 2)$ 与零的大小即可得，略。

在寡头垄断市场上，企业 1 和企业 2 的利润之和即整个市场的利润。命题 2.6 从整个市场利润的视角，比较了价格竞争和产量竞争的价值。由命题 2.6 可知，与命题 2.5 类似，价格竞争或者产量竞争并不总是对整个市场有利，同样取决于企业 1 和企业 2 的竞争程度。如果两家企业生产的产品的质量差异化程度较高，则整个系统的利润能够在价格竞争情形下实现最大化；如果两家企业生产的产品的质量差异化程度低并满足一定条件，则整个系统的利润在产量竞争情形下实现最大化。结合命题 2.5 来分析，当企业 1 或者企业 2 选择价格竞争时，市场竞争程度较低且能满足一定条件，则整个系统的利润水平能高于产量竞争情形下的利润水平。

第五节　算例分析

本节将采用数值仿真法来考察关键参数对企业均衡利润的影响，以期进一步验证并挖掘上述理论模型的管理启示。设置参数 $c_1 = 0.4$、$c_2 = 0.2$，以 θ 为横坐标绘制各企业利润之差的变化曲线。为简化表达，先定义 $\Delta_i^1 = \pi_i^{B1*} - \pi_i^{C1*}$、$\Delta_i^2 = \pi_i^{B2*} - \pi_i^{C2*}$、$\Delta_i^N = \pi_i^{BN*} - \pi_i^{CN*}$，分别表示企业 i 在企业 1 市场主导结构、企业 2 市场主导结构以及双方均势结构下的利润之差；$\Delta^j = \sum_{i=1}^{2} \pi_i^{Bj*} - \sum_{i=1}^{2} \pi_i^{Cj*}$ ($j \in \{1, 2, N\}$) 表示企业 1 市场主导结构、企业 2 市场主导结构以及双方均势结构下整个市场的利润之差。

在图 2-1、图 2-2、图 2-3 中，分别绘制了企业 1 市场主导结构、企业 2 市场主导结构以及双方均势结构下各企业的利润变化曲线。观察图 2-1、图 2-2、图 2-3 可知：随着 θ 的变化，在三种不同市场权力结构下，企业 1 和企业 2 的利润之差先增大后减小，且存在一个临界值使得 $\Delta_i^1 = \Delta_i^2 = \Delta_i^N = 0$，这也验证了命题 2.5 中的结论；当 θ 较小时，企业 1 和企业 2 的市场竞争程度较低，选择价格竞争对两家企业均有利；但随着两家企业竞争程度的提高，价格竞争会导致二者利润的损失，反而产量竞争对各企业有利。

此外，在企业 1 市场主导结构和企业 2 市场主导结构下，企业 1 利润之差的变化更显著，表明价格竞争或者产量竞争对企业 1 的利润影响更大；但在图 2-3 中，企业 1 和企业 2 的利润之差相等，这意味着企业 1 和企业 2 之间不平衡的市场权力结构会扩大二者的利润差异。

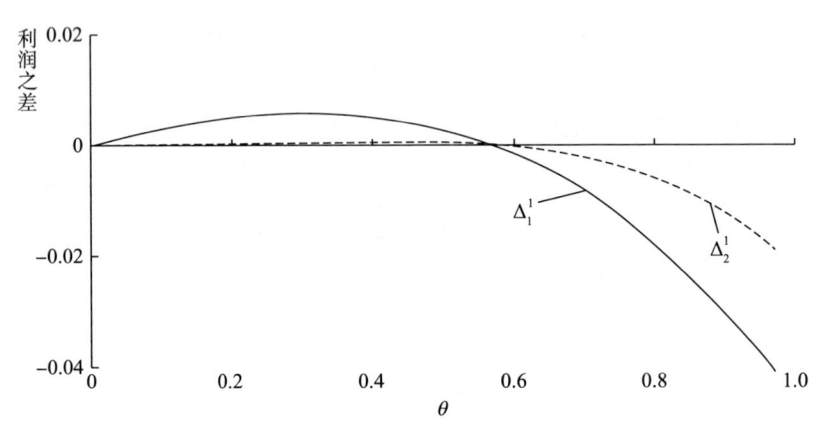

图 2-1 企业 1 市场主导结构下的利润之差

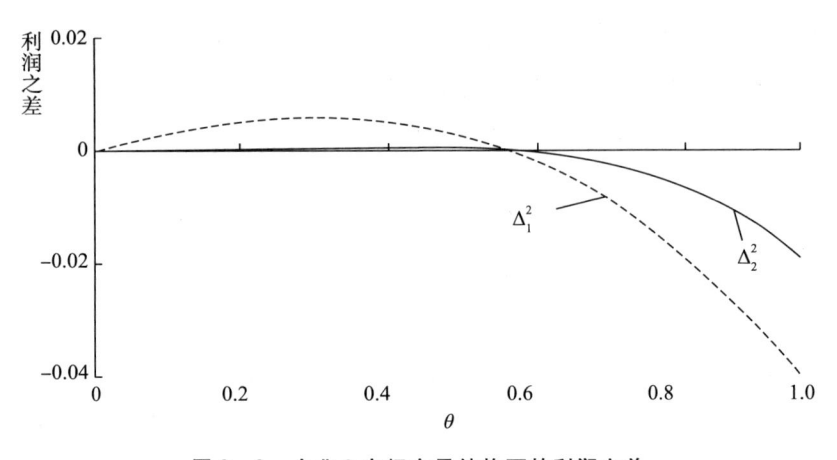

图 2-2 企业 2 市场主导结构下的利润之差

在图 2-4 中，绘制了整个市场在价格竞争和产品竞争情形下的利润之差。观察图 2-4 可以知道：存在一个 θ 临界值，使得价格竞争和产量竞争情形下整个市场的利润相等，即 $\Delta^j = \sum_{i=1}^{2} \pi_i^{Bj*} - \sum_{i=1}^{2} \pi_i^{Cj*} = 0$，验证了命题

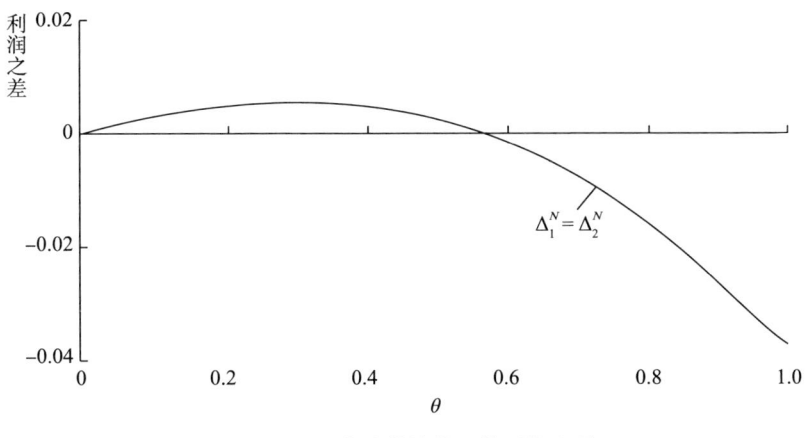

图 2-3 双方均势结构下的利润之差

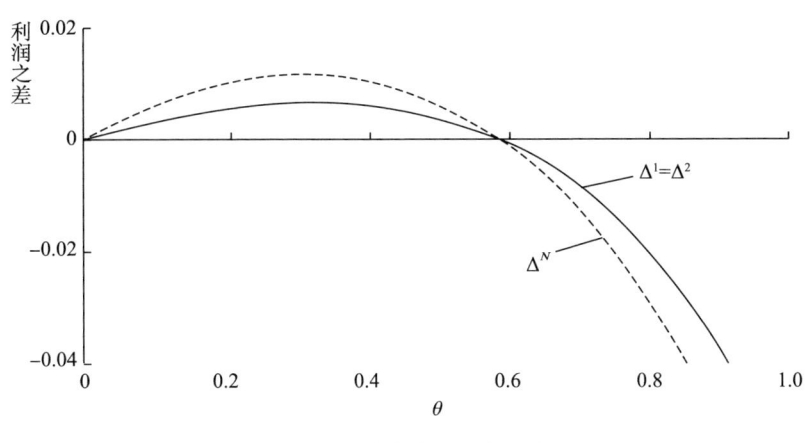

图 2-4 整个市场利润之差

2.6 中的结论；随着企业 1 和企业 2 竞争程度的提高，即市场竞争的加剧，整个市场利润之差会先增大后减小，但整体呈现减小的趋势；在企业 1 市场主导结构和企业 2 市场主导结构下，整个市场利润之差相等，变化程度更为显著，表明企业 1 和企业 2 之间不平衡的市场权力结构会扩大市场竞争对整个市场利润的不利影响。

第六节　本章小结

本章考虑寡头垄断市场上存在两家质量差异化竞争企业，且两家企业之间存在三种不同的市场权力结构，通过构建价格竞争情形下的伯特兰德模型和产量竞争情形下的古诺模型，得到了价格竞争情形和产量竞争情形下的最优定价策略。在此基础上，比较分析不同市场权力结构、不同竞争情形下各企业的均衡决策和绩效。本章所得结论和启示如下。

（1）在价格竞争情形和产量竞争情形下，企业1和企业2之间不同的市场权力结构均会影响二者的最优定价策略和利润。当企业1或者企业2拥有市场主导权时，企业1或企业2会实施高价策略来获得利润，但企业1和企业2之间的市场竞争也会导致二者利润的降低。

（2）在不同市场权力结构下，各企业进行价格竞争并不一定会加剧企业1和企业2之间的价格竞争；当企业1和企业2生产的两种产品的质量差异化程度较低时，企业1、企业2以及整个市场的利润在价格竞争情形下更高，但企业1和企业2之间不平衡的市场权力结构会扩大各企业在不同决策情形下的利润差异。

第三章
存在竞争零售商的供应链定价策略

21世纪开始的十年，我国零售行业以每年翻番的门店扩张速度，开启了中国零售业高速增长的"黄金十年"。但是，在经历一番粗放式野蛮增长后，零售行业遭遇瓶颈。前瞻网发布的《2014－2018年中国零售行业市场前瞻与投资战略规划分析报告》显示，在电子商务迅猛发展背景下，零售行业竞争日益加剧，整个零售行业尤其是传统零售行业呈现增速放缓、利润下滑的趋势，如国美电器在2014年前后销售收入均有下降，同比下降幅度高达22%；苏宁电器的销售收入与净利润也存在不同程度的下滑，甚至高达35%。

随着零售行业竞争的不断加剧，零售企业面对的市场前景也愈加暗淡（Zheng et al.，2017b）。例如，在2015年，我国零售行业出现了大规模关店的情况，单万达百货就关掉了其全国百货门店中的一半；百盛商业集团也相继对北京东四环店、天津的一家门店进行了停业；尚泰百货、百思买等国外零售企业也陆续停止了中国区业务。据《2015中国连锁百强》公布的数据，2015年55%的零售企业净利润下滑，关闭门店同比上升39%。在此背景下，零售企业如何面对市场竞争、如何调整其运营策略尤其是价格竞争策略成为其必须面对的问题（Hsieh et al.，2014）。本章考虑由两家竞争零售商和一家共同制造商组成的供应链系统，从消费者行为分析的角度，考虑不同的供应链权力结构以及制造商不同的定价策略，研究竞争零售商价格竞争、市场权力解决、制造商定价策略等因素对供应链均衡的影响。

本章其余部分的结构：第一节从竞争零售商、消费者效用函数、产品需求等方面提出本章的基本假设；为使研究的问题更加符合现实，第二节、第三节分别考虑制造商统一定价策略、差别定价策略情形下的供应链均衡，分析不同零售商之间的价格竞争策略以及不同市场权力结构对供应链均衡的影响；在第二节和第三节的基础上，第四节将比较分析统一定价策略和差别定价策略情形下的供应链均衡定价、产品需求和利润；第五节为数值仿真分析，结合理论模型结果进一步考察不同市场权力结构、制造商定价策略对竞争零售商价格竞争和利润的影响；第六节是本章的研究总结和相关政策建议。

第一节 问题描述与模型假设

一 市场结构设计

如图3-1所示，考虑由一家制造商（用字符"M"表示）和两家竞争零售商（分别用字符"$R1$""$R2$"表示）组成的供应链系统，制造商将其生产的一种产品通过两家零售商销往市场。例如，华为公司生产的Mate系列手机会同时通过苏宁、国美等零售商进行销售；格力公司生产的空调会同时通过京东商城、淘宝等线上零售商进行销售。

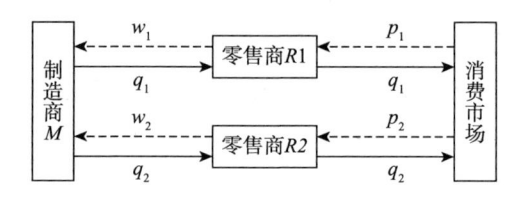

图3-1 供应链系统结构

在图3-1中，w_i（$i=1,2$）表示制造商确定的给予零售商 Ri 的产品批发价格；p_i 表示零售商 Ri 确定的产品零售价格；q_i 表示零售商 Ri 的产品销售量。为简化表达且不失一般性，假定零售商 $R1$ 比零售商 $R2$ 的市场知名度高。两家竞争零售商在销售产品过程中，还会提供安装、配送等售后服务（Li et al., 2014），例如消费者在苏宁、京东等购买家用电器，商家可以为消费者提供送货上门、安装等服务。

二 产品需求函数

消费者在选购产品时，会考虑两家竞争零售商之间存在品牌知名度、服务能力等差异，消费者选择知名度较高或者售后服务体系较为完善的零售商购买产品时，能够获得较为完善的售后服务，故假设消费者从零售商 R1 购买产品能够获得更多效用。当消费者分别从零售商 R1 和零售商 R2 购买产品时，其支付意愿或者对产品的估值分别为 v、θv，其中 v 表示消费者支付意愿，考虑消费者的异质性，v 服从区间 [0，1] 上的均匀分布（金亮，2019b），θ 为消费者对两家零售商的认可程度或者二者的竞争程度，$0 < \theta < 1$。

如果消费者从零售商 R1 处购买产品，则消费者需要支付价格 p_1，故消费者能够获得效用 $u_1 = v - p_1 + e_1$，其中 e_1 为零售商 R1 提供的售后服务水平，表示售后服务能够提升消费者购买产品所获得的效用；如果消费者从零售商 R2 处购买产品，则消费者需要支付价格 p_2，故消费者能够获得效用 $u_2 = \theta v - p_2$。然后，消费者根据效用最大化原则，通过比较 u_1、u_2 与 0 的大小，选择从零售商 R1 还是零售商 R2 处购买产品或者不购买。

根据上述分析，可以得到：当 $v \geq \max\left\{p_1 - e_1, \dfrac{p_1 - p_2 - e_1}{1 - \theta}\right\}$ 时，$u_1 \geq u_2$ 且 $u_1 \geq 0$ 成立，消费者会选择从高端品牌零售商处购买产品；当 $\dfrac{p_2}{\theta} \leq v \leq \dfrac{p_1 - p_2 - e_1}{1 - \theta}$ 时，$u_2 \geq u_1$ 且 $u_2 \geq 0$ 成立，消费者会选择从普通品牌零售商处购买产品；当 $u_2 \leq 0$ 且 $u_1 \leq 0$ 时，消费者会选择放弃购买，即不会购买产品。由此，在满足 $\dfrac{p_2}{p_1 - e_1} < \theta < 1$ 的条件下，可以得到各零售商的产品需求 q_i（$i = 1, 2$）分别为：

$$q_1 = 1 - \frac{p_1 - p_2 - e_1}{1 - \theta} \quad (3-1)$$

$$q_2 = \frac{p_1 - p_2 - e_1}{1 - \theta} - \frac{p_2}{\theta} \qquad (3-2)$$

由于市场上的消费者对不同零售商具有不同的支付意愿，因而两家零售商各自决策的产品零售价格会影响其自身以及竞争对手的产品市场需求。当零售商 R1 决策的产品零售价格较高时，部分消费者会放弃在零售商 R1 处购买产品，转而到零售商 R2 处购买产品；同理，当零售商 R2 决策的产品零售价格较高时，部分消费者会从零售商 R2 处转移到零售商 R1 处购买产品。

三 企业利润函数

在销售产品过程中，考虑零售商 R1 提供的售后服务的成本满足边际成本递增规律，即当零售商 R1 提高售后服务水平时，提高一单位服务水平所需要的成本投入越来越大，故采用二次形式的成本函数，假定零售商 R1 的售后服务成本函数为 $e_1^2/2$。由此，可以得到零售商 R1 的利润函数 π_{R1}：

$$\pi_{R1}(p_1, e_1) = (p_1 - w_1)q_1 - \frac{e_1^2}{2} \qquad (3-3)$$

零售商 R2 的利润函数 π_{R2} 为

$$\pi_{R2}(p_2) = (p_2 - w_2)q_2 \qquad (3-4)$$

零售商 R1 和零售商 R2 在竞争过程中，考虑零售商 R1 因长期市场经营或者市场占有率高，能够率先决策产品零售价格。制造商利润为其产品批发销售收益减去生产成本，用 c 来表示制造商的单位产品生产成本。由此，得到制造商的利润函数：

$$\pi_M(w_1, w_2) = \sum_{i=1}^{2}(p_i - w_i)q_i \qquad (3-5)$$

在制造商与各零售商合作过程中，考虑存在两种市场权力结构，即制造商主导的供应链权力结构和零售商主导的供应链权力结构。在制造商主导的供应链权力结构下，制造商率先决策产品批发价格，然后各零售商先后决策各自的产品零售价格；在零售商主导的供应链权力结构下，各零售商率先决策各自的产品零售价格,然后制造商决策产品批发价格。其中,制造商在决策产品批发价格时,存在两种定价策略,即统一定价策略和差别定价策略。

本章涉及的部分符号定义与说明具体见表3-1。

表3-1 符号定义与说明

符号	定义与说明
v	消费者的支付意愿或对产品的估值,$v \sim U[0, 1]$
θ	两家零售商差异化程度或者二者的竞争程度,$0 < \theta < 1$
p_i	零售商 Ri 决策的产品零售价格
e_1	零售商 $R1$ 决策的售后服务水平
c	产品的生产成本
q_i	零售商 Ri 的产品销售量或市场需求
u_i	消费者购买产品 i 获得的效用
π_{Ri}	零售商 Ri 获得的利润
π_M	制造商获得的利润

第二节 统一定价策略情形(U)

在统一定价策略情形下,制造商向两家竞争零售商给予相同的批发价格,即 $w_1 = w_2 = w$。在制造商主导的供应链权力结构下,制造商率先决策产品批发价格 w;然后,零售商 $R1$ 决策产品零售价格 p_1 和售后服务水平 e_1;最后,零售商 $R2$ 决策产品零售价格 p_2。在零售商主导的供应链权力结构下,零售商 $R1$ 率先决策产品零售价格 p_1 和售后服务水平 e_1;然后,零售商 $R2$ 决策产品零售价格 p_2;最后,制造商决策产品批发价格 w。为简化表达,分别用字符"UM""UR"表示制造商主导的供应链权力结构和零售商主导的供应链权力结构。

定理3.1 在统一定价策略情形下,供应链均衡决策见表3-2。

表3-2 统一定价策略情形下的供应链均衡决策

j	UM	UR
w^{j*}	$\dfrac{2(1+\theta+\theta^2)(c+\theta)+\theta(3-5\theta+\theta^2)}{2\theta^3-4\theta^2-4\theta+4}$	$\dfrac{(\theta^2-\theta-6)\theta^2+3\theta+2(3-\theta)c}{4(2\theta^2-1)}$
p_1^{j*}	$\dfrac{2(1-\theta)^2(2+w^{UM*})}{3\theta^2-8\theta+4}$	$\dfrac{4+c}{4}+\dfrac{(\theta-c)\theta^3+\theta}{4(1-2\theta^2)}$
e_1^{j*}	$\dfrac{(1-\theta)(2-w^{UM*})}{3(1-\theta)}$	$\dfrac{(1-\theta)(2+\theta-c)}{2(1-2\theta^2)}$
p_2^{j*}	$\dfrac{(\theta^2-2\theta-2)(2+c)\theta-\theta^2-4\theta+2c}{2(2-\theta)(2-3\theta)}$	$\dfrac{(\theta^3+4\theta^2-2\theta-1)(c-\theta)+2(1+\theta^2)}{4(2\theta^2-1)}$

证明：在制造商主导的供应链权力结构下，根据逆向递推法，分三个步骤求解各企业的最优决策。首先，求解零售商 R2 的最优定价反应。根据式（3-4），求解 π_{R2} 关于 p_2 的二阶偏导数，易知 π_{R2} 为关于 p_2 的凹函数，根据最优性一阶条件 $\dfrac{\partial \pi_{R2}}{\partial p_2}=0$，即可求得零售商 R2 的最优反应函数为 $p_2^{UM*}(p_1,e_1)=\dfrac{(p_1-e_1)\theta+w}{2}$。其次，将 $p_2^{UM*}(p_1,e_1)$ 代入式（3-3），求解零售商 R1 的最优定价与售后服务水平决策，容易验证 π_{R1} 为关于 p_1、e_1 的联合凹函数，故根据最优性一阶条件 $\dfrac{\partial \pi_{R1}}{\partial p_1}=\dfrac{\partial \pi_{R1}}{\partial e_1}=0$，即可求得零售商 R1 的最优定价决策 $p_1^{UM*}(w)$ 与售后服务水平决策 $e_1^{UM*}(w)$ 分别为 $p_1^{UM*}(w)=\dfrac{2(1-\theta)^2(2+w)}{3\theta^2-8\theta+4}$ 与 $e_1^{UM*}(w)=\dfrac{(1-\theta)(2-w)}{3-3\theta}$。最后，将 $p_1^{UM*}(w)$、$e_1^{UM*}(w)$ 代入式（3-5），求解制造商的最优批发价格决策。同样的，根据二阶条件可知 π_M 为关于 w 的凹函数，根据最优性一阶条件 $\dfrac{\partial \pi_M}{\partial w}=0$，即可求得制造商的最优批发价格决策 w^{UM*}，进而将 w^{UM*} 代入各零售商的最优反应函数，即可得到 p_1^{UM*}、e_1^{UM*}、p_2^{UM*}，结果见表3-2。

在零售商主导的供应链权力结构下，用 m_i 来表示零售商 Ri 决策的产品边际利润，即 $p_i=m_i+w$，根据逆向递推法，分三个步骤求解各企业的最优决策。首先，求解制造商的最优定价反应。根据式（3-5）可知，π_M 为关于 w 的凹函数，故根据最优性一阶条件即可求得制造商的最优反应函数 $w^{UR*}(m_1, e_1, m_2)$ 为 $w^{UR*}(m_1, e_1, m_2) = \dfrac{\theta - 2m_2 + c}{2}$。其次，将 $w^{UR*}(m_1, e_1, m_2)$ 代入式（3-4），求解零售商 R2 的最优定价决策，并根据最优性一阶条件可以求得 $m_2^{UR*}(m_1, e_1)$ 为 $m_2^{UR*}(m_1, e_1) = \dfrac{2\theta(m_1 - e_1) - (1-\theta)(\theta + c)}{2(1+\theta)}$。最后，将 $w^{UR*}(m_1, e_1, m_2)$、$m_2^{UR*}(m_1, e_1)$ 代入式（3-3），求解零售商 R1 的最优定价与售后服务水平决策，由于 π_{R1} 为关于 m_1 和 e_1 的联合凹函数，故根据最优性一阶条件 $\dfrac{\partial \pi_{R1}}{\partial m_1} = \dfrac{\partial \pi_{R1}}{\partial e_1} = 0$，即可求得零售商 R1 的最优定价决策 m_1^{UM*} 和售后服务水平决策 e_1^{UM*}，进而根据 m_1^{UM*}、e_1^{UM*} 即可得到各零售商和制造商的最优决策 w^{UR*}、p_1^{UR*}、p_2^{UR*}，结果见表3-2。

在定理 3.1 中，给出了统一定价策略情形下制造商和各零售商的最优决策。显然，不管是在制造商主导还是在零售商主导的供应链权力结构下，制造商在决策最优的产品批发价格时，除了需要考虑自身产品生产成本的影响外，还需要考虑需求端两家零售商之间的竞争程度。对于两家零售商而言，由于较高的产品生产成本会促使制造商提高产品批发价格，因而零售商 R1 和零售商 R2 也会在产品生产成本较高时实施高价策略。此外，零售商 R1 还会向消费者提供售后服务，当制造商选择较高的产品批发价格时，为减少成本支出，零售商 R1 会相应地降低售后服务水平。根据表 3-2 得到了供应链均衡，将各企业最优定价决策代入式（3-1）、式（3-2），可以得到不同市场权力结构下的产品需求分别为 q_1^{Uj*}、$q_2^{Uj*}(j \in \{M, R\})$；代入式（3-3）、式（3-4）、式（3-5），即可得到两家竞争零售商、制造商获得的利润分别为 π_{R1}^{Uj*}、π_{R2}^{Uj*}、π_M^{Uj*}。

命题 3.1 在统一定价策略下，比较不同市场权力结构下各企业的最优定价决策，可知：零售商 R1 决策的产品零售价格总是更高，即 $p_1^{Uj*} > p_2^{Uj*}(j \in \{M, R\})$；但在零售商主导的供应链权力结构下，各零售商决策的产品零售价格和售后服务水平会更高，表现为 $p_i^{UR*} > p_i^{UM*}$（$i = 1，2$），$e_1^{UR*} > e_1^{UM*}$。

证明：根据表 3-2，先比较两种市场权力结构下各零售商的定价策略，容易得到 $p_1^{UM*} - p_2^{UM*} > 0$、$p_1^{UR*} - p_2^{UR*} > 0$；然后比较不同市场权力结构下的均衡决策，即可验证 $p_1^{UR*} - p_1^{UM*} > 0$，$p_2^{UR*} - p_2^{UM*} > 0$，$e_1^{UR*} > e_1^{UM*}$。

命题 3.1 表明，在统一定价策略下，尽管制造商会对零售商 R1 和零售商 R2 设置相同的批发价格，但两家竞争零售商会因消费者对其具有不同的支付意愿而选择不同的定价策略，且这一结果并不会受到不同市场权力结构的影响。可以知道，零售商 R1 总是会选择高价策略，即其决策的产品零售价格总是比零售商 R2 决策的产品零售价格高，且二者决策的产品零售价格还会随着参数 θ 的增大而降低，说明消费者对两家零售商的认可程度或者两家零售商竞争程度的提高会导致价格竞争加剧。

此外，命题 3.1 还考察了不同市场权力结构对零售商 R1 和零售商 R2 最优决策的影响。显然，在不同市场权力结构下，两家零售商均会调整各自的定价策略以及售后服务水平决策。具体分析，在零售商主导的供应链权力结构下，两家零售商拥有市场主导权，会通过高价策略来获取更多利润，同时，零售商 R1 会相应提高售后服务水平，来吸引更多消费者购买产品。

命题 3.2 在统一定价策略情形下，比较制造商和各零售商之间的利润，可得：

(1) 在 UM 结构下，存在 $\theta_1 \in (0，1)$，使得 $\theta > \theta_1$ 时，$\pi_{R1}^{UM*} > \pi_{R2}^{UM*}$；

(2) 在 UR 结构下，$\pi_{R1}^{UR*} > \pi_{R2}^{UR*}$；

(3) 比较 UM 结构和 UR 结构下供需双方利润，$\pi_M^{UM*} > \pi_M^{UR*}$，$\pi_{Ri}^{UM*} > \pi_{Ri}^{UR*}$。

证明：根据定理 3.1，比较 UM 结构下两家竞争零售商的利润，可以得到，$\pi_{R1}^{UM*} - \pi_{R2}^{UM*}$ 为关于 θ 的五次函数，且在区间 $\theta \in (0，\theta_1)$ 内，$\pi_{R1}^{UM*} - \pi_{R2}^{UM*}$ 为关于 θ 的递减函数，当 $\theta = 0$ 时，$\pi_{R1}^{UM*} - \pi_{R2}^{UM*} > 0$，因此当 $\theta > \theta_1$ 时，$\pi_{R1}^{UM*} - \pi_{R2}^{UM*} > 0$ 成立；比较 UR 结构下两家竞争零售商的利润，易知 $\pi_{R1}^{UR*} - \pi_{R2}^{UR*} > 0$ 恒成立；比较 UM 结构和 UR 结构下制造商、各零售商的利润，易知 $\pi_M^{UM*} - \pi_M^{UR*} > 0$，$\pi_{R1}^{UM*} - \pi_{R1}^{UR*} > 0$，$\pi_{R2}^{UM*} - \pi_{R2}^{UR*} > 0$。

通过比较零售商 $R1$ 和零售商 $R2$ 获得的利润，命题 3.2 分析了两家竞争零售商之间的利润差异。显然，虽然零售商 $R1$ 相较于零售商 $R2$ 能够提供售后服务，但不一定总是能够获得更多利润，这取决于市场权力结构和两家零售商的竞争程度。在制造商主导的供应链权力结构下，制造商拥有供应链主导权，只有零售商 $R1$ 和零售商 $R2$ 之间的竞争程度满足条件 $\theta > \theta_1$ 时，零售商 $R1$ 才能获得更多的利润；在零售商主导的供应链权力结构下，两家零售商拥有供应链主导权，此时零售商 $R1$ 总是能够获得比零售商 $R2$ 更多的利润。

此外，命题 3.2 考察了不同市场权力结构对制造商和各零售商利润水平的影响。可以知道，在制造商主导的供应链权力结构下，制造商、零售商 $R1$、零售商 $R2$ 均能获得更多利润。也就是说，制造商拥有供应链主导权能为其带来更多利润或使其占有更多利润份额，但不同的是，由于零售商之间存在价格竞争行为，其拥有供应链主导权也未必能给其带来更多的利润。这与本书第二章、第四章得到的结果不同，第二章、第四章认为，零售商拥有市场主导权或者供应链主导权便可以获得额外利润，这是因为本章考虑了零售商之间还存在价格竞争。

为进一步考察统一定价策略情形下各企业的利润变化情况，绘制图 3-2、图 3-3 以呈现两种市场权力结构下各企业的利润变化曲线。可以知

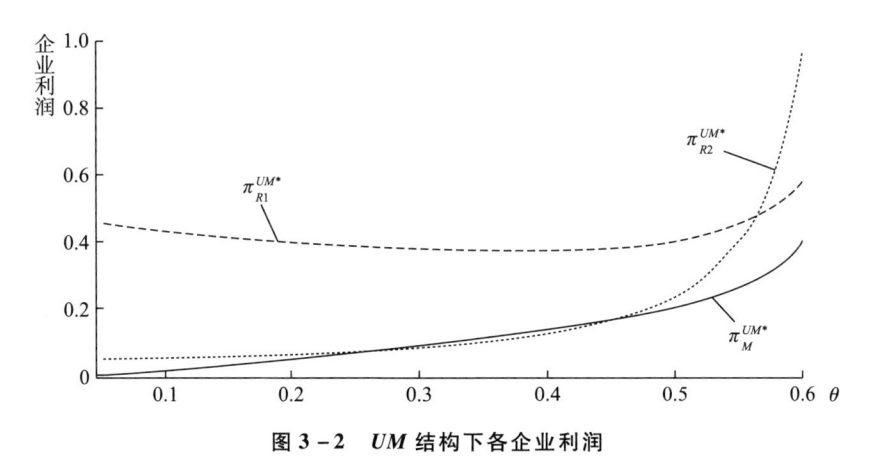

图 3-2　UM 结构下各企业利润

道：在两种市场权力结构下，随着两家零售商之间竞争的加剧，供需双方企业的利润会增加；并且，由于零售商 R1 拥有较强的实力，其获得的利润总是高于制造商获得的利润。但不同的是，零售商 R2 获得的利润不一定会比制造商获得的利润高，这取决于市场权力结构以及消费者对零售商 R2 的认同价值。

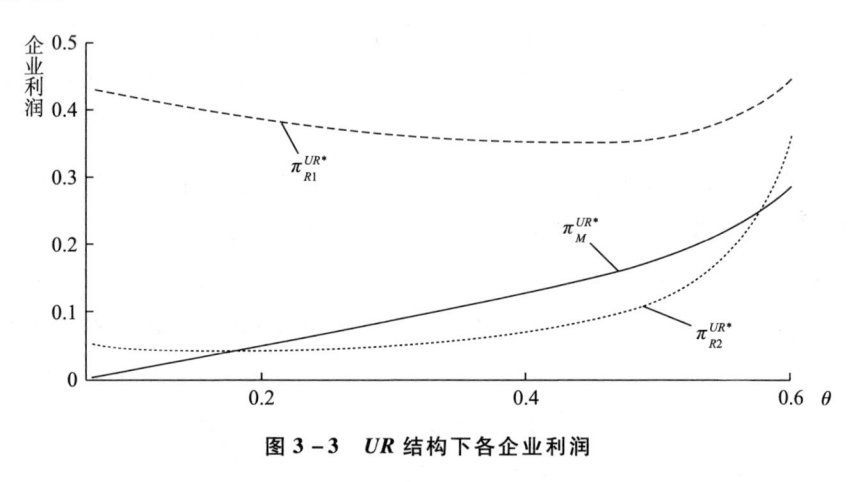

图 3-3　UR 结构下各企业利润

第三节　差别定价策略情形（D）

在差别定价策略情形下，制造商向两家竞争零售商给予不同的批发价格，即 $w_1 \neq w_2$。在制造商主导的供应链权力结构下，制造商率先决策分别给予零售商 Ri 的产品批发价格 w_i；其次，零售商 R1 决策产品零售价格 p_1 和售后服务水平 e_1；最后，零售商 R2 决策产品零售价格 p_2。在零售商主导的供应链权力结构下，零售商 R1 率先决策产品零售价格 p_1 和售后服务水平 e_1；其次，零售商 R2 决策产品零售价格 p_2；最后，制造商决策产品批发价格 w_1、w_2。为简化表达，分别用字符"DM""DR"表示制造商主导的供应链权力结构和零售商主导的供应链权力结构。

定理 3.2　在差别定价策略情形下，供应链均衡决策见表 3-3。

表 3-3　差别定价策略情形下的供应链均衡决策

j	DM	DR
w_1^{j*}	$\dfrac{1+c}{2}$	$\dfrac{(10\theta^2-25\theta+14)c+\theta^2-10\theta+8}{14\theta^2-40\theta+24}$
w_2^{j*}	$\dfrac{\theta+c}{2}$	$\dfrac{(18-2\theta^3+18\theta^2-35\theta)c-4\theta^3+15\theta^2-10\theta}{14\theta^2-40\theta+24}$
p_1^{j*}	$\dfrac{(\theta^2-4\theta+2)c+7\theta^2-16\theta+8}{6\theta^2-16\theta+8}$	$\dfrac{(2\theta^2-9\theta+6)c+17\theta^2-42\theta+24}{14\theta^2-40\theta+24}$
e_1^{j*}	$\dfrac{(1-\theta)(2-c)}{4-6\theta}$	$\dfrac{(1-\theta)(2-c)}{6-7\theta}$
p_2^{j*}	$\dfrac{(\theta^3-2\theta^2-2\theta+2)c+4\theta^3-9\theta^2+4\theta}{6\theta^2-16\theta+8}$	$\dfrac{(2\theta^3-4\theta^2-5\theta+6)c+10\theta^3-25\theta^2+14\theta}{14\theta^2-40\theta+24}$

证明：在制造商主导的供应链权力结构下，根据逆向递推法，分为三个步骤求解各企业的最优决策。首先，求解零售商 R2 的最优定价反应。根据式（3-4），求解 π_{R2} 关于 p_2 的二阶偏导数，易知 π_{R2} 为关于 p_2 的凹函数，根据最优性一阶条件 $\dfrac{\partial \pi_{R2}}{\partial p_2}=0$，即可求得零售商 R2 的最优反应函数为 $p_2^{DM*}(p_1, e_1, w_2) = \dfrac{(p_1-e_1)\theta+w_2}{2}$。其次，将 $p_2^{DM*}(p_1, e_1, w_2)$ 代入式（3-3），求解零售商 R1 的最优定价与售后服务水平决策，容易验证 π_{R1} 为关于 p_1 和 e_1 的联合凹函数，故根据最优性一阶条件 $\dfrac{\partial \pi_{R1}}{\partial p_1}=\dfrac{\partial \pi_{R1}}{\partial e_1}=0$，即可求得零售商 R1 的最优定价决策 $p_1^{DM*}(w_1)$ 与售后服务水平决策 $e_1^{DM*}(w_1)$ 分别为 $p_1^{DM*}(w_1)=\dfrac{(1-\theta)[\theta(4+w_1)+2(1-\theta)(2+w_2)]}{3\theta^2-8\theta+4}$ 与 $e_1^{DM*}(w_1)=\dfrac{2(1-\theta)(1+w_1)-w_2}{3\theta-2}$。最后，将 $p_1^{DM*}(w_1)$、$e_1^{DM*}(w_1)$ 代入式（3-5），求解制造商分别针对零售商 R1 和零售商 R2 的最优批发价格。根据二阶条件可知 π_M 为关于 w_1 和 w_2 的联合凹函数，根据最优性一阶条件 $\dfrac{\partial \pi_M}{\partial w_1}=\dfrac{\partial \pi_M}{\partial w_2}=0$，即可求得制造商的最优批发价格决策 w_1^{DM*}、w_2^{DM*}，进而将 w_1^{DM*}、w_2^{DM*} 代入

各零售商的最优反应函数，即可得到 p_1^{DM*}、e_1^{DM*}、p_2^{DM*}，结果见表 3-3。

在零售商主导的供应链权力结构下，用 m_i 来表示零售商 Ri 决策的产品边际利润，即 $p_i = m_i + w$，根据逆向递推法，分为三个步骤求解各企业的最优决策。首先，求解制造商分别针对零售商 R1 和零售商 R2 的最优批发价格。根据式（3-5）可知，π_M 为关于 w_1 和 w_2 的联合凹函数，故根据最优性一阶条件即可求得制造商的最优反应函数 $w_1^{DR*}(m_1, e_1, m_2)$、$w_2^{DR*}(m_1, e_1, m_2)$ 分别为 $w_1^{DR*}(m_1, e_1, m_2) = \dfrac{1 - m_1 + c + e_1}{2}$ 及 $w_2^{DR*}(m_1, e_1, m_2) = \dfrac{\theta - m_2 + c}{2}$。其次，将 $w_1^{DR*}(m_1, e_1, m_2)$ 代入式（3-4），求解零售商 R2 的最优定价决策，并根据最优性一阶条件可以求得 $m_2^{DR*}(m_1, e_1)$ 为 $m_2^{DR*}(m_1, e_1) = \dfrac{(c - e_1 + m_1)\theta - c}{2}$。最后，将 $w_1^{DR*}(m_1, e_1, m_2)$、$w_2^{DR*}(m_1, e_1, m_2)$、$m_2^{DR*}(m_1, e_1)$ 代入式（3-3），求解零售商 R1 的最优定价与售后服务水平决策，由于 π_{R1} 为关于 m_1 和 e_1 的联合凹函数，故根据最优性一阶条件 $\dfrac{\partial \pi_{R1}}{\partial m_1} = \dfrac{\partial \pi_{R1}}{\partial e_1} = 0$，即可求得零售商 R1 的最优定价决策 m_1^{DR*} 和最优售后服务水平决策 e_1^{DR*}，进而根据 m_1^{DR*}、e_1^{DR*} 即可得到各零售商和制造商的最优决策 w_1^{DR*}、w_2^{DR*}、p_1^{DR*}、p_2^{DR*}，见表 3-3。

定理 3.2 给出了差别定价策略情形下制造商和各零售商的最优定价决策和最优售后服务水平决策。此时，制造商需要针对不同零售商分别设置产品批发价格，但与统一定价策略情形类似，最优产品批发价格也总是会受到产品生产成本和零售商竞争程度的影响，进而各零售商的最优定价与售后服务水平决策也会相应地变化。最后，根据表 3-2 得到了供应链均衡，将各企业最优定价决策代入式（3-1）、式（3-2），可以得到不同市场权力结构下的产品需求分别为 q_1^{Dj*}、q_2^{Dj*}（$j \in \{M, R\}$）；代入式（3-3）、式（3-4）、式（3-5），即可得到两家竞争零售商、制造商获得的利润分别为 π_{R1}^{Dj*}、π_{R2}^{Dj*}、π_M^{Dj*}。

命题 3.3 在差别定价策略下，比较不同市场权力结构下各企业的最优定价决策，可知：制造商给予零售商 R1 的批发价格以及零售商 R1 决策的产品零售价格总是更高，即 $p_1^{Dj*} > p_2^{Dj*}$、$w_1^{Dj*} > w_2^{Dj*}$ ($j \in \{M, R\}$)；但在零售商主导的供应链权力结构下，各零售商决策的产品零售价格和售后服务水平也会更高，表现为：$p_i^{DR*} > p_i^{DM*}$ ($i = 1, 2$)，$e_1^{DR*} > e_1^{DM*}$。

证明：与统一定价策略情形类似，根据表 3-3 直接比较易得，略。

由命题 3.3 可知，在差别定价策略下，不管各零售商是否拥有供应链主导权，零售商 R1 仍然会选择高价策略，即其决策的产品零售价格要更高。然而，零售商 R1 更高的产品零售价格也使得制造商拥有更大的定价空间，故制造商在决策给予两家零售商的批发价格时，会给予零售商 R1 更高的批发价格。这也意味着，制造商在差别定价策略下针对不同零售商，会策略性地选择有差异的产品批发价格。此外，根据命题 3.3 也可以知道，在零售商主导的供应链权力结构下，零售商 R1 和零售商 R2 总是会选择高价来获取更多利润，同时零售商 R1 会相应提高售后服务水平。

命题 3.4 在差别定价策略情形下，比较制造商和各零售商之间的利润，可得：

（1）在 DM 结构下，$\pi_{R1}^{DM*} > \pi_{R2}^{DM*}$；

（2）在 DR 结构下，$\pi_{R1}^{DR*} > \pi_{R2}^{DR*}$；

（3）比较 DM 结构和 DR 结构下供需双方利润，$\pi_M^{DM*} > \pi_M^{DR*}$，存在 $\theta_2 \in (0, 1)$，使得当 $0 < \theta < \theta_2$ 时，$\pi_{R1}^{DM*} < \pi_{R1}^{DR*}$，$\pi_{R2}^{DM*} > \pi_{R2}^{DR*}$。

证明：与命题 3.2 证明过程类似，根据定理 3.2 得到的差别定价策略下各企业的利润函数，直接比较，易得，略。

命题 3.4 表明，在差别定价策略情形下，不管是制造商主导还是零售商主导的供应链权力结构，相较于零售商 R2，零售商 R1 总是能够获得更多的利润。这是因为零售商 R1 更高的定价策略使得其获得的单位产品边际成本也更高，但由于售后服务能为消费者带来额外的效用，因而更高的零售价格并不一定导致零售商 R1 产品销售量的减少。此外，比较供需双方企业的利润水平，可知在 DM 结构下，即制造商拥有供应链主导权时，制造商可以获得更多的利润份额；但零售商 R1 是否能利用其供应链主导权获得更多利润存在不确定性，仅零售商 R2 可以在 DM 结构下获得比 DR 结构下更多的利润。

结合命题 3.4 和命题 3.2 可知，统一定价策略和差别定价策略下各企业的利润之差存在差异。在统一定价策略情形下，制造商拥有供应链主导权总是对制造商和各零售商有利，但差别定价策略情形下却不一定存在 $\pi_{R1}^{UM*} > \pi_{R1}^{UR*}$ 的关系，故从利润的视角看，统一定价策略情形下供需双方均有动机选择制造商主导的供应链权力结构。

图 3-4、图 3-5 分别绘制了 DM 结构、DR 结构下各企业的利润变化曲线。根据图 3-4、图 3-5，进一步考察差别定价策略情形下各企业的利润变

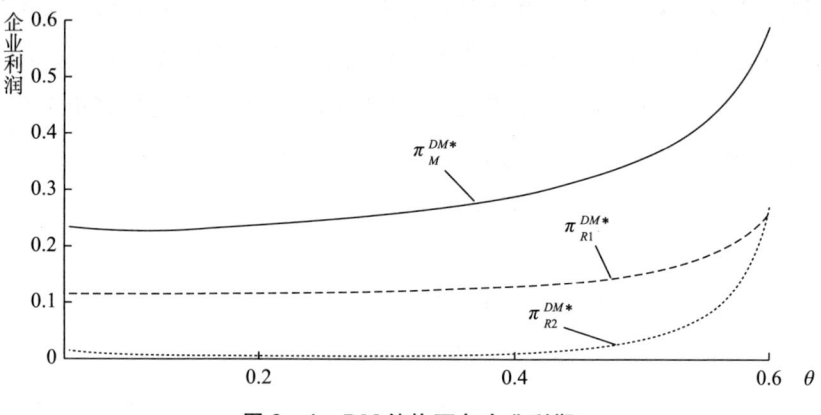

图 3-4 DM 结构下各企业利润

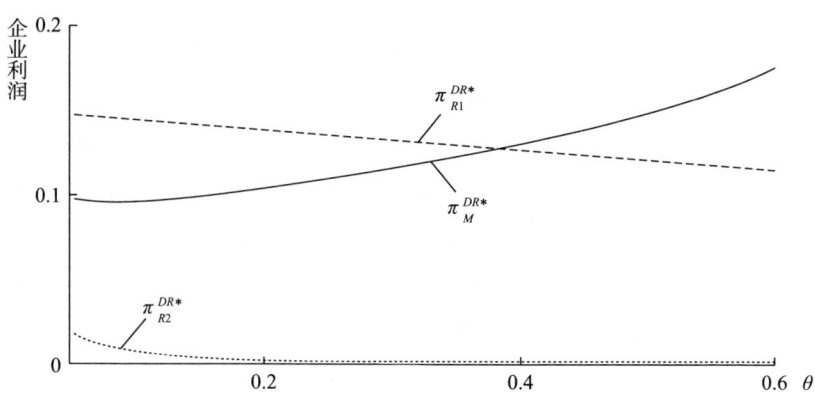

图 3-5 DR 结构下各企业利润

化情况。由图 3-4 可知，在制造商主导的供应链权力结构下，随着零售商 $R1$ 和零售商 $R2$ 市场竞争的加剧，各企业获得的利润会增加，但由于制造商拥有供应链主导权，故制造商总是可以获得比零售商 $R1$、零售商 $R2$ 更多的利润。由图 3-5 可知，在零售商主导的供应链权力结构下，各企业的利润变化情况与图 3-4 有所不同，随着零售商 $R1$ 和零售商 $R2$ 市场竞争的加剧，两家零售商的利润均会降低，仅制造商能够获得更多利润。

第四节 供应链均衡比较

在第二节和第三节中，考虑供需双方在供应链中的不同市场主导结构，构建并求解了制造商、零售商 $R1$、零售商 $R2$ 之间的三阶段动态博弈模型，分别得到了统一定价策略和差别定价策略情形下的供应链均衡。基于此，本节将比较分析两种不同定价策略情形下各企业最优决策和利润。

命题 3.5 比较统一定价策略和差别定价策略情形下各企业的最优定价决策，得到：

（1）在制造商主导的供应链权力结构下，$w^{UM*} < w_1^{DM*}$，$w^{UM*} > w_2^{DM*}$，$p_1^{UM*} > p_1^{DM*}$，$p_2^{UM*} = p_2^{DM*}$；

（2）在零售商主导的供应链权力结构下，$w^{UR*} < w_1^{DR*}$，$w^{UR*} > w_2^{DM*}$，$p_1^{UR*} > p_1^{DR*}$，$p_2^{UR*} < p_2^{DR*}$。

证明：根据定理 1 和定理 2，直接比较表 3-2、表 3-3 中各企业最优定价决策，易得，略。

在命题 3.5 中，通过比较制造商差别定价策略情形下各企业的最优定价决策，分析了制造商差别定价策略对最优产品批发价格、零售价格的影响。显然，由于制造商在差别定价策略情形下，会针对零售商 $R1$ 和零售商 $R2$ 分别设置不同的批发价格，因而两家零售商的最优零售价格决策也会存在差异。具体分析：不管是在制造商主导的供应链权力结构下，还是在零售商主导的供应链权力结构下，在统一定价策略下，制造商决策的批发价格会低于差别定价策略下给予零售商 $R1$ 的批发价格，而高于差别定价策略下给予零售商 R2 的批发价格。这意味着，供需双方不同的市场权力结构并不会影响批发价格的变化趋势。

根据命题 3.5，也可以知道，在制造商主导的供应链权力结构下，尽管制造商会在统一定价策略情形下实施低价策略（$w^{UM*} < w_1^{DM*}$），但此时零售商 R1 并不会相应地降低产品零售价格，反而会实施高价策略（$p_1^{UM*} > p_1^{DM*}$），同时零售商 R2 会保持其产品零售价格不变。在零售商主导的供应链权力结构下，各零售商会根据批发价格的变化进行零售价格调整，即在差别定价策略情形下，零售商 R1 降低零售价格，零售商 R2 提高零售价格。

命题 3.6 比较统一定价策略和差别定价策略情形下零售商 R1 决策的最优售后服务水平，可以得到：$e_1^{UM*} > e_1^{DM*}$，$e_1^{UR*} > e_1^{DR*}$；$e_1^{UM*} - e_1^{DM*} < e_1^{UR*} - e_1^{DR*}$。

证明：比较统一定价策略和差别定价策略情形下的最优售后服务水平，容易验证 $e_1^{UM*} - e_1^{DM*} > 0$、$e_1^{UR*} - e_1^{DR*} > 0$，比较两种情形下的售后服务水平之差，也易得 $(e_1^{UM*} - e_1^{DM*}) - (e_1^{UR*} - e_1^{DR*}) < 0$。

命题 3.6 表明，制造商选择不同的定价策略会影响零售商 R1 售后服务水平决策。在不同市场权力结构下，当制造商选择统一定价策略，即向两家竞争零售商提供相同的批发价格时，零售商 R1 应当提高其售后服务水平来吸引更多消费者购买其销售的产品。但在制造商主导的供应链权力结构下，统一定价策略与差别定价策略下的售后服务水平差异更小，表明制造商拥有供应链主导权能够减小不同定价策略对零售商 R1 售后服务水平决策的影响。因此，如果零售商 R1 想要提供更高的售后服务水平，或者为消费者提供更完善的售后服务，应当选择统一定价策略，且这一选择不会受到市场权力结构的影响。

命题 3.7 比较统一定价策略和差别定价策略情形下供需双方企业的利润水平，可得：

（1）在制造商主导的供应链权力结构下，$\pi_M^{UM*} < \pi_M^{DM*}$，$\pi_{R1}^{UM*} > \pi_{R1}^{DM*}$，$\pi_{R2}^{UM*} > \pi_{R2}^{DM*}$；

（2）在零售商主导的供应链权力结构下，存在一个 $\theta_3 \in (0, 1)$，使得当 $\theta < \theta_3$ 时，$\pi_M^{UR*} < \pi_M^{DR*}$，$\pi_{R1}^{UR*} > \pi_{R1}^{DR*}$，$\pi_{R2}^{UR*} > \pi_{R2}^{DR*}$。

证明：直接比较制造商、零售商 R1 和零售商 R2 的利润，即可得，略。

命题 3.7 比较了统一定价策略和差别定价策略情形下制造商、零售商 R1、零售商 R2 的利润。可以知道，在制造商主导的供应链权力结构下，差别定价策略会导致制造商利润水平的降低；而在零售商主导的供应链权力结构下，差别定价策略对制造商利润水平的影响存在不确定性，取决于需求端零售商之间的竞争程度。这意味着，从制造商利润的视角来看，制造商均有动机选择统一定价策略或差别定价策略，如果制造商拥有供应链主导权，则其总是会选择差别定价策略。

此外，根据命题 3.7 还可以发现，无论各零售商是否拥有供应链主导权，在统一定价策略情形下总是能够获得更多的利润。因此，从零售商利润的视角来看，选择统一定价策略是最优选择，即零售商 R1 和零售商 R2 都倾向于选择统一定价的制造商。

第五节　数值仿真

为进一步验证并挖掘上述理论模型的管理启示，本节将采用数值仿真法来考察关键参数对供应链均衡的影响。考虑本章采用消费者效用理论来刻画消费者购买行为，且假设消费者对产品的估值或者支付意愿在区间 $[0, 1]$ 上均匀分布，即 $0 \leqslant v \leqslant 1$，可知 $w < p < v \leqslant 1$，而制造商决策的产品批发价格总是需要满足 $w > c$，即 $c < 1$。因此，设置参数 $c = 0.1$，以 θ 为横坐标绘制产品需求、售后服务水平等的变化曲线（如图 3-6 至图 3-11 所示）。

在图 3-6、图 3-7 中，"M 结构""R 结构"分别表示制造商主导和零售商主导的供应链权力结构。由图 3-6、图 3-7 可知，在统一定价策略下，由于制造商给予竞争对手的批发价格相同，因而零售商 R1 为了获取竞争优势、扩大市场份额，总是会策略性地提高售后服务水平，且此时不同的市场

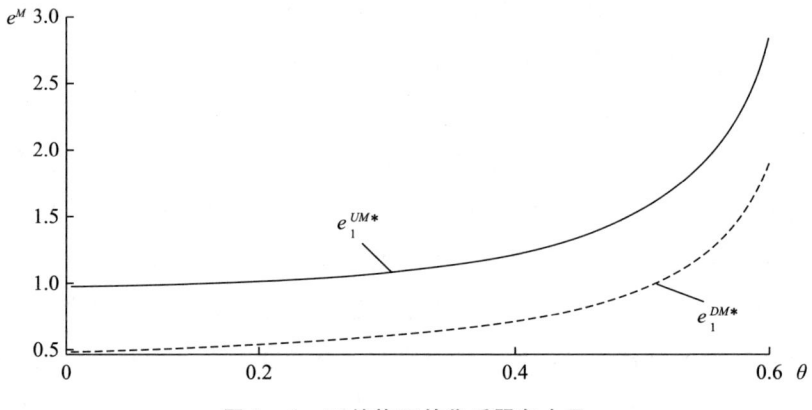

图 3-6 M 结构下的售后服务水平

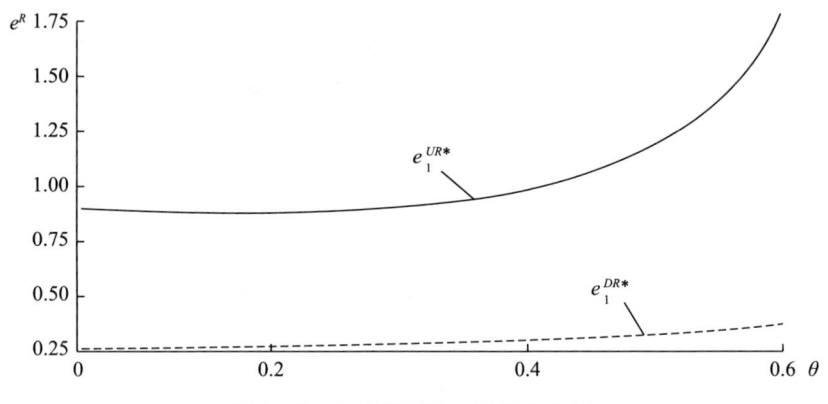

图 3-7 R 结构下的售后服务水平

权力结构不会影响这一结论；随着参数 θ 的增大，零售商 R1 与零售商 R2 之间的竞争加剧，在不同市场权力结构或者制造商定价策略下，零售商 R1 均会提高售后服务水平来提升竞争力；在零售商主导的供应链权力结构下，不同制造商定价策略下的售后服务水平之差更大，表明零售商拥有供应链主导权会加剧差别定价策略对零售商 R1 售后服务水平决策的影响。比较图 3-6 和图 3-7，可知，在 M 结构，即制造商主导的供应链权力结构下，零售商 R1 会选择更高的售后服务水平。

在图 3-8、图 3-9 中，"q_1^U""q_2^U"分别表示零售商 R1 和零售商 R2 在统一定价策略下的产品销售量或市场需求。由图 3-8、图 3-9 可知，在统

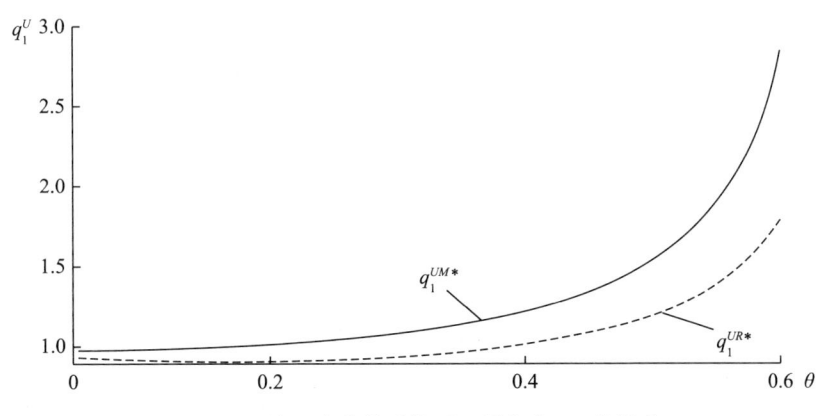

图 3-8 统一定价策略情形下零售商 $R1$ 的需求

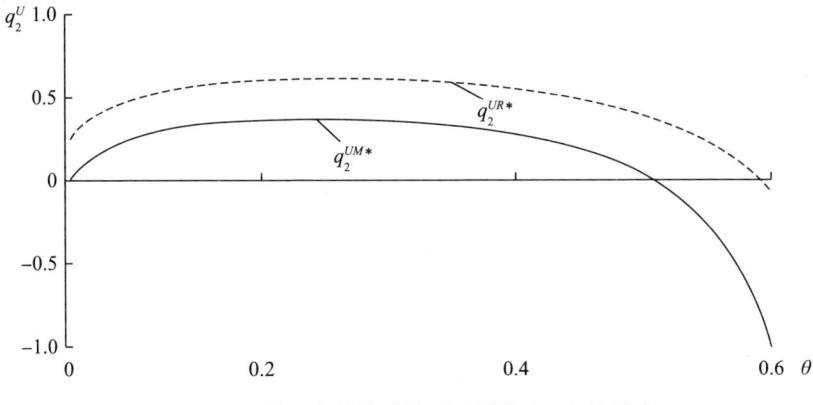

图 3-9 统一定价策略情形下零售商 $R2$ 的需求

一定价策略下,制造商主导的供应链权力结构对零售商 $R1$ 提高市场份额有利,而零售商主导的供应链权结构能为零售商 $R2$ 带来更大的产品销售量;随着零售商 $R1$ 与零售商 $R2$ 之间竞争的加剧,零售商 $R1$ 在统一定价策略情形下产品销售量增大,但零售商 $R2$ 产品销售量呈减小的趋势,并且零售商 $R1$ 在不同情形下的产品销售量总是比零售商 $R2$ 的大。因此,从市场份额的角度来看,在统一定价策略下,零售商 $R1$ 应当选择制造商主导的供应链权力结构,零售商 $R2$ 应当选择零售商主导的供应链权力结构。

在图 3-10、图 3-11 中,"q_1^D""q_2^D"分别表示零售商 $R1$ 和零售商 $R2$ 在差别定价策略下的产品销售量或市场需求。由图 3-10、图 3-11 可知,

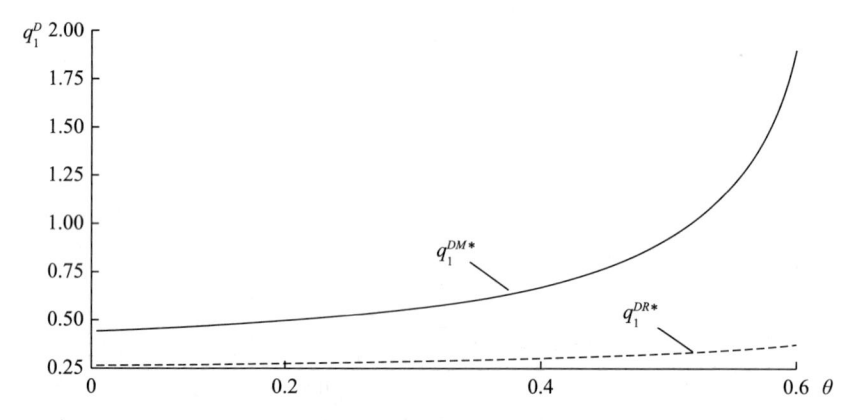

图 3 - 10　差别定价策略情形下零售商 $R1$ 的需求

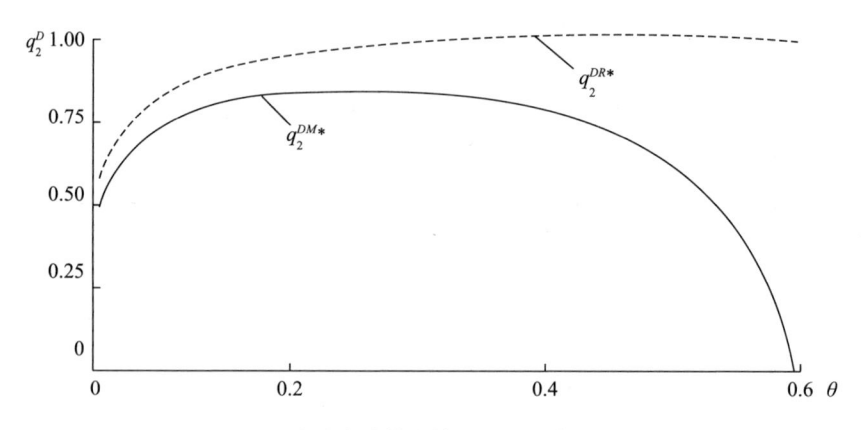

图 3 - 11　差别定价策略情形下零售商 $R2$ 的需求

在差别定价策略下，与图 3 - 8 和图 3 - 9 类似，零售商 $R1$、零售商 $R2$ 分别在制造商主导和零售商主导的供应链权力结构下获得更大的市场份额；并且，零售商 $R1$ 产品销售量随 θ 的增大而增大，零售商 $R2$ 产品销售量随 θ 的增大而减小。综合比较图 3 - 8、图 3 - 9、图 3 - 10、图 3 - 11，即比较统一定价策略和差别定价策略情形下各零售商的产品销售量，零售商 $R1$ 在统一定价策略下的产品销售量更大，零售商 $R2$ 在差别定价策略下的产品销售量更大。

第六节　本章小结

针对由两家竞争零售商和一家制造商组成的供应链系统，即制造商将其生产的一种产品通过两家零售商销往市场，本章根据消费者效用理论以及供需双方之间存在的不同市场权力结构，构建了消费者效用函数和产品需求函数，分别建立了制造商统一定价策略和差别定价策略情形下的三阶段动态博弈模型。通过模型求解，得到了不同定价策略情形、不同市场权力结构下的供应链均衡，进而分析了不同市场权力结构和制造商定价策略对供需双方企业最优决策和利润的影响。所得结论和启示如下。

（1）在统一定价策略下，两家竞争零售商因消费者对其具有不同的支付意愿而选择不同的定价策略，即零售商 $R1$ 会选择高价策略，但二者不一定能够获得更多利润；从市场份额的视角来看，两家零售商均应该选择统一定价策略，即选择实施统一定价策略的制造商；在制造商主导的供应链权力结构下，制造商、零售商 $R1$、零售商 $R2$ 均能获得更多利润。

（2）在差别定价策略下，不管各零售商是否拥有供应链主导权，零售商 $R1$ 都会选择高价策略，即其决策的产品零售价格要更高，此时制造商也会提高给予零售商 $R1$ 的批发价格；不管是制造商主导还是零售商主导的供应链权力结构，相较于零售商 $R2$，零售商 $R1$ 总是能够获得更多的利润。

（3）相比统一定价策略，在差别定价策略下制造商会对零售商 $R2$ 设置较低的产品批发价格，此时，零售商 $R1$ 为提高市场竞争力，会策略性地提高其售后服务水平；在制造商主导的供应链权力结构下，差别定价策略会导致制造商利润水平的降低；而在零售商主导的供应链权力结构下，差别定价策略对制造商利润水平的影响存在不确定性，取决于需求端零售商之间的竞争程度。

第四章
不同市场权力结构下竞争供应链定价策略

国际供应链管理专家马丁·克里斯多夫曾在1992年预言:"未来的竞争不是个体或组织之间的竞争,而是供应链与供应链之间的竞争。"随着经济全球化和区域经济一体化的程度不断加深,社会分工的细化以及信息技术的不断进步,越来越多的企业通过构建有效的供应链来获取市场主导权以及竞争优势。例如,宝洁公司和沃尔玛公司构建的日用品供应链,全球最大的日用品制造企业宝洁与全球最大的商业零售企业沃尔玛通过供应链协同管理,大幅度降低了整条供应链的运营成本,同时提高了企业对市场需求的反应速度及顾客的忠诚度,使合作双方实现双赢。根据市场调研机构贝恩公司的研究报告,2004年宝洁全年514亿美元的销售额中,8%的销售额来自沃尔玛,而沃尔玛全年2560亿美元销售额中有3.5%归功于宝洁。

然而,在供应链竞争过程中,每条供应链内部还存在不同的市场权力结构,不合理的市场权力结构有可能导致各企业获得不公平的收益以及决策激励失调,进而使得供应链效率降低以及各企业绩效损失(金亮、温焜,2020)。因此,在供应链与供应链竞争背景下,本章主要聚焦于考察供应链与供应链竞争如何影响每条供应链内部成员企业的定价策略和均衡利润,当每条供应链内部都存在不同的市场权力结构时,每条供应链如何调整其定价策略及影响各企业绩效,以及不同市场权力结构、供应链与供应链竞争等因素会给消费者福利造成什么影响等问题。

近十年来,随着供应链与供应链之间的竞争越来越普遍,较多学者已经开始关注这一问题。Hopp 等（2010）、艾兴政等（2010）较早关注链与链之间的竞争问题，通过构建链与链价格竞争模型来研究竞争供应链之间的定价、利润以及合同选择问题；刘春玲等（2012）基于产业集群背景，认为跨国企业市场入侵导致了原供应链与新供应链之间的竞争，进而抢占原供应链的利润份额；在此基础上，赵海霞等（2013，2014，2015）、刘晓婧等（2016）进一步研究了链与链之间的合同选择问题，其中赵海霞等（2013）考虑零售商风险规避属性，研究了供应链两部定价合同设计问题，赵海霞等（2014）考虑供应链生产的规模不经济，研究了纵向联盟下的收益共享合同设计问题，赵海霞等（2015）考虑市场需求的不确定性，研究了供应链批发价格合同设计问题，在赵海霞等（2014）的研究基础上，刘晓婧等（2016）考虑网络外部性的影响，研究了供应链收益共享合同选择问题。上述文献结合不同影响因素研究了链与链竞争背景下的合同设计问题，Fang 和 Shou（2015）同样考虑了市场不确定性因素的影响，研究了产品供应不确定对链与链价格竞争的影响；针对 Fang 和 Shou（2015）研究中的产品供应不确定问题，Jin 等（2019）认为零售商应加强对上游供应商的控制和整合；Agrawal 等（2017）以汽车供应链为背景，研究了链与链竞争中的汽车零部件采购及质量控制问题；Wang 等（2018）考虑市场上的消费者异质性偏好，研究了制造商和零售商在不同市场权力结构下的价格竞争问题；Aydin 和 Parker（2018）、Hu 等（2019）分别考虑技术溢出效应、供应链生产成本降低等因素的影响，研究了链与链竞争下的技术投资问题；Ouardighi 等（2019）同时考虑了链与链之间的横向竞争、纵向竞争因素，研究了链与链竞争下的污染减排政策选择问题；Taleizadeh 等（2019）考虑存在产品退货的影响，研究了药品供应链之间的协调问题。

上述有关链与链竞争的文献，结合不同影响因素或基于不同研究背景，研究了链与链竞争下的价格竞争、合同设计、投资策略选择等问题。随着研究的深入，还有较多学者在链与链竞争背景下，研究了供应链信息共享、渠道选择等问题。在供应链信息共享方面，Ebrahimkhanjari 等（2012）、Kurtulus 等（2012）首先关注了链与链之间的信息不对称问题，认为不同供应链获得的市场需求信息不同，实现链与链之间的信息共享能够在一定程度上提升供应链绩效；在 Ebrahimkhanjari 等（2012）、Kurtulus 等（2012）的研究基础上，Guo 等（2014）考虑供应链之间还存在渠道竞争，研究了渠道竞争对链与链信息共享的影响；Lin 等（2014）则考虑的是供应链内部的整合因素，研究了供应链纵向整合对供应链价值及链与链信息共享的影响；Bian 等（2016）对比分析了不同信息共享方式对链与链竞争的影响；Shamir 和 Shin（2016）基于动态博弈的视角，研究了不同供应链的新预测精度差异对链与链信息共享的影响；在 Shamir 和 Shin（2016）的基础上，Fan 等（2020）进一步考虑产品质量的影响，研究链与链信息共享背景下的供应链协调问题。在渠道选择方面，李晓静等（2016）以再制造产品为研究对象，研究了链与链竞争下的再制造产品分销渠道选择问题；Matsui（2016）考虑不同分销渠道之间的效益差异，研究了链与链竞争下的双渠道选择问题；王聪和杨德礼（2017）考虑线上渠道、线下渠道之间的定价差异，研究了链与链竞争下的 O2O 渠道拓展问题；Xia 等（2019）结合供应链渠道服务投资因素的影响，研究了竞争供应链最优渠道结构选择问题；王素娟和贾淇宁（2019）进一步考虑渠道广告对竞争供应链渠道策略的影响；Chen 等（2019）综合考虑产品价格和质量的影响，研究竞争供应链渠道选择问题。

在上述有关链与链竞争的研究中，较多的学者通过考虑各种现实影响因素，如市场不确定、信息不对称、服务等，来考察链与链竞争、渠道选择、信息共享等问题。本章根据上述研究背景，针对分别由单家制造商和单家零售商组成的两条竞争供应链，考虑市场上消费者的异质性偏好以及供需双方企业之间的不同市场权力结构，构建了单一供应链、链与链竞争等情形下的两阶段动态博弈模型。通过模型求解，得到各制造商和零售商的最优定价策略，进而分析了不同市场权力结构、供应链竞争对各企业最优定价策略和利润的影响，考察了供应链竞争对消费者购买行为和消费福利的影响。

本章其余部分的结构：第一节从寡头垄断市场结构、产品需求等方面提出本章的基本假设；为考察竞争供应链定价策略，第二节给出单一供应链情形下的两阶段动态博弈模型，求解供应链最优定价、产品需求以及各企业的均衡利润,并考察不同市场权力结构对供应链均衡的影响;第三节考虑链与链竞争情形,构建竞争供应链之间的两阶段动态博弈模型,通过模型求解,得到两种市场权力结构下的供应链均衡,进而考察市场竞争背景下不同市场权力结构对供应链均衡定价和利润的影响;第四节将根据第二节和第三节的均衡结果,比较分析供应链竞争对各制造商和零售商最优定价策略、产品需求和利润的影响;第五节为消费者福利分析,结合前文的理论模型结果和数值算例,考察不同市场权力结构、供应链竞争对消费者福利的影响;第六节是本章的研究总结。

第一节 问题描述与模型假设

一 寡头垄断市场结构

在寡头垄断市场上,存在两家制造商和两家零售商,其中两家制造商分别生产一种存在差异化的替代产品,二者分别将各自的产品通过某家零售商销往同一市场。为简化表达,分别用字符"$M1$""$M2$""$R1$""$R2$"来表示各制造商和零售商,即制造商 $M1$ 将其生产的产品 1 通过零售商 $R1$ 进行销售,制造商 $M2$ 将其生产的产品 2 通过零售商 $R2$ 进行销售,如图 4-1 所示。

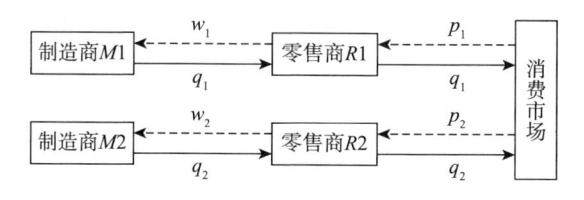

图 4-1 竞争供应链结构

在上述竞争供应链结构示意图(图 4-1)中,制造商 $M1$ 和制造商 $M2$ 为竞争关系,分别生产一种存在质量差异化的替代产品;零售商 $R1$ 和零售商 $R2$ 为竞争关系,分别销售制造商 $M1$、制造商 $M2$ 的产品,面向同一消费市场。在图 4-1 中,w_i、p_i ($i=1,2$) 分别为产品 i 的批发价格和零售价格,q_i 为产品 i 的市场需求。

二 产品需求

假设潜在市场规模为 1，每个消费者至多购买一单位产品。考虑产品 1 和产品 2 之间的质量差异，不妨设产品 1 拥有较高的质量、知名度、售后服务水平等，如华为公司生产的手机在中国市场拥有较高的知名度和质量。因此，消费者在选购产品时，对产品 1 具有较高的估值或支付意愿，并用 v 来表示，由于不同消费者对同一产品往往会具有不同的估值或支付意愿，即存在消费者异质性，故有 $v \sim U[0,1]$（Xia et al.，2019）；如果消费者购买产品 2，则消费者能够获得效用 θv，其中 θ 表示产品 1 和产品 2 的质量差异化程度，$0 < \theta < 1$。

根据上述分析，当消费者选择购买产品 1 或者产品 2 时，分别用 p_1、p_2 来表示两种产品的零售价格，即消费者购买产品支付的价格。由此，可以得到消费者购买产品 i（$i=1,2$）获得的效用 u_i 为：

$$u_1 = v - p_1 \tag{4-1}$$

$$u_2 = \theta v - p_2 \tag{4-2}$$

在式（4-1）中，消费者购买产品 1 获得的效用为其对产品 1 的估值 v 减去产品 1 的零售价格 p_1；在式（4-2）中，消费者购买产品 2 获得的效用为其对产品 2 的估值 θv 减去产品 2 的零售价格 p_2。消费者根据效用最大化原则，选择购买产品 1、购买产品 2 或者不购买。如果 $u_1 \geq u_2$ 且 $u_1 \geq 0$，即 $v \geq \max\left\{p_1, \dfrac{p_1 - p_2}{1 - \theta}\right\}$，则消费者会选择购买产品 1；如果 $u_2 \geq u_1$ 且 $u_2 \geq 0$，即 $\dfrac{p_2}{\theta} \leq v \leq \dfrac{p_1 - p_2}{1 - \theta}$，则消费者会选择购买产品 2；如果 $u_2 \leq 0$ 且 $u_1 \leq 0$，则消费者不会购买产品。由此，在满足 $\dfrac{p_2}{p_1} < \theta < 1$ 的条件下，可以得到产品 i（$i=1,2$）的需求 $q_i(p_1, p_2)$ 分别为：

$$q_1(p_1, p_2) = 1 - \frac{p_1 - p_2}{1 - \theta} \tag{4-3}$$

$$q_2(p_1,p_2) = \frac{p_1 - p_2}{1-\theta} - \frac{p_2}{\theta} \qquad (4-4)$$

在式（4-3）、式（4-4）中，产品1和产品2的需求取决于潜在市场规模、两种产品的零售价格及其差异化竞争程度。可以知道，随着产品价格的提高，产品需求会降低，可以验证 $\partial q_i(p_1,p_2)/\partial p_i < 0$，但竞争性产品较高的价格可以有效提升产品的需求。

本章涉及的部分符号定义与说明具体见表4-1。

表4-1 符号定义与说明

符号	定义与说明
v	消费者的支付意愿或对产品的估值，$v \sim U[0,1]$
θ	两种产品的质量差异化程度，$0 < \theta < 1$
p_i	零售商决策的产品 i 零售价格，$i=h$ 表示高质量产品，$i=l$ 表示低质量产品
w_i	制造商决策的产品 i 批发价格
c_i	产品 i 的生产成本，$c_h > c_l$
q_i	产品 i 的市场需求
u_i	消费者购买产品 i 获得的效用
CS	消费者剩余
π_R	零售商获得的利润
π_M	制造商获得的利润
π_{SC}	供应链系统的利润

第二节 单一供应链情形

为研究竞争供应链定价问题，本节先研究市场上仅存在单一供应链的情形，即市场完全垄断情形。在此情形下，假设市场上仅存在制造商 $M1$ 和零售商 $R1$，将产品1销往市场，消费者购买产品1能够获得的效用为 $u_1 = v - p_1$。如果消费者获得的效用大于或等于零，才会选择购买产品1，否则不会购买。由此，可以得到单一供应链情形下产品1的需求为 $q_1(p_1) = 1 - p_1$。

并且，可以得到制造商 M1 和零售商 R1 的利润函数分别为：

$$\pi_{M1}(w_1) = (w_1 - c_1)(1 - p_1) \quad (4-5)$$

$$\pi_{R1}(p_1) = (p_1 - w_1)(1 - p_1) \quad (4-6)$$

对于制造商 M1 和零售商 R1 的决策过程，考虑供需双方在市场上的不同主导权，假设二者之间存在两种市场权力结构，即制造商主导结构和零售商主导结构。在制造商 M1 主导结构下，制造商 M1 为 Stackelberg 领导者率先决策产品批发价格，零售商 R1 为 Stackelberg 跟随者，随后决策产品零售价格；在零售商 R1 主导结构下，零售商 R1 为 Stackelberg 领导者率先决策产品零售价格或产品边际利润，制造商 M1 为 Stackelberg 跟随者，随后决策产品批发价格。为简化模型表达与分析过程，分别用字符"BM""BR"来表示制造商 M1 主导结构和零售商 R1 主导结构。

在 BM 结构下，制造商 M1 率先决策产品 1 的最优批发价格，然后零售商 R1 决策产品 1 的最优零售价格。采用逆向递推法，根据式（4-6），先求解零售商 R1 的最优反应函数 $p_1^{BM*}(w_1)$。求解 π_{R1} 关于 p_1 的二阶偏导数，易得 $\frac{\partial^2 \pi_{R1}}{\partial p_1^2} = -2 < 0$，表明 π_{R1} 为关于 p_1 的凹函数，存在唯一最优解，故根据最优性一阶条件 $\frac{\partial \pi_{R1}}{\partial p_1} = 1 - 2p_1 + w_1 = 0$，即可求得 $p_1^{BM*}(w_1) = \frac{1+w_1}{2}$。其次，将 $p_1^{BM*}(w_1)$ 代入式（4-5），求解制造商的最优定价决策。求解 π_{M1} 关于 w_1 的二阶偏导数，易得 $\frac{\partial^2 \pi_{M1}}{\partial w_1^2} = -1 < 0$，表明 π_{M1} 为关于 w_1 的凹函数，存在唯一最优解，故根据最优性一阶条件 $\frac{\partial \pi_{M1}}{\partial w_1} = \frac{1 - 2w_1 + c_1}{2} = 0$，即可求得最优批发价格为 w_1^{BM*}。最后，将 w_1^{BM*} 代入 $p_1^{BM*}(w_1)$，得到最优零售价格为 p_1^{BM*}；进而根据式（4-5）、式（4-6）即可得到产品需求 q_1^{BM*} 和各企业的利润 π_{M1}^{BM*}、π_{R1}^{BM*}，以及供应链系统利润 $\pi_{SC1}^{BM*} = \pi_{M1}^{BM*} + \pi_{R1}^{BM*}$，结果见表 4-2。

在 BR 结构下，用 m_1 来表示零售商 R1 确定的产品边际利润，即 $p_1 = w_1 + m_1$。零售商 R1 率先确定产品 1 的最优边际利润，然后制造商 M1 决策产品 1 的最优批发价格。采用逆向递推法，根据式（4-5），先求解制造商 $M1$ 的最优反应函数 $w_1^{BR*}(m_1)$。求解 π_{M1} 关于 w_1 的二阶偏导数，易得 $\frac{\partial^2 \pi_{M1}}{\partial w_1^2} = -2 < 0$，表明 π_{M1} 为关于 w_1 的凹函数，存在唯一最优解，故根据最优性一阶条件 $\frac{\partial \pi_{M1}}{\partial w_1} = 1 - 2w_1 - m_1 + c_1 = 0$，即可求得最优批发价格为 $w_1^{BR*}(m_1) = \frac{1 - m_1 + c_1}{2}$。其次，将 $w_1^{BR*}(m_1)$ 代入式（4-6），求解零售商的最优定价决策。求解 π_{R1} 关于 m_1 的二阶偏导数，易得 $\frac{\partial^2 \pi_{R1}}{\partial m_1^2} = -1 < 0$，表明 π_{R1} 为关于 m_1 的凹函数，存在唯一最优解，故根据最优性一阶条件 $\frac{\partial \pi_{R1}}{\partial m_1} = \frac{1 - 2m_1 - c_1}{2} = 0$，即可求得 $m_1^{BR*} = \frac{1 - c_1}{2}$。最后，将 m_1^{BR*} 代入 $w_1^{BR*}(m_1)$ 和 $p_1 = w_1 + m_1$，即可得到制造商和零售商的最优定价决策 w_1^{BR*}、p_1^{BR*}；进而根据式（4-5）、式（4-6）可以得到产品需求 q_1^{BR*} 和各企业的利润 π_{M1}^{BR*}、π_{R1}^{BR*}，以及供应链系统利润 $\pi_{SC1}^{BR*} = \pi_{M1}^{BR*} + \pi_{R1}^{BR*}$，结果见表 4-2。

表 4-2　单一供应链情形下的供应链均衡

j	w_1^{Bj*}	p_1^{Bj*}	q_1^{Bj*}	π_{M1}^{Bj*}	π_{R1}^{Bj*}	π_{SC1}^{Bj*}
M	$\frac{1+c_1}{2}$	$\frac{3+c_1}{4}$	$\frac{1-c_1}{4}$	$\frac{(1-c_1)^2}{8}$	$\frac{(1-c_1)^2}{16}$	$\frac{3(1-c_1)^2}{16}$
R	$\frac{1+3c_1}{4}$	$\frac{3+c_1}{4}$	$\frac{1-c_1}{4}$	$\frac{(1-c_1)^2}{16}$	$\frac{(1-c_1)^2}{8}$	$\frac{3(1-c_1)^2}{16}$

在表 4-2 中，考虑单一供应链情形，即供应链中仅存在一家制造商 $M1$ 和一家零售商 $R1$，分别给出了制造商 $M1$ 主导结构和零售商 $R1$ 主导结构下的供应链均衡。可以知道，在不同市场权力结构下，制造商 $M1$ 和零售商 $R1$ 的最优定价决策均会受到制造商 $M1$ 生产成本的影响，即随着制造商 $M1$ 生产成本的提高，制造商 $M1$ 会相应地提高其决策的产品批发价格，以弥补其生产成本支出；而更高的产品批发价格使得零售商 $R1$ 的产品批发成本增加，

零售商 R1 需要提高产品零售价格来保证自身收益水平。

命题 4.1 在单一供应链情形下，比较不同市场权力结构下的供应链均衡，可得：

（1）比较均衡定价与产品需求，$w_1^{BM*} > w_1^{BR*}$，$p_1^{BM*} = p_1^{BR*}$，$q_1^{BM*} = q_1^{BR*}$；

（2）比较各企业以及供应链系统利润，$\pi_{M1}^{BM*} > \pi_{M1}^{BR*}$，$\pi_{R1}^{BM*} < \pi_{R1}^{BR*}$，$\pi_{SC1}^{BM*} = \pi_{SC1}^{BR*}$。

证明：根据表 4-2，比较不同市场权力结构下的最优产品定价决策和产品需求，易得 $w_1^{BM*} - w_1^{BR*} = \dfrac{1-c_1}{4} > 0$，$p_1^{BM*} - p_1^{BR*} = 0$，$q_1^{BM*} - q_1^{BR*} = 0$；然后，进一步比较各企业的均衡利润，得到 $\pi_{M1}^{BM*} - \pi_{M1}^{BR*} = \dfrac{(1-c_1)^2}{16}$，$\pi_{R1}^{BM*} - \pi_{R1}^{BR*} = \dfrac{(1-c_1)^2}{16}$，$\pi_{SC1}^{BM*} - \pi_{SC1}^{BR*} = 0$。

在单一供应链情形下，命题 4.1 比较了不同市场权力结构下的供应链均衡。可以知道，在制造商 M1 主导结构下，制造商 M1 拥有供应链价格领导权，能够率先确定其产品的批发价格，此时制造商 M1 会选择更高的批发价格来保证自身收益，并能获得更多利润（$\pi_{M1}^{BM*} > \pi_{M1}^{BR*}$）；而在零售商 R1 主导结构下，零售商 R1 拥有供应链价格领导权，尽管此时零售商 R1 决策的产品零售价格不会更高，即 $p_1^{BM*} = p_1^{BR*}$，但零售商 R1 通过压缩制造商 M1 的利润空间能够获得更多的产品边际利润，即零售商 R1 能够获得更多利润（$\pi_{R1}^{BR*} > \pi_{R1}^{BM*}$）。根据不同市场权力结构下的产品零售价格变化情况，制造商 M1 或零售商 R1 拥有供应链价格领导权并不会影响产品需求，由此可以知道，供应链系统利润在两种市场权力结构下相等。

此外，还可以发现，在 BM 结构下，制造商 M1 能够获得比零售商 R1 更多的利润；而在 BR 结构下，零售商 R1 能够获得比制造商 M1 更多的利润。这意味着在不同市场权力结构下，尽管供应链系统的利润并不会发生变化，但供应链成员企业分配到的利润份额却不同，即拥有市场主导权的企业能够占有更多的利润份额，可以验证 $\pi_{M1}^{BM*} > \pi_{R1}^{BM*}$，$\pi_{R1}^{BR*} > \pi_{M1}^{BR*}$。根据不同市场权力结构下供需双方的利润差异，也可以知道，在单一供应链结构下，供应链内部的权力结构差异并不会导致供应链系统的利润损失,只是导致收益在系统内部的重新分配。

第三节 链与链竞争情形

本节考虑链与链竞争情形,即市场上存在两条分别由单家制造商和单家零售商组成的竞争供应链。两条供应链分别销售一种质量差异化产品,其中由制造商 $M1$ 和零售商 $R1$ 组成的供应链销售产品 1,由制造商 $M2$ 和零售商 $R2$ 组成的供应链销售产品 2。由此,可以得到各制造商和零售商的利润函数分别为:

$$\pi_{M1}(w_1) = (w_1 - c_1) q_1(p_1, p_2) \qquad (4-7)$$

$$\pi_{R1}(p_1) = (p_1 - w_1) q_1(p_1, p_2) \qquad (4-8)$$

$$\pi_{M2}(w_2) = (w_2 - c_2) q_2(p_1, p_2) \qquad (4-9)$$

$$\pi_{R2}(p_2) = (p_2 - w_2) q_2(p_1, p_2) \qquad (4-10)$$

与单一供应链情形类似,同样存在两种市场权力结构,即制造商主导结构和零售商主导结构。其中,在制造商主导结构下,制造商 $M1$ 和制造商 $M2$ 首先分别决策各自产品的批发价格,然后零售商 $R1$ 和零售商 $R2$ 分别决策各自的零售价格;在零售商主导结构下,零售商 $R1$ 和零售商 $R2$ 首先分别决策各自产品的零售价格或产品边际利润,然后制造商 $M1$ 和制造商 $M2$ 分别决策各自产品的批发价格。为简化表达且不失一般性,分别用字符"M"和"R"表示制造商主导结构、零售商主导结构。

在 M 结构下,根据供应链决策过程,采用逆向递推法进行求解。首先,根据式(4-8)和式(4-10),分别求解各零售商的最优零售价格决策。求解各零售商利润函数关于零售价格的二阶偏导数,易知均为凹函数,故根据最优性一阶条件 $\frac{\partial \pi_{R1}}{\partial p_1} = \frac{\partial \pi_{R2}}{\partial p_2} = 0$,即可求得零售商 $R1$ 和零售商 $R2$ 的最优定价反应 $p_1^{M*}(w_1, w_2)$、$p_2^{M*}(w_1, w_2)$ 分别为 $p_1^{M*}(w_1, w_2) = \dfrac{2(1-\theta) + 2w_1 + w_2}{4 - \theta}$,

$p_2^{M*}(w_1, w_2) = \dfrac{\theta(1-\theta) + \theta w_1 + 2w_2}{4-\theta}$。其次，将 $p_1^{M*}(w_1, w_2)$、$p_2^{M*}(w_1, w_2)$ 分别代入式（4-7）、式（4-9），求解各制造商的最优批发价格决策。求解各制造商利润函数关于批发价格的二阶偏导数，易知均为凹函数，故根据最优性一阶条件即可求得制造商 $M1$ 和制造商 $M2$ 的最优批发价格决策分别为 w_1^{M*}、w_2^{M*}。最后，将 w_1^{M*}、w_2^{M*} 分别代入各零售商的定价反应函数 $p_1^{M*}(w_1, w_2)$、$p_2^{M*}(w_1, w_2)$，即可求得各零售商决策的最优产品零售价格分别为 p_1^{M*}、p_2^{M*}，结果见表 4-3。

表 4-3　M 结构下的供应链均衡定价决策

i	w_i^{M*}	p_i^{M*}
1	$\dfrac{(2-\theta)[2c_1(2-\theta)+c_2]+(8-\theta)(1-3\theta)}{4\theta^2-17\theta+16}$	$\dfrac{2(1-\theta)+2w_1^{M*}+w_2^{M*}}{4-\theta}$
2	$\dfrac{(2-\theta)[\theta(c_1-2c_2)+4c_2]+2\theta(1-\theta)(3-\theta)}{4\theta^2-17\theta+16}$	$\dfrac{\theta(1-\theta)+\theta w_1^{M*}+2w_2^{M*}}{4-\theta}$

在 R 结构下，根据供应链决策过程并采用逆向递推法进行求解。首先，用 m_i 表示各零售商的边际利润，即 $p_i = m_i + w_i$，根据式（4-7）、式（4-9），分别求解各制造商的最优批发价格。求解各制造商利润函数关于批发价格的二阶偏导数，易知均为凹函数，故根据最优性一阶条件 $\dfrac{\partial \pi_{M1}}{\partial w_1} = \dfrac{\partial \pi_{M2}}{\partial w_2} = 0$，即可求得制造商 $M1$ 和制造商 $M2$ 的最优反应函数 $w_1^{R*}(m_1, m_2)$、$w_2^{R*}(m_1, m_2)$ 分别为 $w_1^{R*}(m_1, m_2) = \dfrac{(1-\theta)(2-m_1)+2c_1+c_2-m_1+m_2}{4-\theta}$，$w_2^{R*}(m_1, m_2) = \dfrac{\theta(1-\theta)+\theta(c_1+m_1+m_2)+2c_2-2m_2}{4-\theta}$。其次，将 $w_1^{R*}(m_1, m_2)$、$w_2^{R*}(m_1, m_2)$ 分别代入式（4-8）和式（4-10），求解各零售商的最优零售价格决策。求解各零售商利润函数关于边际利润的二阶偏导数，易知均为凹函数，故根据最优性一阶条件 $\dfrac{\partial \pi_{R1}}{\partial m_1} = \dfrac{\partial \pi_{R2}}{\partial m_2} = 0$，即可求得零售商 $R1$ 和零售

商 $R2$ 的最优边际利润决策 m_1^{R*}、m_2^{R*}。最后,将 m_1^{R*}、m_2^{R*} 分别代入 $w_1^{R*}(m_1, m_2)$、$w_2^{R*}(m_1, m_2)$、$p_i = m_i + w_i$,可以得到各制造商和零售商的最优定价决策 w_1^{R*}、w_2^{R*}、p_1^{R*}、p_2^{R*},结果见表 4-4。在表 4-4 中,$A_1 = 2\theta(1-\theta)(3-\theta)$,$A_2 = 3\theta^3 - 17\theta^2 + 30\theta - 16 - (2-\theta)^2 c_2$。

表 4-4　R 结构下的供应链均衡定价决策

i	w_i^{R*}	p_i^{R*}
1	$\dfrac{2(3-\theta)(\theta^2-7\theta+8)c_1+A_2}{4\theta^3-33\theta^2+84\theta-64}$	$\dfrac{(2-\theta)(3c_1\theta-8c_1-2c_2)+2A_2-6\theta^2+22\theta-16}{4\theta^3-33\theta^2+84\theta-64}$
2	$\dfrac{(2-\theta)[\theta(c_1-2c_2)+4c_2]+A_1}{4\theta^2-17\theta+16}$	$\dfrac{(2-\theta)[2\theta^2 c_1-3\theta(2c_1-c_2)-8c_2]-2A_1(3-\theta)}{4\theta^3-33\theta^2+84\theta-64}$

根据各制造商和各零售商在供应链中的不同主导权结构,表 4-3 和表 4-4 分别给出了制造商主导结构、零售商主导结构下的供应链均衡定价决策。由表 4-3、表 4-4 可知,在不同市场权力结构下,各制造商和各零售商的最优定价策略除了会受到产品生产成本的影响外,还会受到两种产品质量差异化程度的影响。根据表 4-3,将 w_i^{M*}、p_i^{M*} 代入式 (4-3)、式 (4-4) 可以得到 M 结构下产品 i 的需求为 q_i^{M*},以及根据式 (4-7)、式 (4-8)、式 (4-9)、式 (4-10) 可以得到各制造商和各零售商的利润 π_{Mi}^{M*}、π_{Ri}^{M*};根据表 4-4,将 w_i^{R*}、p_i^{R*} 代入式 (4-3)、式 (4-4) 可以得到 R 结构下产品 i 的需求为 q_i^{R*},进而根据式 (4-7)、式 (4-8)、式 (4-9)、式 (4-10) 可以得到各制造商和各零售商的利润 π_{Mi}^{R*}、π_{Ri}^{R*}。在表 4-3、表 4-4 的基础上,进一步考察两种产品批发价格与零售价格的差异,得到命题 4.2。

命题 4.2　在两种市场权力结构下,比较产品 1 和产品 2 的最优批发价格和最优零售价格,易知制造商 $M1$ 和零售商 $R1$ 总是会对产品 1 选择高价策略,设置高于产品 2 的批发价格和零售价格,表现为 $w_1^{j*} > w_2^{j*}$,$p_1^{j*} > p_2^{j*}$($j \in \{M, R\}$)。

证明:在 M 结构下,将表 4-3 中两种产品的批发价格和零售价格相减,

容易验证 $w_1^{M*} - w_2^{M*} > 0$，$p_1^{M*} - p_2^{M*} > 0$；同理，在 R 结构下，根据表 4-4，直接比较也易得 $w_1^{R*} - w_2^{R*} > 0$，$p_1^{R*} - p_2^{R*} > 0$，略。

命题 4.2 通过比较产品 1 和产品 2 的最优价格，考察了两种质量差异化替代产品之间的价格差异问题。显然，由于产品 1 和产品 2 具有质量差异，以及市场上消费者对不同产品具有不同的估值或者支付意愿，因而在不同市场权力结构下，拥有较高质量的产品 1 的批发价格和零售价格总是更高。并且，产品 1 和产品 2 之间的价格差异取决于二者的质量差异化程度，与二者的生产成本不同无关，即使假定两种产品的生产成本相等（$c_1 = c_2$），$w_1^{j*} > w_2^{j*}$ 和 $p_1^{j*} > p_2^{j*}$ 的结论仍然成立。此外，比较不同市场权力结构下的产品零售价格之差，易知 $p_1^{M*} - p_2^{M*} = p_1^{R*} - p_2^{R*}$，表明不同市场权力结构并不会影响产品 1 与产品 2 之间的零售价格差异。

命题 4.2 揭示了不同市场权力结构下各个产品定价差异，这必定会影响供需双方企业的利润。为此，在接下来的分析中，将进一步考察不同市场权力结构对供需双方企业和供应链系统利润的影响。其中，为简化表达，用 $\pi_{SCi}^{j*} = \pi_{Mi}^{j*} + \pi_{Ri}^{j*}$（$i = 1, 2$，$j \in \{M, R\}$）来表示 j 结构下单条供应链系统的利润。

命题 4.3 在链与链竞争情形下，比较不同市场权力结构下的供应链均衡，可得：

（1）比较均衡定价与产品需求，$w_i^{M*} > w_i^{R*}$，$p_i^{M*} = p_i^{R*}$，$q_i^{M*} = q_i^{R*}$；

（2）比较各企业以及供应链系统利润，$\pi_{Mi}^{M*} > \pi_{Mi}^{R*}$，$\pi_{Ri}^{M*} < \pi_{Ri}^{R*}$，$\pi_{SCi}^{M*} = \pi_{SCi}^{R*}$；

（3）比较供需双方企业的利润，$\pi_{Mi}^{M*} > \pi_{Ri}^{M*}$，$\pi_{Mi}^{R*} < \pi_{Ri}^{R*}$。

证明：根据表 4-3 和表 4-4，比较 M 结构和 R 结构下两种产品的批发价格、零售价格，易得 $w_1^{M*} - w_1^{R*} > 0$，$w_2^{M*} - w_2^{R*} > 0$，$p_1^{M*} - p_1^{R*} = 0$，$p_2^{M*} - p_2^{R*} = 0$；比较两种产品的需求，也容易验证 $q_1^{M*} - q_1^{R*} = 0$，$q_2^{M*} - q_2^{R*} = 0$。同理，比较各制造商、各零售商以及供应链系统的利润，易得，略。

命题 4.3 表明，在链与链竞争情形下，拥有市场主导权的制造商 M1 和制造商 M2 应当选择高价策略，提高各自产品的批发价格来获取更多利润。

这是因为，在不同市场权力结构下，各零售商决策的各自产品的零售价格总是相同，故供需双方的利润分配主要取决于产品的批发价格，如果批发价格高，则制造商能够获得更多的利润，否则，零售商获得更多利润，即在 M 结构下各制造商能够获得更多利润（$\pi_{Mi}^{M*} > \pi_{Mi}^{R*}$），在 R 结构下各零售商能够获得更多利润（$\pi_{Ri}^{R*} > \pi_{Ri}^{M*}$）。但与单一供应链情形类似，供需双方之间不平衡的市场权力结构并不会影响供应链系统利润，仅仅导致收益在制造商和零售商之间进行重新分配。

在命题 4.3 中，还比较了不同市场权力结构下供需双方的利润，易知在 M 结构下，制造商 $M1$ 和制造商 $M2$ 可以分别获得比零售商 $R1$、零售商 $R2$ 更多的利润；而在 R 结构下，零售商 $R1$ 和零售商 $R2$ 则可以分别获得比制造商 $M1$、制造商 $M2$ 更多的利润。这意味着拥有市场主导权能为企业带来更多收益，这与是否存在供应链竞争无关。

在命题 4.3 的基础上，进一步考察不同市场权力结构下供需双方利润的变化情况，如图 4-2、图 4-3 所示。其中，图 4-3 绘制了 M 结构、R 结构下零售商 $R1$ 和零售商 $R2$ 的利润变化曲线，图 4-4 绘制了 M 结构、R 结构下制造商 $M1$ 和制造商 $M2$ 的利润变化曲线。观察图 4-2、图 4-3 可知：随着参数 θ 的增大，两种产品质量差异化程度提高，市场竞争加剧，零售商 $R1$ 和制造商 $M2$ 的利润会降低，零售商 $R2$ 和制造商 $M1$ 的利润则会提高，这是

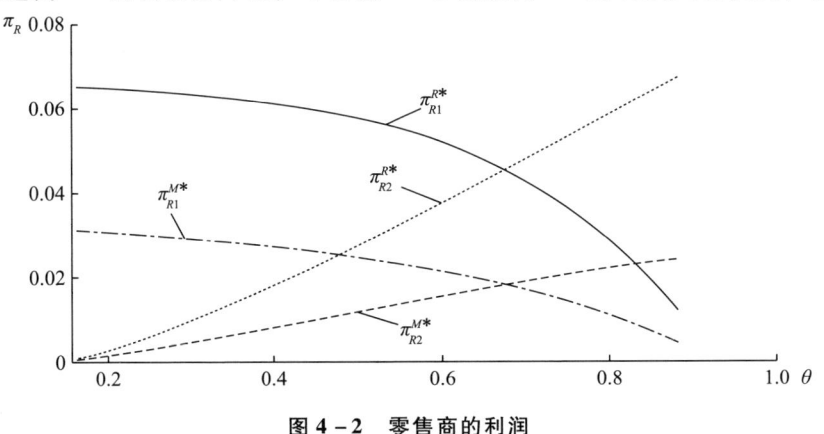

图 4-2 零售商的利润

因为随着产品2质量的提高，部分支付意愿较低的消费者会放弃购买产品1，转而购买产品2，进而导致产品1的销售收益降低，并造成零售商 R1 和制造商 M1 的利润损失。此外，随着消费者对产品2支付意愿的提高，不同市场权力结构下各零售商和制造商的利润差异会扩大，表明市场竞争会加剧市场权力结构对供需双方利润的影响。

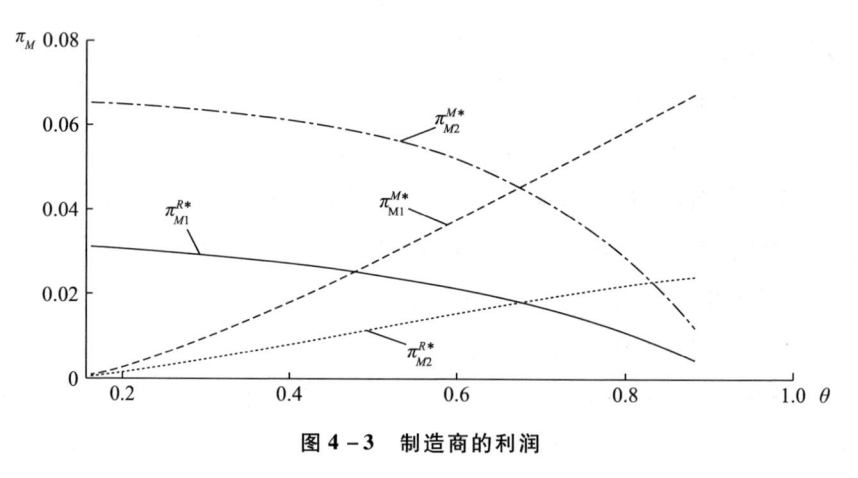

图 4-3 制造商的利润

第四节 均衡比较分析

在第二节和第三节中，分别给出了单一供应链情形、链与链竞争情形下的供应链均衡。在此基础上，本节将进一步比较链与链竞争对供应链均衡的影响。

命题 4.4 在 M 结构下，分析供应链竞争对均衡结果的影响，可以得到：

(1) $w_1^{M*} < w_1^{BM*}$，$p_1^{M*} < p_1^{BM*}$，$q_1^{M*} > q_1^{BM*}$；

(2) 存在 θ_1、$\theta_2 \in (0, 1)$，当 $\theta < \theta_1$ 时，$\pi_{M1}^{M*} > \pi_{M1}^{BM*}$，当 $\theta < \theta_2$ 时，$\pi_{R1}^{M*} > \pi_{R1}^{BM*}$。

证明：根据表 4-2 和表 4-3，在 M 结构下，比较单一供应链情形、链与链竞争情形下产品1的最优批发价格，易得 $w_1^{M*} - w_1^{BM*} =$

$$\frac{\theta(5-c_1+2c_2)-2\theta^2-4c_2}{32-8\theta^2+34\theta}<0$$；同理，比较产品 1 的最优零售价格和需求，易得 $p_1^{M*}-p_1^{BM*}<0$，$q_1^{M*}-q_1^{BM*}>0$。比较制造商 $M1$ 和零售商 $R1$ 的利润，可知 $\pi_{M1}^{M*}-\pi_{M1}^{BM*}$、$\pi_{R1}^{M*}-\pi_{R1}^{BM*}$ 均为关于 θ 的一元二次函数，且通过求解关于 θ 的一阶偏导数可知 $\pi_{M1}^{M*}-\pi_{M1}^{BM*}$、$\pi_{R1}^{M*}-\pi_{R1}^{BM*}$ 为关于 θ 的减函数，故分别将 $\theta=0$、$\theta=1$ 代入 $\pi_{M1}^{M*}-\pi_{M1}^{BM*}$、$\pi_{R1}^{M*}-\pi_{R1}^{BM*}$，即可验证存在一个 $\theta_1\in(0,1)$，存在一个 $\theta_2\in(0,1)$，当 $\theta<\theta_1$ 时，$\pi_{M1}^{M*}-\pi_{M1}^{BM*}>0$，当 $\theta<\theta_2$ 时，$\pi_{R1}^{M*}-\pi_{R1}^{BM*}>0$。

命题 4.4 表明，当制造商拥有市场主导权时，竞争供应链会促使制造商 $M1$ 降低产品 1 的批发价格，而更低的批发价格又会导致零售商的批发成本降低，零售商的定价空间增大，进而促使零售商 $R1$ 实施低价策略，降低产品 1 的零售价格。也就是说，市场竞争会促使制造商 $M1$ 和零售商 $R1$ 实施低价策略，来应对制造商 $M2$ 和零售商 $R2$ 的竞争，即价格竞争加剧。在链与链竞争情形下，由于产品 1 的零售价格降低，区间 $v\in[(p_1-p_2)/(1-\theta),1]$ 会增大，如图 4-4 所示，即市场上部分支付意愿较低的消费者会选择购买产品 1，产品 1 的需求增加。但也可以知道，随着产品 2 质量的提高，即 θ 的增大，低价策略给产品 1 的需求带来的正效应也会逐渐减弱。

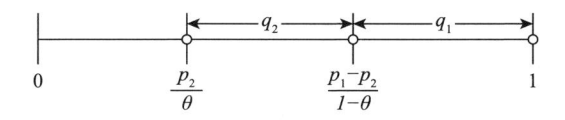

图 4-4 消费者购买行为

根据命题 4.4，还可以知道，尽管市场竞争能刺激产品 1 的需求，即产品 1 的需求增加，但此时产品 1 的批发价格和零售价格均会降低，故制造商 $M1$ 和零售商 $R1$ 并不一定能获得更多利润，这取决于消费者对产品 2 的认同价值或者两种产品的质量差异化程度。如果两种产品的质量差异化程度较低，则制造商 $M1$ 和零售商 $R1$ 通过低价策略能获得更多的利润。

命题 4.5 在 R 结构下，分析供应链竞争对均衡结果的影响，可以得到：
（1）$w_1^{R*}<w_1^{BR*}$，$p_1^{R*}<p_1^{BR*}$，$q_1^{R*}>q_1^{BR*}$；

(2) 当 $\theta < \theta_1$ 时，$\pi_{M1}^{R*} > \pi_{M1}^{BR*}$，当 $\theta < \theta_2$ 时，$\pi_{R1}^{R*} > \pi_{R1}^{BR*}$。

证明：与命题 4.4 证明过程类似，根据表 4-2 和表 4-3，直接比较 R 结构下的供应链均衡，易得，略。

由命题 4.5 可知，在零售商市场主导结构下，与 M 结构类似，市场竞争会导致产品 1 的批发价格和零售价格降低，且更低的零售价格会进一步吸引部分支付意愿较低的消费者购买产品 1，产品 1 的需求增加。并且，R 结构下制造商 $M1$ 和零售商 $R1$ 的利润差异与 M 结构下的情况相同，即当两种产品的质量差异化程度较低时，制造商 $M1$ 和零售商 $R1$ 通过低价策略可以获得更多的利润。结合命题 4.4，还可以发现，在供应链与供应链竞争背景下，单条供应链内部企业（即制造商 $M1$ 和零售商 $R1$、制造商 $M2$ 和零售商 $R2$）之间的不同市场权力结构并不会影响市场对各企业的价格策略。

命题 4.6 不同市场权力结构不会影响供应链竞争对制造商 $M1$ 和零售商 $R1$ 利润之差的大小，即 $\pi_{M1}^{M*} - \pi_{M1}^{BM*} = \pi_{M1}^{R*} - \pi_{M1}^{BR*}$，$\pi_{R1}^{R*} - \pi_{R1}^{BM*} = \pi_{R1}^{R*} - \pi_{R1}^{BR*}$；但比较不同情形下的供应链系统利润，可知供应链竞争并不一定会导致供应链系统的利润损失，表现为存在 $\theta_3 \in (0, 1)$，当 $\theta < \theta_3$ 时，$\pi_{SC1}^{j*} > \pi_{SC1}^{Bj*}$。

证明：根据命题 4.4 和命题 4.5 的证明过程，比较制造商 $M1$ 和零售商 $R1$ 在不同情形下的利润之差，易得，略。

通过比较 M 结构和 R 结构下制造商 $M1$、零售商 $R1$ 的利润之差，命题 4.6 考察了不同市场权力结构对二者利润变化的影响程度。虽然供应链竞争有可能导致制造商 $M1$、零售商 $R1$ 的利润损失，也有可能提升二者的利润水平，但在不同市场权力结构下，供应链竞争对二者利润之差的影响相同。并且，通过进一步比较单一供应链情形、链与链竞争情形下供应链系统的利润，也可以知道，当两种产品的质量差异化程度或市场竞争水平较低时，供应链竞争有可能提升供应链系统的利润水平。这是因为在链与链竞争情形下，面对制造商 $M2$、零售商 $R2$ 的市场竞争，由制造商 $M1$ 和零售商 $R1$ 组成的供应链会实施低价策略，价格竞争加剧，两条供应链生产销售的产品的质量差异化成为影响消费者购买选择的主要因素，因而随着两种产品的质量差异化的变化，供应链系统利润的变化也存在不确定性。此外，比较两种市场权力结构下的供应链系统利润之差，也可以验证：$\pi_{SC1}^{M*} - \pi_{SC1}^{BM*} = \pi_{SC1}^{R*} - \pi_{SC1}^{BR*}$。

第五节 消费者福利分析

本节将对消费者福利进行分析。在单一供应链情形下，消费者在对产品 1 的估值或者支付意愿满足 $v > p_1$ 的条件下，才会购买产品 1，因而消费者在支付价格 p_1 购买产品 1 后获得效用 v，可得消费者福利 CS_1^B 为：

$$CS_1^B = \int_{p_1}^{1} (v - p_1) dF(v) \quad (4-11)$$

在式 (4-11) 中，$F(v)$ 为 v 的累积分布函数。容易知道，随着产品 1 零售价格的提高，消费者福利会减小，即消费者福利与产品价格呈负相关关系。

在链与链竞争情形下，消费者在对产品 1 的估值或者支付意愿满足 $v \geq \max\left\{p_1, \frac{p_1 - p_2}{1 - \theta}\right\}$ 的条件下，才会选择购买产品 1；而在满足 $\frac{p_2}{\theta} \leq v \leq \frac{p_1 - p_2}{1 - \theta}$ 的条件下，消费者会选择购买产品 2。并且，消费者购买产品 i ($i = 1, 2$) 需要支付价格 p_i。由此，可得消费者分别购买产品 1 和产品 2 的消费者福利 CS_1、CS_2 分别为：

$$CS_1 = \int_{\frac{p_1 - p_2}{1 - \theta}}^{1} (v - p_1) dF(v) \quad (4-12)$$

$$CS_2 = \int_{\frac{p_2}{\theta}}^{\frac{p_1 - p_2}{1 - \theta}} (\theta v - p_2) dF(v) \quad (4-13)$$

在式 (4-11)、式 (4-12) 中，与单一供应链情形类似，消费者福利仍然是关于产品零售价格的减函数。根据式 (4-11)、式 (4-12)、式 (4-13)，将第二节和第三节中零售商 $R1$、零售商 $R2$ 决策的最优产品零售价格分别代入，即可得到单一供应链情形下的消费者福利为 CS_1^{Bj*} ($j \in \{M, R\}$)，链与链竞争情形下的消费者福利为 CS_i^{j*}。然后，根据不同市场权力结

构下的消费者福利 CS_1^{Bj*}、CS_i^{j*}，比较分析市场权力结构、供应链竞争对消费者福利的影响，得到命题4.7。

命题4.7 不管是否存在供应链竞争，不同市场权力结构下的消费者福利相等，即 $CS_1^{BM*} = CS_1^{BR*}$，$CS_i^{M*} = CS_i^{R*}$（$i = 1, 2$）；但在两种市场权力结构下，购买产品2的消费者福利总是更高，表现为 $CS_1^{j*} < CS_2^{j*}$（$j \in \{M, R\}$）。

证明：在单一供应链情形下，比较不同市场权力结构下的消费者福利，容易验证 $CS_1^{BM*} - CS_1^{BR*} = 0$，$CS_1^{M*} - CS_1^{R*} = 0$，$CS_2^{M*} - CS_2^{R*} = 0$；在链与链竞争情形下，比较购买产品1和产品2的消费者福利，即可得到 $CS_1^{M*} - CS_2^{M*} < 0$，$CS_1^{R*} - CS_2^{R*} < 0$。

根据命题4.7，在单一供应链情形、链与链竞争情形下，制造商拥有供应链主导权或者零售商拥有市场主导权并不会影响消费者福利的大小，即供应链成员企业之间不平衡的市场权力结构对消费者福利不会造成影响。这是因为不管是否存在供应链竞争，在不同市场权力结构下，零售商 R1 和零售商 R2 决策的产品1、产品2的零售价格总是相等，而消费者福利大小又取决于产品零售价格，因而不变的产品零售价格使得消费者福利也相等。此外，该命题还考察了消费者不同产品购买选择下的消费者福利大小，由于在制造商市场主导结构和零售商市场主导结构下，零售商 R1 决策的产品1的零售价格总是要比零售商 R2 决策的产品2的零售价格高，故而当消费者购买产品2时消费者福利更高。

命题4.8 考察供应链竞争对消费者福利的影响以及链与链竞争情形下购买不同产品的消费者福利大小，可以得到：$CS_1^{j*} > CS_1^{Bj*}$（$j \in \{M, R\}$）；存在 $\theta_4 \in (0, 1)$，当 $\theta_4 < \theta < 1$ 时，$CS_2^{j*} > CS_1^{Bj*}$。

证明：比较不同情形下的消费者福利，由于存在 $CS_1^{BM*} = CS_1^{BR*}$、$CS_i^{M*} = CS_i^{R*}$ 关系，故而易证 $CS_1^{M*} - CS_1^{BM*} = CS_1^{R*} - CS_1^{BR*} > 0$；比较 CS_2^{j*} 与 CS_1^{Bj*} 的大小，易得 $CS_2^{M*} - CS_1^{BM*} = CS_2^{R*} - CS_1^{BR*}$ 的大小取决于 θ；根据二元一次函数的性质，容易验证存在 $\theta_4 \in (0, 1)$，当 $\theta_4 < \theta < 1$ 时，$CS_2^{M*} - CS_1^{BM*} = CS_2^{R*} - CS_1^{BR*} > 0$。

通过比较单一供应链情形、链与链竞争情形下的消费者福利大小，命题

4.8分析了供应链竞争对消费者福利的影响。显然，当市场上存在质量差异化竞争供应链时，无论消费者够买产品1还是产品2，均会造成消费者福利的变化。具体分析，如果消费者购买产品1，则消费者福利会降低，这是因为供应链竞争会促使零售商R1实施低价策略，而更低的产品1的零售价格会进一步提升消费者福利；如果消费者购买产品2，则消费者福利的变化存在不确定性，取决于消费者对产品2的认同价值或者产品2的质量水平，在满足一定条件下，购买产品2获得的消费者福利有可能更高。

此外，从消费者福利或消费者剩余概念的角度，马歇尔从边际效用价值论视角，将消费者剩余定义为：消费者对某种商品所愿意付出的代价超过它实际付出的代价的全额。希克斯对消费者福利或消费者剩余的定义为：价格降低后消费者所获得利益的货币表现。由此可以发现，消费者福利或消费者剩余也可以看作由于价格下降，企业让渡给消费者的那部分价值。因此，消费者福利或消费者剩余通常被用来度量和分析社会福利、企业社会责任以及部分公平关切问题，如金亮等（2019a）、Orsdemir等（2019）、Albuquerque等（2019）。然而，依据理性经济人假定，企业生产与消费者福利或者消费者剩余总是相矛盾，二者均以最大化自身价值或利润为目标。并且，企业价值的提升就是以牺牲提供给消费者的消费者福利或者消费者剩余为代价，而消费者得到的消费者福利或者消费者剩余的增加又势必减少企业的价值。因此，该命题也解释了当制造商或者零售商需要承担社会责任时，各企业可以通过让渡部分收益以提升消费者福利或者消费者剩余来体现其企业社会责任。

进一步采用数值仿真的方法来考察消费者福利的变化情况，如图4-5所示。在链与链竞争情形下，相比购买产品2，消费者选择购买产品1能够获得更高的消费者福利。并且，随着产品1和产品2之间质量差异化竞争的加剧，不管购买哪种产品，消费者福利总是会提高，同时可知CS_1^{j*}曲线与CS_2^{j*}曲线之间的间距呈减小的趋势，说明随着市场竞争的加剧或者产品2质量水平的提高，购买两种产品获得的消费者福利差异会逐渐减小。在图4-5中，还比较了单一供应链情形、链与链竞争情形下的消费者福利大小，可以知道：当消费者购买产品 1 时，由于供应链竞争会促使零售商 $R1$ 实施低价策略，因此在链与链竞争情形下消费者福利更高；当消费者购买产品 2 时，在链与链竞争情形下，由于产品 2 的零售价格变化取决于参数 θ，即产品 2 的质量水平，故此时消费者福利的变化也取决于参数 θ，如果产品 2 的质量水平满足一定条件，在单一供应链情形下消费者福利反而更高。

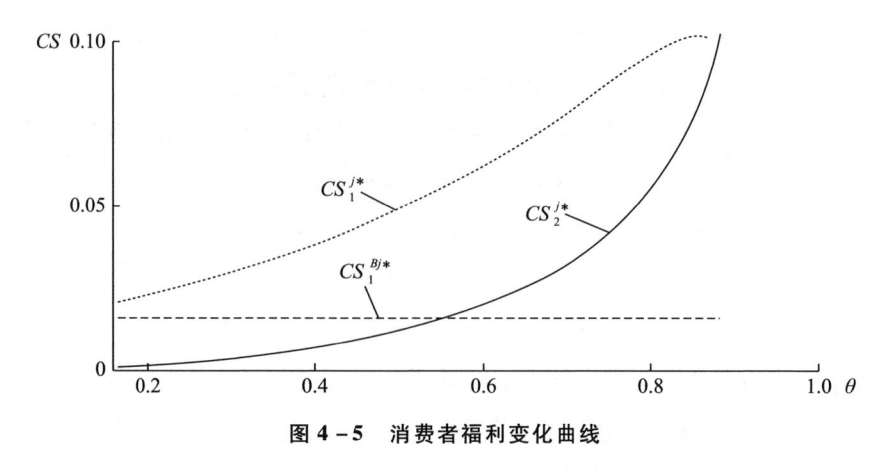

图 4-5　消费者福利变化曲线

第六节　本章小结

本章主要针对不同供应链之间的竞争行为，考虑每条供应链均存在不同的市场权力结构，即制造商市场主导结构和零售商市场主导结构，构建了单一供应链情形、链与链竞争情形下的动态博弈模型，比较分析了不同市场权力结构下供应链竞争对均衡定价、利润的影响，并进一步拓展至消费者福利的视角。本章所得结论和启示如下。

（1）在单一供应链情形或者链与链竞争情形下，通过比较不同市场权力结构下的供应链均衡，发现供需双方不平衡的市场权力结构并不会影响供应链系统的利润水平，只是导致收益在供应链成员企业之间的重新分配，并且拥有市场主导权或者供应链主导权的企业能够获得更多的利润份额；制造商与零售商之间不同的市场权力结构不会影响产品零售价格和产品需求，但会影响制造商对产品批发价格的决策，仅当制造商拥有市场主导权时，才会实施高价策略。

（2）在链与链竞争情形下，较高质量产品的批发价格和零售价格总是更高，即相较于销售高质量产品的供应链，销售低质量产品的供应链决策的产品批发价格和零售价格要低；面对供应链之间的竞争，高质量产品制造商以及销售高质量产品的零售商均会实施低价策略，分别降低高质量产品的批发价格和零售价格，故供应链竞争反而会导致高质量产品的需求增加；在不同市场权力结构下，根据高质量产品价格和需求的变化，仅在满足一定条件下，高质量产品制造商以及销售高质量产品的零售商才能获得更多利润，即市场竞争并不一定会导致供需双方企业的利润损失。

（3）消费者在购买产品过程中，只有在对产品估值或者支付意愿高于产品零售价格时，才会购买产品，因而在单一供应链情形、链与链竞争情形下，制造商拥有供应链主导权或者零售商拥有市场主导权并不会影响消费者福利的大小，即供应链成员企业之间不平衡的市场权力结构对消费者福利不会造成影响；但面对供应链竞争，购买产品 1 时消费者福利总是能得到提升，而购买产品 2 时消费者福利也有可能提升，故引入供应链竞争能够在一定程度上提升消费者福利，且消费者福利的提升能够体现企业承担的社会责任。

当然，本章研究还存在一定局限性。例如，本章考察不同市场权力结构下竞争供应链的定价问题时忽略了其他影响因素，如信息不对称、技术进步、产能约束等，以使所研究问题能够聚焦。因此，在后续研究过程中，可以进一步结合更多现实影响因素来考察供应链定价问题，这将有助于得到新的启示。

第五章
市场垄断下制造商定价与质量差异化销售策略

随着消费水平的提高和市场竞争的加剧，越来越多的企业通过产品质量差异化来获取竞争优势，质量差异化销售策略已经成为企业在激烈市场竞争中最为普遍的竞争策略之一（Ha et al., 2015）。例如，在智能手机制造行业，苹果、华为、小米分别在其旗舰手机的基础上推出了各自的低端机型，即苹果的 iPhone SE 手机、小米的红米手机、华为的 HUAWEI nova 手机；在汽车制造行业，丰田在市场上同时推出凯美瑞、亚洲龙、雷克萨斯 ES200 三款中级车型，大众也同时销售帕萨特、迈腾等多款中级车型。差异化产品可以更好地满足消费者需求，同时促使企业提高销售量或允许企业制定更高的价格，对潜在市场进入企业设置进入壁垒（金亮、黄向敏，2020）。

然而，产品差异化销售策略也会加剧产品竞争，不合理的定价策略有可能并不能有效增加企业利润（任晓丽等，2013；Galbreth and Ghosh, 2020）。另外，也容易发现，供应链上、下游企业往往会因拥有不同的资源，而存在不同的市场权力结构，从而可能导致供应链成员企业以及供应链系统绩效的损失。在此背景下，企业是否应该实施质量差异化销售策略？差异化策略会如何影响供应链成员企业最优定价决策及利润？不同的市场权力结构又会对企业质量差异化销售策略产生什么影响？这一系列问题都需要进行研究和解决。

随着市场竞争的日益激烈以及企业产品差异战略的实施，产品差异化问题得到国内外学者的广泛关注。Villas-Boas（1998）较早研究了产品差异化问题，分析了制造商实施产品差异化销售策略的可行条件；姚洪心和三品勉（2007）研究了产品差异化销售策略对关税政策效果的影响以及出口企业选择产品差异化战略的合理性，结果发现产品差异化销售策略能够有效削弱关税的利润转移效应；杨丽等（2010）构建了两家竞争旅行社的价格竞争博弈模型，研究了旅行社产品差异化销售策略；Jing（2015）针对寡头垄断市场情形，综合考虑两种产品之间的垂直差异和水平差异，研究了企业如何降低消费者的产品评估成本和最优产品定价问题；杨仕辉和魏守道（2016）、Harutyunyan 和 Jiang（2017）同样针对寡头垄断市场情形，考虑两家竞争企业分别生产一种差异化产品，其中杨仕辉和魏守道（2016）构建了环境研发策略与政府环境管制下的三阶段博弈模型，比较分析了不同研发环境下产品差异化对企业最优决策和国家福利水平的影响，而 Harutyunyan 和 Jiang（2017）则通过两阶段博弈模型来研究企业如何策略性地隐藏产品信息及其对差异化产品定价策略的影响；Altug（2016）考虑一家供应商通过多家下游零售商销售两种质量差异化产品，研究了供应链协调问题，并对比分析了批发价格契约、数量折扣契约和捆绑销售契约三种契约的价值；曾伏娥等（2017）根据中国人寿保险市场 2010~2012 年各寿险企业数据，实证分析了产品多样化与服务质量之间的关系以及二者之间可能存在的影响机制。还有一些文献考察了渠道差异化、品牌差异化问题，如许丽君等（2009）、Zhang 等（2019）、Kalnins（2016）、Kirshner 等（2017）。上述有关产品差异化的文献均基于不同研究背景或者考虑产品差异化销售策略对企业最优决策和绩效的影响。不同的是，本章进一步考虑了供应链成员企业之间可能存在的三种不同价格领导权问题，以及存在的三种均衡情形，并且由一般的利润视角扩展至消费者福利视角。

在已有研究背景下，本研究以由一家制造商和一家零售商组成的供应链为研究对象，考虑制造商生产两种质量差异化的替代产品，并通过零售商销往市场。依据消费者效用理论，考虑三种不同的市场结构，基于制造商与零售商不同的价格决策权，在制造商实施质量差异化销售策略前后，分别构建制造商市场主导结构、零售商市场主导结构和双方均势三种结构下的供应链权力结构模型。进而通过求解得到三种市场权力结构下的子博弈精炼纳什均衡，分析制造商实施质量差异化销售策略的可行条件，考察质量差异化销售策略和不同市场权力结构对供需双方最优定价决策、供应链成员企业利润以及消费者剩余的影响。

本章其余部分的结构：第一节从供应链结构设计、基本模型假设、决策过程与事件时序三个方面提出本章的理论模型假设；为考察制造商质量差异化销售策略，第二节给出制造商未实施质量差异化销售策略下的基准模型，并求解供应链最优定价以及各企业的均衡利润；第三节分别构建制造商市场主导结构、零售商市场主导结构以及双方均势结构三种市场权力结构下的动态博弈模型，通过模型求解，得到三种市场权力结构下的供应链均衡，进而考察不同市场权力结构对供应链均衡定价和利润的影响；第四节将根据第二节和第三节的均衡结果，比较分析制造商质量差异化销售策略对价格竞争和各企业绩效的影响；第五节将根据前文的理论模型结果，采用数值算例法来进行直观考察并分析得到更多管理学启示；第六节是本章的研究总结和相关政策建议。

第一节　问题描述与模型假设

如图 5-1 所示，本研究分析由一家制造商（用字符"M"表示）和一家零售商（用字符"R"表示）构成的供应链。其中，制造商生产两种质量差异化产品，如 iPhone 手机和 iPhone SE 手机、小米手机和红米手机、凯美瑞和亚洲龙、帕萨特和迈腾等，不失一般性，用字符"h""l"来表示高质量产品和低质量产品。制造商分别以批发价格 w_h、w_l 将高质量产品、低质量产品批发给零售商，然后零售商分别以零售价格 p_h、p_l 将这两种产品销往市场。

当消费者选择高质量产品时，消费者的支付意愿为 v，同时由于现实中消费者的异质性，即不同消费者对同一产品的支付意愿往往存在差异，故假设 v 服从区间 $[0,1]$ 上的均匀分布（$v \sim U[0,1]$）。考虑高质量产品相

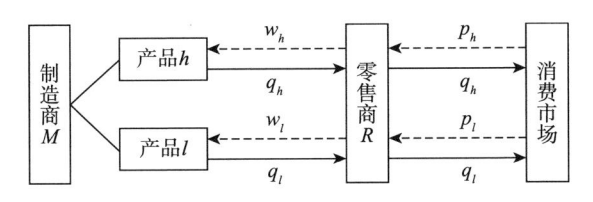

图 5-1 供应链结构

较于低质量产品功能更加全面，且质量更有保障等，故假设消费者购买低质量产品获得的效用要小于 v，为 δv，其中 δ 表示两种产品的质量差异化程度，$0 < \delta < 1$。由此，参考 Chiang 等（2003）、谭德庆和李子庆（2017）、金亮（2019a）的研究，可得消费者购买高质量产品获得的净效用为 $u_h = v - p_h$，购买低质量产品获得的净效用为 $u_l = \delta v - p_l$。

假定市场上的潜在消费者至多购买一单位产品。消费者通过比较购买两种产品获得的净效用，即依据 $\max\{u_h, u_l, 0\}$ 来决策购买哪种产品或者是否放弃购买。当 $u_h \geq u_l$ 且 $u_h \geq 0$，即 $v \geq \max\{p_h, (p_h - p_l)/(1 - \delta)\}$ 时，消费者会购买高质量产品；当 $u_l \geq u_h$ 且 $u_l \geq 0$，即 $v \leq (p_h - p_l)/(1 - \delta)$ 且 $v \geq p_l/\delta$ 时，消费者会购买低质量产品；当 $u_h = u_l \geq 0$ 时，购买两种产品对消费者无差异。依据上述分析，得到引理 5.1。

引理 5.1 依据两种产品的质量差异化程度，产品 i（$i = h, l$）的需求 $q_i(p_h, p_l)$ 存在三种情形，见表 5-1。

表 5-1 产品 i（$i = h, l$）的需求

区间	$q_h(p_h, p_l)$	$q_l(p_h, p_l)$
$0 < \delta \leq \dfrac{p_l}{p_h}$	$1 - p_h$	0
$\dfrac{p_l}{p_h} < \delta < 1 - p_h + p_l$	$1 - \dfrac{p_h - p_l}{1 - \delta}$	$\dfrac{p_h - p_l}{1 - \delta} - \dfrac{p_l}{\delta}$
$1 - p_h + p_l \leq \delta < 1$	0	$1 - \dfrac{p_l}{\delta}$

证明：由 $u_h \geq u_l$ 且 $u_h \geq 0$，可得 $v \geq \max\left\{p_h, \dfrac{p_h - p_l}{1 - \delta}\right\}$，其中 $0 < \delta < 1$，此

时消费者会购买高质量产品；由 $u_l \geq u_h$ 且 $u_l \geq 0$，可得 $v \leq \frac{p_h - p_l}{1-\delta}$ 且 $v \geq \frac{p_l}{\delta}$，此时消费者会购买低质量产品。然后，分为以下三种情形进行分析。

情形一：根据文中假设 $v \sim U[0,1]$，即有 $0 \leq v \leq 1$。因此，由上述 $u_h \geq u_l$ 且 $u_h \geq 0$ 可知，当 $v \leq 1 \leq \frac{p_h - p_l}{1-\delta}$ 时，$u_h \geq u_l$ 不成立，此时市场上消费者总是不会考虑购买高质量产品 h，仅会考虑购买低质量产品 l。进而依据 $v \leq 1 \leq \frac{p_h - p_l}{1-\delta}$ 可得求 $1 - p_h + p_l \leq \delta < 1$，此时只需满足 $u_l \geq 0$（即效用非负）消费者就会选择购买产品 l，得到产品 l 的需求为 $q_l(p_h, p_l) = 1 - \frac{p_l}{\delta}$。

情形二：由上述 $u_l \geq u_h$ 且 $u_l \geq 0$ 可知，当 $\frac{p_h - p_l}{1-\delta} \leq \frac{p_l}{\delta}$ 时，区间 $\left(\frac{p_l}{\delta}, \frac{p_h - p_l}{1-\delta}\right)$ 不存在，表明市场上的消费者将不会考虑购买低质量产品 l，仅会考虑购买高质量产品 h。进而依据 $\frac{p_h - p_l}{1-\delta} \leq \frac{p_l}{\delta}$ 可得求 $0 < \delta \leq \frac{p_l}{p_h}$，此时只需满足 $u_h \geq 0$（即效用非负）消费者就会选择购买产品 h，得到产品 h 的需求为 $q_h(p_h, p_l) = 1 - p_h$。

情形三：依据两种效用函数 u_h、u_l 之间的比较，当 $\frac{p_h - p_l}{1-\delta} < 1$ 和 $\frac{p_l}{\delta} < \frac{p_h - p_l}{1-\delta}$ 同时成立时，两种产品均有需求发生。由此，可求得 $\frac{p_l}{p_h} < \delta < 1 - p_h + p_l$，此时当 $u_h \geq u_l$ 时，消费者会选择产品 h，即产品 h 的需求为 $q_h(p_h, p_l) = 1 - \frac{p_h - p_l}{1-\delta}$；当 $u_l \geq u_h$ 且 $u_l \geq 0$ 时，消费者会选择购买产品 l，即产品 l 的需求为 $q_l(p_h, p_l) = \frac{p_h - p_l}{1-\delta} - \frac{p_l}{\delta}$。

由引理 5.1 可知，两种产品的需求与产品质量差异化程度 δ、二者的零售价格 p_h 和 p_l 有关联。当两种产品的质量差异化程度较小，即满足条件 $\delta >$

p_l/p_h 时，消费者才会考虑购买低质量产品。随着低质量产品质量的提高，当满足 $\delta \geq 1 - p_h + p_l$ 时，市场上的潜在消费者会全部考虑购买低质量产品或者放弃购买。

依据上述模型假设，零售商获得的利润为两种产品销售收益减去其批发成本，即可得零售商的利润函数 π_R 为：

$$\pi_R = (p_h - w_h)q_h + (p_l - w_l)q_l \qquad (5-1)$$

制造商获得的利润为两种产品的批发销售收益减去其生产成本，即可得制造商的利润函数 π_M 为：

$$\pi_M = (w_h - c_h)q_h + (w_l - c_l)q_l \qquad (5-2)$$

在式 (5-2) 中，c_h、c_l 分别为高质量产品和低质量产品的单位生产成本。考虑高质量产品的零部件成本更高，耗费的生产工时更长等原因，假设高质量产品的单位生产成本更高，即 $c_h > c_l$。

根据式 (5-1)、式 (5-2)，零售商与制造商获得的利润之和即供应链系统的利润，由此可得供应链系统的利润函数 π_{SC} 为：

$$\pi_{SC} = (p_h - c_h)q_h + (p_l - c_l)q_l \qquad (5-3)$$

本章考察三种不同市场权力结构，即制造商市场主导结构、零售商市场主导结构和双方均势结构。在制造商市场主导结构（M 结构）下，制造商在供应链定价决策中处于领导地位，为 Stackelberg 博弈的领导者；在零售商市场主导结构（R 结构）下，零售商在供应链定价决策中处于领导地位，为 Stackelberg 博弈的领导者；在双方均势结构（N 结构）下，制造商与零售商具有同等的定价领导权，二者同时进行决策。

本章涉及的部分符号的定义与说明具体见表 5-2。

表 5-2　符号定义与说明

符号	定义与说明
v	消费者的支付意愿或对产品的估值，$v \sim U[0, 1]$
δ	两种产品的质量差异化程度，$0 < \delta < 1$

续表

符号	定义与说明
p_i	零售商决策的产品 i 零售价格，$i=h$ 表示高质量产品，$i=l$ 表示低质量产品
w_i	制造商决策的产品 i 批发价格
c_i	产品 i 的生产成本，$c_h > c_l$
q_i	产品 i 的市场需求
u_i	消费者购买产品 i 获得的效用
CS	消费者剩余
π_R	零售商获得的利润
π_M	制造商获得的利润
π_{SC}	供应链系统的利润

第二节　未实施质量差异化销售策略下的基准模型

为建立质量差异化销售策略下的比较基准，本节先分析未实施质量差异化销售策略下的基准模型。在基准模型下，假定制造商仅生产高质量产品，如苹果最开始仅销售 iPhone 手机，后来增加低端机型 iPhone SE。为便于后文分析并简化表达过程，本节用字符"B"表示基准模型。

在基准模型下，当 $u_h \geq 0$，即 $v \geq p_h$ 时，消费者才会购买产品，因而产品需求为 $q_h^B = 1 - p_h$。由 q_h^B 可知，在未实施质量差异化销售策略时，消费者仅能选择购买高质量产品或者不购买，且高质量产品需求与其零售价格呈负相关关系。零售商获得的利润即其产品销售收益减去产品批发成本，可得零售商的利润函数 π_R^B 为：

$$\pi_R^B(p_h) = (p_h - w_h)(1 - p_h) \qquad (5-4)$$

制造商获得的利润为两种产品的批发销售收益减去其生产成本，即可得制造商的利润函数 π_M^B 为：

$$\pi_M^B(w_h) = (w_h - c_h)(1 - p_h) \qquad (5-5)$$

根据式（5-4）、式（5-5），构建制造商市场主导结构、零售商市场主导结构以及双方均势结构三种市场权力结构下的动态博弈模型,并分别求解三种市场权力结构下的供应链均衡。

在制造商市场主导结构（M 结构）下,供应链交易过程为：首先,依据预期到的零售商的最优定价反应 $p_h^*(w_h)$,制造商率先决策产品 h 的批发价格 w_h；其次,依据 w_h,零售商决策产品 h 的零售价格 p_h。由此,得到如下优化问题：

$$\max_{w_h \geq c_h} \pi_M^B = (w_h - c_h)(1 - p_h^*) \tag{5-6}$$

其中,

$$\begin{cases} p_h^*(w_h) = \underset{p_h}{\arg\max}(p_h - w_h)(1 - p_h) \\ \text{s. t. } q_h^B \geq 0, p_h \geq w_h \end{cases} \tag{5-7}$$

采用逆向递推法,先求解零售商的最优定价决策,再求解制造商的最优定价决策,即分为两个步骤求解 M 结构下的优化问题。

步骤一：求解零售商的最优定价反应。依据式（5-7）,求解零售商利润函数 π_R^B 关于 p_h 的二阶偏导数,可得 $\frac{\partial^2 \pi_R^B}{\partial p_h^2} = -2 < 0$,即 π_R 为关于 p_h 的凹函数,故依据一阶条件 $\frac{\partial \pi_R^B}{\partial p_h} = 1 - 2p_h + w_h = 0$ 可求得 $p_h^*(w_h) = \frac{1 + w_h}{2}$。

步骤二：求解制造商的最优定价决策。将 $p_h^*(w_h)$ 代入式（5-6）,并求解制造商利润函数 π_M^B 关于 w_h 的二阶偏导数,可得 $\frac{\partial^2 \pi_M^B}{\partial w_h^2} = -1 < 0$,即 π_M 为关于 w_h 的凹函数,故依据一阶条件 $\frac{\partial \pi_M^B}{\partial w_h} = \frac{1 + c_h - 2w_h}{2} = 0$ 可求得 $w_h^{BM*} = \frac{1 + c_h}{2}$。进而将 w_h^{BM*} 代入 $p_h^*(w_h)$,即可得到 $p_h^{BM*} = \frac{3 + c_h}{4}$。

在零售商市场主导结构（R 结构）下,用 m_h 来表示零售商率先确定的产品边际利润,即用 $m_h + w_h$ 代替 p_h。供应链交易过程为：首先,依据预期到的制造商的最优定价反应 $w_h^*(m_h)$,零售商率先决策 m_h；其次,依据 m_h,

制造商决策产品 h 的批发价格 w_h。由此，得到如下优化问题：

$$\max_{m_h \geq 0} \pi_R^B = m_h(1 - w_h - m_h) \quad (5-8)$$

其中，

$$\begin{cases} w_h^*(m_h) = \mathrm{argmax}(w_h - c_h)(1 - w_h - m_h) \\ \mathrm{s.t.}\ q_h^B \geq 0, w_h \geq c_h \end{cases} \quad (5-9)$$

采用逆向递推法，先求解制造商的最优定价决策，再求解零售商的最优定价决策，即分为两个步骤求解 M 结构下的优化问题。

步骤一：求解制造商的最优定价反应。依据式（5-9），求解制造商利润函数 π_M^B 关于 w_h 的二阶偏导数，可得 $\frac{\partial^2 \pi_M^B}{\partial w_h^2} = -2 < 0$，即 π_M 为关于 w_h 的凹函数，故依据一阶条件 $\frac{\partial \pi_M^B}{\partial w_h} = 1 - m_h - 2w_h + c_h = 0$ 可求得 $w_h^*(m_h) = \frac{1 - m_h + c_h}{2}$。

步骤二：求解零售商的最优定价决策。将 $w_h^*(m_h)$ 代入式（5-8），求解零售商利润函数 π_R^B 关于 m_h 的二阶偏导数，得到 $\frac{\partial^2 \pi_R^B}{\partial m_h^2} = -1 < 0$，即 π_R 为关于 m_h 的凹函数，故由一阶条件 $\frac{\partial \pi_R^B}{\partial m_h} = \frac{1 - 2m_h - c_h}{2} = 0$ 可求得 $m_h^{BR*} = \frac{1 - c_h}{2}$。

进而将 m_h^{BR*} 代入 $w_h^*(m_h)$ 和 $p_h = m_h + w_h$，可得 $w_h^{BR*} = \frac{1 + 3c_h}{4}$，$p_h^{BR*} = \frac{3 + c_h}{4}$。

在双方均势结构（N 结构）下，用 $m_h + w_h$ 代替 p_h。供应链交易过程为：制造商与零售商同时进行决策，即制造商决策 w_h，零售商决策 m_h。由此，得到如下优化问题：

$$\begin{cases} \max_{w_h} \pi_M^B = (w_h - c_h)(1 - w_h - m_h) \\ \max_{m_h} \pi_R^B = m_h(1 - w_h - m_h) \\ \mathrm{s.t.}\ q_h^B \geq 0, w_h \geq c_h, m_h \geq 0 \end{cases} \quad (5-10)$$

依据 M 结构和 R 结构下的证明过程，容易验证，制造商利润函数 π_M^B 为

关于 w_h 的凹函数，零售商利润函数 π_R^B 为关于 m_h 的凹函数。因此，依据一阶条件 $\frac{\partial \pi_M^B}{\partial w_h} = \frac{\partial \pi_R^B}{\partial m_h} = 0$ 可求得 $m_h^{BN*} = \frac{1-c_h}{3}$，$w_h^{BN*} = \frac{1+2c_h}{3}$，进而可以得到

$$p_h^{BN*} = m_h^{BN*} + w_h^{BN*} = \frac{2+c_h}{3}。$$

将上述三种情形下的 p_h^{Bj*} ($j \in \{M, R, N\}$) 代入表 5-1 即可得到两种产品的需求 q_h^{Bj*}；将 w_h^{Bj*}、p_h^{Bj*} 分别代入式（5-4）、式（5-5）即可得到零售商、制造商的利润，以及供应链系统的利润 $\pi_{SC}^{Bj*} = \pi_R^{Bj*} + \pi_M^{Bj*}$。见定理 5.1。

定理 5.1 在未实施质量差异化销售策略下，三种不同市场权力结构下的供应链均衡，即制造商和零售商最优定价决策 w_h^{Bj*}、p_h^{Bj*}，产品需求 q_h^{Bj*} 以及各企业和供应链系统的均衡利润 π_R^{Bj*}、π_M^{Bj*}、π_{SC}^{Bj*} ($j \in \{M, R, N\}$)，见表 5-3。

表 5-3 未实施质量差异化销售策略下的供应链均衡

j	w_h^{Bj*}	p_h^{Bj*}	q_h^{Bj*}	π_R^{Bj*}	π_M^{Bj*}	π_{SC}^{Bj*}
M	$\frac{1+c_h}{2}$	$\frac{3+c_h}{4}$	$\frac{1-c_h}{4}$	$\frac{(1-c_h)^2}{16}$	$\frac{(1-c_h)^2}{8}$	$\frac{3(1-c_h)^2}{16}$
R	$\frac{1+3c_h}{4}$	$\frac{3+c_h}{4}$	$\frac{1-c_h}{4}$	$\frac{(1-c_h)^2}{8}$	$\frac{(1-c_h)^2}{16}$	$\frac{3(1-c_h)^2}{16}$
N	$\frac{1+2c_h}{3}$	$\frac{2+c_h}{3}$	$\frac{1-c_h}{3}$	$\frac{(1-c_h)^2}{9}$	$\frac{(1-c_h)^2}{9}$	$\frac{2(1-c_h)^2}{9}$

定理 5.1 给出了未实施质量差异化销售策略下的供应链均衡。容易知道，在制造商市场主导结构（M 结构）下，拥有价格领导权的制造商以最大化自身利润为目标，会设置更高的批发价格（$w_h^{BM*} > w_h^{BN*} > w_h^{BR*}$），此时制造商能够获得更多利润；与之相应，在零售商市场主导结构（R 结构）下，零售商拥有价格领导权，能够挤占制造商的定价空间来获取更多的利润份额。而对于零售商而言，相较于双方均势结构（N 结构），不平衡的市场权力结构（M 结构和 R 结构）会导致更高的产品零售价格（比 N 结构下的

值），可以验证 $p_h^{BM*} = p_h^{BR*} > p_h^{BN*}$，由此使得不同市场权力结构下的产品需求也存在一定差异，即使得 M 结构和 R 结构下的产品需求更低（$q_h^{BM*} = q_h^{BR*} < q_h^{BN*}$）。

命题 5.1 比较不同市场权力结构下制造商、零售商以及供应链系统的利润，可以得到：

（1）$\pi_R^{BM*} < \pi_M^{BM*}$，$\pi_R^{BR*} > \pi_M^{BR*}$，$\pi_R^{BN*} = \pi_M^{BN*}$；

（2）$\pi_R^{BM*} < \pi_R^{BN*} < \pi_R^{BR*}$，$\pi_M^{BM*} > \pi_M^{BN*} > \pi_M^{BR*}$，$\pi_{SC}^{BM*} = \pi_{SC}^{BR*} < \pi_{SC}^{BN*}$。

证明：依据表 5-3，比较零售商、制造商以及供应链系统的利润，即可得，略。

命题 5.1 表明，在未实施质量差异化销售策略下，不同市场权力结构会导致制造商与零售商之间不平等的利润分配。并且，这种不平等的利润分配主要体现在两方面：一是供应链内部的利润分配，拥有市场主导权或者价格领导权的供应链成员总是能够得到更多利润，即在 M（R）结构下，制造商（零售商）获得的利润总是高于零售商（制造商），在 N 结构下，制造商与零售商将平分整个供应链的利润；二是不同市场权力结构对供应链成员和供应链系统利润的影响，可以看到，从 M（R）结构到 N 结构，再到 R（M）结构，零售商（制造商）的利润逐渐增加，但不平衡市场权力结构（M 结构和 R 结构）下的供应链系统利润总是小于平衡市场权力结构（N 结构）下的利润。该命题也表明，拥有价格领导权的供应链成员总是能够获得更多的利润，但由于双重边际效应，不平衡的市场权力结构也会导致供应链系统利润的损失。

此外，根据命题 5.1 可以知道，由于企业规模大小、技术水平、品牌价值等不同，企业在供应链系统或者市场上的讨价还价能力存在差异，进而在不同市场权力结构下，企业获得的利润也不一样。如果制造商或者零售商拥有市场主导权，则其可以通过策略性的定价策略来占有更多的利润份额。

第三节 质量差异化销售策略下的供应链均衡分析

第二节给出了未实施质量差异化销售策略下的供应链均衡，本节将进一步构建质量差异化销售策略下的动态博弈模型，求解质量差异化产品的定价策略，并分析不同市场权力结构对质量差异化产品定价策略和企业绩效的影响。

一 不同市场权力结构下的供应链均衡

当制造商实施质量差异化销售策略时，分析不同市场权力结构下的供应链均衡。在 M 结构下，首先，制造商依据预期到的零售商最优定价反应 $p_i^{M*}(w_h, w_l)$ 来确定产品批发价格 w_i^M；其次，依据 w_i^M，零售商决策产品零售价格 p_i^M。在 R 结构下，可用 m_i 表示零售商率先确定的边际利润，即用 $m_i + w_i$ 代替 p_i，首先，零售商依据预期到的制造商最优定价反应 $w_i^*(m_h, m_l)$ 确定 m_i^R；其次，依据 m_i^R，制造商决策产品批发价格 w_i^R。在 N 结构下，制造商与零售商同时决策批发价格 w_i^N 和边际利润 m_i^N。

在 M 结构下，供应链交易过程为：首先，依据预期到的零售商的最优定价反应 $p_h^*(w_h, w_l)$、$p_l^*(w_h, w_l)$，制造商同时决策两种产品的批发价格 w_h、w_l；其次，依据 w_h 和 w_l，零售商同时决策零售价格 p_h 和 p_l。由此，得到如下优化问题：

$$\max_{w_i \geq c_i} \pi_M = (w_h - c_h)\left(1 - \frac{p_h^* - p_l^*}{1-\delta}\right) + (w_l - c_l)\left(\frac{p_h^* - p_l^*}{1-\delta} - \frac{p_l^*}{\delta}\right) \quad (5-11)$$

其中，

$$\begin{cases} (p_h^*, p_l^*) = \underset{p_i}{\mathrm{argmax}}\, (p_h - w_h)\left(1 - \frac{p_h - p_l}{1-\delta}\right) + (p_l - w_l)\left(\frac{p_h - p_l}{1-\delta} - \frac{p_l}{\delta}\right) \\ \text{s.t. } q_i(p_h, p_l) \geq 0, p_i \geq w_i, i = h, l \end{cases} \quad (5-12)$$

采用逆向递推法，先求解零售商对两种质量差异化产品的定价策略，再求解制造商对两种质量差异化产品的定价策略，分为两个步骤求解 M 结构下的优化问题。

步骤一：求解零售商的最优定价反应。根据式（5-12），求解 $\pi_R(p_h, p_l)$ 的 Hessian 矩阵 H，可以得到：

$$H = \begin{bmatrix} \dfrac{\partial^2 \pi_R}{\partial p_h^2} & \dfrac{\partial^2 \pi_R}{\partial p_h \partial p_l} \\ \dfrac{\partial^2 \pi_R}{\partial p_h \partial p_l} & \dfrac{\partial^2 \pi_R}{\partial p_l^2} \end{bmatrix} = \begin{bmatrix} -\dfrac{2}{1-\delta} & \dfrac{2}{1-\delta} \\ \dfrac{2}{1-\delta} & -\dfrac{2}{(1-\delta)\delta} \end{bmatrix}, |H| = \dfrac{4}{(1-\delta)\delta} > 0 \quad (5-13)$$

根据式（5-13），容易知道 $\dfrac{\partial^2 \pi_R}{\partial p_h^2} < 0$、$\dfrac{\partial^2 \pi_R}{\partial p_l^2} < 0$，即 H 负定。因此，$\pi_R(p_h, p_l)$ 存在唯一最优解，依据最优性一阶条件 $\dfrac{\partial \pi_R}{\partial p_h} = \dfrac{\partial \pi_R}{\partial p_l} = 0$，可求得零售商的最优定价反应 $p_h^*(w_h, w_l)$、$p_l^*(w_h, w_l)$ 为 $p_h^*(w_h, w_l) = \dfrac{1+w_h}{2}$ 和 $p_l^*(w_h, w_l) = \dfrac{\delta + w_l}{2}$。

步骤二：求解制造商的最优定价决策。依据表 5-1 可知，随着产品质量差异化程度的变化，产品需求存在三种情形。

当 $\dfrac{p_l}{p_h} < \delta < 1 - p_h + p_l$ 时，$q_i(p_h, p_l) > 0$。将 $p_h^*(w_h, w_l)$、$p_l^*(w_h, w_l)$ 代入式（5-11），并求解 $\pi_M(w_h, w_l)$ 的 Hessian 矩阵 H，可以得到：

$$H = \begin{bmatrix} \dfrac{\partial^2 \pi_M}{\partial w_h^2} & \dfrac{\partial^2 \pi_M}{\partial w_h \partial w_l} \\ \dfrac{\partial^2 \pi_M}{\partial w_h \partial w_l} & \dfrac{\partial^2 \pi_M}{\partial w_l^2} \end{bmatrix} = \begin{bmatrix} -\dfrac{1}{1-\delta} & \dfrac{1}{1-\delta} \\ \dfrac{1}{1-\delta} & -\dfrac{1}{(1-\delta)\delta} \end{bmatrix}, |H| = \dfrac{1}{(1-\delta)\delta} > 0 \quad (5-14)$$

根据式（5-14），可以验证，H 负定，即存在唯一最优解。首先，依据最优性一阶条件可求得制造商的最优定价决策为 $w_h^{M*} = \dfrac{1+c_h}{2}$、$w_l^{M*} = \dfrac{\delta + c_l}{2}$。其次，将 w_h^{M*}、w_l^{M*} 分别代入 $p_h^*(w_h, w_l)$ 和 $p_l^*(w_h, w_l)$，得到 $p_h^{M*} = \dfrac{3+c_h}{4}$、$p_l^{M*} = \dfrac{3\delta + c_l}{4}$；将 p_h^{M*}、p_l^{M*} 分别代入 $q_h(p_h, p_l)$ 和 $q_l(p_h, p_l)$，可得

$q_h^{M*} = \dfrac{1-\delta-c_h+c_l}{4(1-\delta)}$、$q_l^{M*} = \dfrac{\delta c_h - c_l}{4(1-\delta)\delta}$。最后，依据条件$\dfrac{p_l}{p_h} < \delta < 1-p_h+p_l$，即可求得临界条件$\underline{\delta} < \delta < \bar{\delta}$，其中$\underline{\delta} = \dfrac{c_l}{c_h}$，$\bar{\delta} = 1-c_h+c_l$。

当$0 < \delta \leqslant \dfrac{p_l}{p_h}$，即$0 < \delta \leqslant \dfrac{w_l}{w_h}$时，$q_h(p_h,p_l) > 0$，$q_l(p_h,p_l) = 0$。首先，可以求得临界条件$w_l = \delta w_h$使得$q_l(p_h,p_l) = 0$。此时，可以验证$\pi_M$为关于$w_h$的凹函数，故依据一阶条件可求得$w_h^{M*} = \dfrac{1+c_h}{2}$。其次，将$w_h^{M*}$代入$p_h^*(w_h, w_l)$可得$p_h^{M*} = \dfrac{3+c_h}{4}$，将$p_h^{M*}$代入$q_h(p_h,p_l)$，可得$q_h^{M*} = \dfrac{1-c_h}{4}$。最后，可得到临界条件$0 < \delta \leqslant \underline{\delta}$。

当$1-p_h+p_l \leqslant \delta < 1$，即$1-w_h+w_l \leqslant \delta < 1$时，$q_l(p_h,p_l) > 0$，$q_h(p_h,p_l) = 0$。首先，可以求得临界条件$w_h = 1+w_l-\delta$。此时，可以验证$\pi_M$为关于$w_l$的凹函数，故依据一阶条件可求得$w_l^{M*} = \dfrac{\delta+c_l}{2}$。其次，将$w_l^{M*}$代入$p_l^*(w_h, w_l)$可得$p_l^{M*} = \dfrac{3\delta+c_l}{4}$，将$p_l^{M*}$代入$q_l(p_h,p_l)$，可得$q_l^{M*} = \dfrac{\delta-c_l}{4\delta}$。最后，可得到临界条件$\bar{\delta} \leqslant \delta < 1$。

在R结构下，用m_i ($i = h, l$)来表示零售商率先确定的产品i的边际利润，即用$m_i + w_i$代替p_i。供应链交易过程为：首先，依据预期到的制造商的最优定价反应$[w_h^*(m_h, m_l), w_l^*(m_h, m_l)]$，零售商同时决策$m_h$和$m_l$；其次，依据$m_h$和$m_l$，制造商决策$w_h$和$w_l$。由此，得到如下优化问题：

$$\max_{m_i \geqslant 0} \pi_R = m_h \left(1 - \dfrac{w_h^* + m_h - w_l^* - m_l}{1-\delta}\right) + m_l \left(\dfrac{w_h^* + m_h - w_l^* - m_l}{1-\delta} - \dfrac{w_l^* + m_l}{\delta}\right) \quad (5-15)$$

其中，

$$\begin{cases} (w_h^*, w_l^*) = \underset{w_i}{\operatorname{argmax}} (w_h - c_h)\left(1 - \dfrac{w_h + m_h - w_l - m_l}{1-\delta}\right) + \\ \qquad\qquad\qquad (w_l - c_l)\left(\dfrac{w_h + m_h - w_l - m_l}{1-\delta} - \dfrac{w_l + m_l}{\delta}\right) \\ \text{s.t. } q_i(m_h, m_l) \geqslant 0, w_i \geqslant c_i, i = h, l \end{cases} \quad (5-16)$$

采用逆向递推法，先求解制造商对两种质量差异化产品的定价策略，再求解零售商对两种质量差异化产品的定价策略，分为两个步骤求解 R 结构下的优化问题。

步骤一：求解制造商的最优定价反应。根据式（5-16），求解 $\pi_M(w_h, w_l)$ 的 Hessian 矩阵 H，可以得到：

$$H = \begin{bmatrix} \dfrac{\partial^2 \pi_M}{\partial w_h^2} & \dfrac{\partial^2 \pi_M}{\partial w_h \partial w_l} \\ \dfrac{\partial^2 \pi_M}{\partial w_h \partial w_l} & \dfrac{\partial^2 \pi_M}{\partial w_l^2} \end{bmatrix} = \begin{bmatrix} -\dfrac{2}{1-\delta} & \dfrac{2}{1-\delta} \\ \dfrac{4}{1-\delta} & -\dfrac{2}{(1-\delta)\delta} \end{bmatrix}, |H| = \dfrac{1}{(1-\delta)\delta} > 0 \quad (5-17)$$

根据式（5-17），容易验证 H 为负定矩阵，存在唯一最优解。因此，依据最优性一阶条件可求得制造商的最优定价反应 $w_h^*(m_h, m_l)$、$w_l^*(m_h, m_l)$ 为 $w_h^*(m_h, m_l) = \dfrac{1 - m_h + c_h}{2}$ 和 $w_l^*(m_h, m_l) = \dfrac{\delta - m_l + w_l}{2}$。

步骤二：求解零售商的最优定价决策。依据表 5-1，与 M 结构求解过程类似，根据两种产品的质量差异化程度，分为以下三种情形分别求解。

当 $\dfrac{p_l}{p_h} < \delta < 1 - p_h + p_l$ 时，$q_i(p_h, p_l) > 0$。将 $w_h^*(m_h, m_l)$、$w_l^*(m_h, m_l)$ 代入式（5-15），求解 $\pi_R(m_h, m_l)$ 的 Hessian 矩阵 H，可以得到：

$$H = \begin{bmatrix} \dfrac{\partial^2 \pi_R}{\partial m_h^2} & \dfrac{\partial^2 \pi_R}{\partial m_h \partial m_l} \\ \dfrac{\partial^2 \pi_R}{\partial m_h \partial m_l} & \dfrac{\partial^2 \pi_R}{\partial m_l^2} \end{bmatrix} = \begin{bmatrix} -\dfrac{1}{1-\delta} & \dfrac{1}{1-\delta} \\ \dfrac{1}{1-\delta} & -\dfrac{1}{(1-\delta)\delta} \end{bmatrix}, |H| = \dfrac{1}{(1-\delta)\delta} > 0 \quad (5-18)$$

根据式（5-18），容易知道，H 为负定矩阵，存在唯一最优解。首先，依据最优性一阶条件 $\dfrac{\partial \pi_R}{\partial m_h} = \dfrac{\partial \pi_R}{\partial m_l} = 0$ 可求得 $m_h^{R*} = \dfrac{1 - c_h}{2}$、$m_l^{R*} = \dfrac{\delta - c_l}{2}$。其次，将 m_h^{R*}、m_l^{R*} 分别代入 $w_h^*(m_h, m_l)$ 和 $w_l^*(m_h, m_l)$ 可得 $w_h^{R*} = \dfrac{1 + 3c_h}{4}$、

$w_l^{M*} = \dfrac{\delta + 3c_l}{4}$；由 $p_i = m_i + w_i$ 可得 $p_h^{R*} = \dfrac{3 + c_h}{4}$、$p_l^{R*} = \dfrac{3\delta + c_l}{4}$；将 p_h^{R*}、p_l^{R*} 分别代入 $q_h(p_h, p_l)$ 和 $q_l(p_h, p_l)$，可得 $q_h^{R*} = \dfrac{1 - \delta - c_h + c_l}{4(1 - \delta)}$、$q_l^{R*} = \dfrac{\delta c_h - c_l}{4(1 - \delta)\delta}$。最后，依据条件 $\dfrac{p_l}{p_h} < \delta < 1 - p_h + p_l$，即可得求得临界条件 $\underline{\delta} < \delta < \bar{\delta}$，其中 $\underline{\delta} = \dfrac{c_l}{c_h}$，$\bar{\delta} = 1 - c_h + c_l$。

当 $0 < \delta \leq \dfrac{p_l}{p_h}$，即 $0 < \delta \leq \dfrac{m_l + c_l}{m_h + c_h}$ 时，$q_h(p_h, p_l) > 0$，$q_l(p_h, p_l) = 0$。首先，可以求得临界条件 $m_l = \delta(m_h + c_h) - c_l$ 使得 $q_l(p_h, p_l) = 0$。此时，可以验证 π_R 为关于 m_h 的凹函数，故依据一阶条件 $\dfrac{\partial \pi_M}{\partial w_h} = \dfrac{\partial \pi_M}{\partial w_l} = \dfrac{\partial \pi_R}{\partial m_h} = 0$ 可求得 $m_h^{R*} = \dfrac{1 - c_h}{2}$。其次，可得 $w_h^{R*} = \dfrac{1 + 3c_h}{4}$，$p_h^{R*} = \dfrac{3 + c_h}{4}$，$q_h^{R*} = \dfrac{1 - c_h}{4}$。最后，可得到临界条件 $0 < \delta \leq \underline{\delta}$。

当 $1 - p_h + p_l \leq \delta < 1$，即 $1 - m_h - w_h + m_l + w_l \leq \delta < 1$ 时，$q_l(p_h, p_l) > 0$，$q_h(p_h, p_l) = 0$。首先，可以求得临界条件 $m_h = 1 - \delta - w_h + m_l + w_l$。此时，可以验证 π_R 为关于 m_l 的凹函数，故依据一阶条件 $\dfrac{\partial \pi_M}{\partial w_h} = \dfrac{\partial \pi_M}{\partial w_l} = \dfrac{\partial \pi_R}{\partial m_l} = 0$ 可求得 $m_l^{R*} = \dfrac{\delta - c_l}{3}$。其次，可得 $w_l^{R*} = \dfrac{1 + 2c_l}{3}$，$p_l^{R*} = \dfrac{2\delta + c_l}{3}$，$q_l^{R*} = \dfrac{\delta - c_l}{4\delta}$。最后，可得到临界条件 $\bar{\delta} \leq \delta < 1$。

在 N 结构下，用 $m_i + w_i$ 代替 p_i。供应链交易过程为：制造商与零售商同时进行决策，即制造商决策 w_h 和 w_l，零售商决策 m_h 和 m_l。由此，得到如下优化问题：

$$\begin{cases} \max\limits_{w_i} \pi_M = (w_h - c_h)\left(1 - \dfrac{w_h + m_h - w_l - m_l}{1 - \delta}\right) + (w_l - c_l)\left(\dfrac{w_h + m_h - w_l - m_l}{1 - \delta} - \dfrac{w_l + m_l}{\delta}\right) \\ \max\limits_{m_i} \pi_R = m_h\left(1 - \dfrac{w_h + m_h - w_l - m_l}{1 - \delta}\right) + m_l\left(\dfrac{w_h + m_h - w_l - m_l}{1 - \delta} - \dfrac{w_l + m_l}{\delta}\right) \\ \text{s. t. } q_i(m_h, m_l) \geq 0, w_i \geq c_i, m_i \geq 0, i = h, l \end{cases} \quad (5-19)$$

依据 M 结构和 R 结构证明过程,易知 $\pi_M(w_h, w_l)$ 的 Hessian 矩阵和 $\pi_R(m_h, m_l)$ 的 Hessian 矩阵均为负定矩阵,因而存在唯一最优解。下面,依据表 5-1,分为以下三种情形分别求解。

当 $\dfrac{p_l}{p_h} < \delta < 1 - p_h + p_l$ 时,$q_i(p_h, p_l) > 0$。首先,由一阶条件 $\dfrac{\partial \pi_M}{\partial w_h} = \dfrac{\partial \pi_M}{\partial w_l} = \dfrac{\partial \pi_R}{\partial m_h} = \dfrac{\partial \pi_R}{\partial m_l} = 0$ 可求得 $m_h^{N*} = \dfrac{1 - c_h}{3}$,$m_l^{N*} = \dfrac{\delta - c_l}{3}$,$w_h^{N*} = \dfrac{1 + 2c_h}{3}$,$w_l^{N*} = \dfrac{\delta + 2c_l}{3}$。其次,由 $p_i = m_i + w_i$ 可得 $p_h^{N*} = \dfrac{2 + c_h}{3}$,$p_l^{N*} = \dfrac{2\delta + c_l}{3}$,将其代入需求函数可得 $q_h^{N*} = \dfrac{1 - \delta - c_h + c_l}{3(1-\delta)}$,$q_l^{N*} = \dfrac{\delta c_h - c_l}{3(1-\delta)\delta}$。最后,依据条件 $\dfrac{p_l}{p_h} < \delta < 1 - p_h + p_l$,即可求得临界条件 $\underline{\delta} < \delta < \overline{\delta}$,其中 $\underline{\delta} = \dfrac{c_l}{c_h}$,$\overline{\delta} = 1 - c_h + c_l$。

当 $0 < \delta \leq \dfrac{p_l}{p_h}$,即 $0 < \delta \leq \dfrac{m_l + c_l}{m_h + c_h}$ 时,$q_h(p_h, p_l) > 0$,$q_l(p_h, p_l) = 0$。由此,可以求得临界条件 $m_l = \delta(m_h + c_h) - c_l$ 使得 $q_l(p_h, p_l) = 0$。此时,依据一阶条件 $\dfrac{\partial \pi_M}{\partial w_h} = \dfrac{\partial \pi_M}{\partial w_l} = \dfrac{\partial \pi_R}{\partial m_h} = 0$ 可求得 $m_h^{N*} = \dfrac{1 - c_h}{3}$,$w_h^{N*} = \dfrac{1 + 2c_h}{3}$,进而求得 $p_h^{N*} = \dfrac{2 + c_h}{3}$ 以及 $q_h^{N*} = \dfrac{1 - c_h}{3}$。由此还可得到临界条件 $0 < \delta \leq \underline{\delta}$。

当 $1 - p_h + p_l \leq \delta < 1$,即 $1 - m_h - w_h + m_l + w_l \leq \delta < 1$ 时,$q_l(p_h, p_l) > 0$,$q_h(p_h, p_l) = 0$。此时,依据一阶条件 $\dfrac{\partial \pi_M}{\partial w_h} = \dfrac{\partial \pi_M}{\partial w_l} = \dfrac{\partial \pi_R}{\partial m_l} = 0$ 可得 $m_l^{N*} = \dfrac{\delta - c_l}{3}$,$w_l^{N*} = \dfrac{1 + 2c_l}{3}$,进而可得 $p_l^{N*} = \dfrac{2\delta + c_l}{3}$ 以及 $q_l^{N*} = \dfrac{\delta - c_l}{3\delta}$。由此还可得到临界条件 $\overline{\delta} \leq \delta < 1$。

综合上述三种市场权力结构下的供应链均衡,即可得到不同市场权力结构下质量差异化产品的均衡定价决策及其市场需求,见定理 5.2。

定理 5.2 取 $\underline{\delta} = c_l / c_h$,$\overline{\delta} = 1 - c_h + c_l$,则在不同市场权力结构下,均存在唯一的子博弈精炼纳什均衡,且分为三种情形,见表 5-4。

表 5-4　不同市场权力结构下的供应链均衡

区间	j	p_h^{j*}	p_l^{j*}	w_h^{j*}	w_l^{j*}	q_h^{j*}	q_l^{j*}
$0<\delta\leqslant\underline{\delta}$	M	$\dfrac{3+c_h}{4}$	n. a.	$\dfrac{1+c_h}{2}$	n. a.	$\dfrac{1-c_h}{4}$	0
	R	$\dfrac{3+c_h}{4}$	n. a.	$\dfrac{1+3c_h}{4}$	n. a.	$\dfrac{1-c_h}{4}$	0
	N	$\dfrac{2+c_h}{3}$	n. a.	$\dfrac{1+2c_h}{3}$	n. a.	$\dfrac{1-c_h}{3}$	0
$\underline{\delta}<\delta<\overline{\delta}$	M	$\dfrac{3+c_h}{4}$	$\dfrac{3\delta+c_l}{4}$	$\dfrac{1+c_h}{2}$	$\dfrac{\delta+c_l}{2}$	$\dfrac{1-\delta-c_h+c_l}{4(1-\delta)}$	$\dfrac{\delta c_h-c_l}{4(1-\delta)\delta}$
	R	$\dfrac{3+c_h}{4}$	$\dfrac{3\delta+c_l}{4}$	$\dfrac{1+3c_h}{4}$	$\dfrac{\delta+3c_l}{4}$	$\dfrac{1-\delta-c_h+c_l}{4(1-\delta)}$	$\dfrac{\delta c_h-c_l}{4(1-\delta)\delta}$
	N	$\dfrac{2+c_h}{3}$	$\dfrac{2\delta+c_l}{3}$	$\dfrac{1+2c_h}{3}$	$\dfrac{\delta+2c_l}{3}$	$\dfrac{1-\delta-c_h+c_l}{3(1-\delta)}$	$\dfrac{\delta c_h-c_l}{3(1-\delta)\delta}$
$\overline{\delta}\leqslant\delta<1$	M	n. a.	$\dfrac{3\delta+c_l}{4}$	n. a.	$\dfrac{\delta+c_l}{2}$	0	$\dfrac{\delta-c_l}{4\delta}$
	R	n. a.	$\dfrac{3\delta+c_l}{4}$	n. a.	$\dfrac{\delta+3c_l}{4}$	0	$\dfrac{\delta-c_l}{4\delta}$
	N	n. a.	$\dfrac{2\delta+c_l}{3}$	n. a.	$\dfrac{\delta+2c_l}{3}$	0	$\dfrac{\delta-c_l}{3\delta}$

定理 5.2 给出了不同市场权力结构下的三种均衡情形。可以知道，当低质量产品质量较低或市场上的消费者对低质量产品的认可程度较低（$0<\delta\leqslant\underline{\delta}$）时，产品 l 将没有需求发生，市场上的消费者将全部购买产品 h 或者放弃购买。随着低质量产品质量的提高或者消费者对低质量产品认可程度的提高（$\underline{\delta}<\delta<\overline{\delta}$），部分估值较低的消费者将转移购买产品 l，两种产品均有需求发生。但当满足条件 $\overline{\delta}\leqslant\delta<1$ 时，市场上的消费者将不会考虑购买产品 h。由此，在不同市场权力结构下，若制造商选择实施产品差异化销售策略，则存在可行条件为：

$$\delta\in(\underline{\delta},\overline{\delta}) \tag{5-20}$$

在上述可行条件内，即仅当高质量产品、低质量产品之间的质量差异化程度在一定区间内时，制造商才能有效实施质量差异化销售策略，即两种产品才会同时有需求发生。容易发现,可行区间 $(\underline{\delta}, \bar{\delta})$ 总是会随低质量产品单位生产成本的降低而减小,即 $\partial(\bar{\delta}-\underline{\delta})/\partial c_l < 0$。但当两种产品的单位生产成本满足关系 $c_l > c_h^2$ 时,区间 $(\underline{\delta}, \bar{\delta})$ 会随 c_h 的增大而增大,表明此时有利于制造商质量差异化销售策略的实施。

命题 5.2 在不同市场权力结构下,当满足条件 $\underline{\delta} < \delta < \bar{\delta}$ 时,两种质量差异化产品均会有需求发生,比较两种产品的零售价格和批发价格,可以得到:

(1) $p_h^{j*} > p_l^{j*}$,$w_h^{j*} > w_l^{j*}$ ($j \in \{M, R, N\}$);

(2) $|p_h^{M*} - p_l^{M*}| = |p_h^{R*} - p_l^{R*}| > |p_h^{N*} - p_l^{N*}|$,$|w_h^{M*} - w_l^{M*}| > |w_h^{N*} - w_l^{N*}| > |w_h^{R*} - w_l^{R*}|$。

证明:依据表 5-4,直接比较两种产品的零售价格 p_h^{j*}、p_l^{j*} 和批发价格 w_h^{j*}、w_l^{j*} 的大小,可以得到:$p_h^{M*} - p_l^{M*} = p_h^{R*} - p_l^{R*} = \dfrac{3(1-\delta) + c_h - c_l}{4} > 0$,$p_h^{N*} - p_l^{N*} = \dfrac{2(1-\delta) + c_h - c_l}{3} > 0$,$w_h^{M*} - w_l^{M*} = \dfrac{1-\delta + c_h - c_l}{2} > 0$,$w_h^{R*} - w_l^{R*} = \dfrac{1-\delta + 3(c_h - c_l)}{4} > 0$,$w_h^{N*} - w_l^{N*} = \dfrac{1-\delta + 2(c_h - c_l)}{3} > 0$。

根据上述价格之差,易得 $|p_h^{M*} - p_l^{M*}| - |p_h^{N*} - p_l^{N*}| = |p_h^{R*} - p_l^{R*}| - |p_h^{N*} - p_l^{N*}| = y/12$,其中 $y = (1-\delta) - (c_h - c_l)$,容易知道,$y$ 随 δ 单调递减,且当 $\delta = \bar{\delta}$ 时,$y = 0$。因此,当 $\underline{\delta} < \delta < \bar{\delta}$ 时,$y > 0$ 恒成立。同理,比较不同市场权力结构下 w_h^{j*} 和 w_l^{j*} 之差,易得 $|w_h^{M*} - w_l^{M*}| - |w_h^{N*} - w_l^{N*}| = y/4 > 0$,$|w_h^{R*} - w_l^{R*}| - |w_h^{N*} - w_l^{N*}| = -y/12 < 0$。

命题 5.2 表明,在不同市场权力结构下,针对高质量产品,供应链成员总是设置更高的批发价格和零售价格(比低质量产品)。这是因为消费者对高质量产品具有更高的支付意愿,因而零售商总是对高质量产品设置较高的零售价格来获取更多利润。而对于制造商而言,较高的零售价格使其拥有更大的定价空间,因而制造商会针对高质量产品设置较高的批发价格。此外,还可以发现,不平衡的市场权力结构(即 M 结构和 R 结构)会在一定程度上加剧两种产品之间零售价格的差异，有利于缓解价格竞争。然而，对于制造商的批发价格决策而言，在 M 结构下，制造商处于主导地位，两种产品之间批发价格的差异较大，而在 R 结构下两种产品的批发价格差异则相对较小。

命题 5.2 所得结论也验证了现实中大多数企业对差异化产品的定价策略。例如，华为公司在 2019 年 10 月新上市的 Mate 30 和 Mate 30 Pro 两款手机的零售价分别为 4499 元、5899 元，表明华为会给较高质量或功能更为完善的手机产品制定较高的零售价；同样的定价策略也适用于苹果公司对 iPhone 11 和 iPhone 11 Pro 的定价，二者的零售价格分别为 3999 元、6549 元。

推论 5.1 在不同市场权力结构下，两种产品的价格差异总会随质量差异化程度的增大而减小，表现为 $\partial(p_h^{j*} - p_l^{j*})/\partial\delta < 0$，$\partial(w_h^{j*} - w_l^{j*})/\partial\delta < 0$。

证明：根据命题 5.2 的证明过程，对 $p_h^{j*} - p_l^{j*}$、$w_h^{j*} - w_l^{j*}$ 分别求解关于 δ 的一阶偏导数，即可得，略。

由推论 5.1 可知，在不同市场权力结构下，随着低质量产品质量的提高，两种质量差异化产品的价格差异逐渐减小。并且，在不平衡的市场权力结构下，质量差异化程度对两种产品零售价格差异的影响更显著；而质量差异化程度对两种产品批发价格差异的影响在 M 结构下更显著。该推论表明，质量差异化产品之间的价格竞争会受到两种产品质量差异化程度的影响，制造商可以根据市场条件来控制产品质量，以达到调节产品定价的作用。

二 不同市场权力结构下的均衡比较分析

本节将根据三种市场权力结构下的供应链均衡，考察市场权力结构对最优产品批发价格和零售价格，零售商、制造商以及供应链系统利润的影响，得到命题 5.3。

命题 5.3 比较不同市场权力结构下的供应链均衡，可以得到：

(1) $w_i^{M*} > w_i^{N*} > w_i^{R*}$，$p_i^{M*} = p_i^{R*} > p_i^{N*}$，$q_i^{M*} = q_i^{R*} > q_i^{N*}$；

(2) $\pi_R^{M*} < \pi_R^{N*} < \pi_R^{R*}$，$\pi_M^{M*} > \pi_M^{N*} > \pi_M^{R*}$，$\pi_{SC}^{M*} = \pi_{SC}^{R*} < \pi_{SC}^{N*}$。

证明：依据表 5-4，当 $\underline{\delta}<\delta<\bar{\delta}$ 时，$w_h^{M*} - w_h^{R*} = \dfrac{1-c_h}{4} > 0$，$w_h^{R*} - w_h^{N*} = -\dfrac{1-c_h}{12} < 0$，$w_l^{M*} - w_l^{R*} = \dfrac{\delta-c_l}{4} > 0$，$w_l^{N*} - w_l^{R*} = -\dfrac{\delta-c_l}{12} < 0$，$p_h^{M*} - p_h^{R*} = p_l^{M*} - p_l^{R*} = 0$，$p_h^{M*} - p_h^{N*} = \dfrac{1-c_h}{12} > 0$，$p_l^{M*} - p_l^{N*} = \dfrac{\delta-c_l}{12} > 0$。

当 $0<\delta\leq\underline{\delta}$ 时，$\pi_R^{M*} - \pi_R^{N*} = -\dfrac{7(1-c_h)^2}{144} < 0$，$\pi_R^{R*} - \pi_R^{N*} = \dfrac{(1-c_h)^2}{72} > 0$；$\pi_M^{M*} - \pi_M^{N*} = \dfrac{(1-c_h)^2}{72} > 0$，$\pi_M^{R*} - \pi_M^{N*} = -\dfrac{7(1-c_h)^2}{144} < 0$，$\pi_{SC}^{M*} - \pi_{SC}^{R*} = 0$，$\pi_{SC}^{M*} - \pi_{SC}^{N*} = -\dfrac{5(1-c_h)^2}{144} < 0$。

同理，当 $\underline{\delta}<\delta<\bar{\delta}$ 或 $\bar{\delta}\leq\delta<1$ 时，依据表 5-4，直接比较易得，略。

命题 5.3 表明，在 M 结构下，制造商处于市场主导地位，两种产品的批发价格总是更高（比 R 结构和 N 结构下的批发价格）；在不平衡的市场权力结构（M 结构和 R 结构）下，两种质量差异化产品的最优零售价格相同，并且总是会高于 N 结构下的最优零售价格，这意味着不平衡的市场权力结构会促使零售商实施高价策略。在 R 结构下，零售商处于市场主导地位，零售商确定的边际利润总是最高，即 $p_i^{R*} - w_i^{R*} > \max\{p_i^{M*} - w_i^{M*}, p_i^{N*} - w_i^{N*}\}$。此外，也容易知道，在 M 结构和 R 结构下，相同的产品零售价格使得产品需求也相等，但总是会大于 N 结构下的产品需求。因此，从产品市场占有率的视角来看，制造商市场主导结构和零售商市场主导结构是最优选择。

根据命题 5.3，还可以知道，拥有市场主导权或价格领导权的供应链成员总是能够获得更多利润，而 M 结构和 R 结构下供应链系统利润相等，且小于 N 结构下的供应链系统利润，这意味着不平衡的市场权力结构会加剧供应链双重边际效应，导致供应链系统利润的损失。因此，在制造商与零售商合作过程中，从利润最大化的视角来看，二者均应该选择自己拥有市场主导权。

为直观考察不同市场权力结构对供应链成员利润的影响，绘制不同市场权力结构下制造商和零售商利润随 δ 的变化曲线，如图 5-2、图 5-3 所示。其中，考虑高质量产品的生产成本更高，即 $c_h > c_i$，设置参数 $c_h = 0.4$、$c_l = 0.2$，进而可得 $\underline{\delta} = 0.5$、$\overline{\delta} = 0.8$。

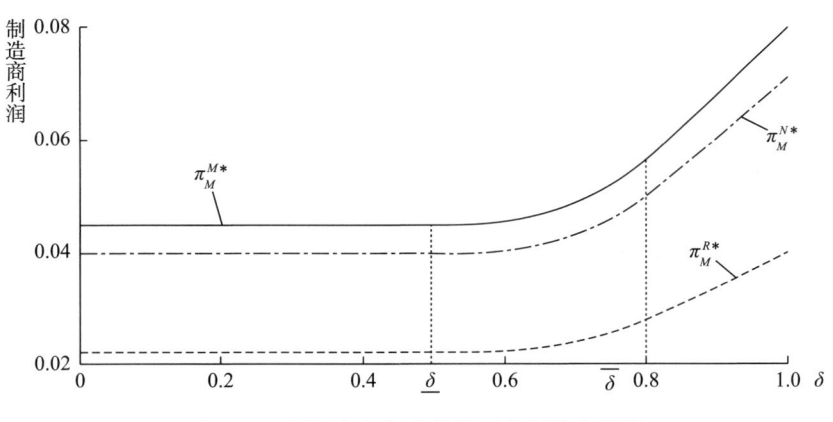

图 5-2　不同市场权力结构下的制造商利润

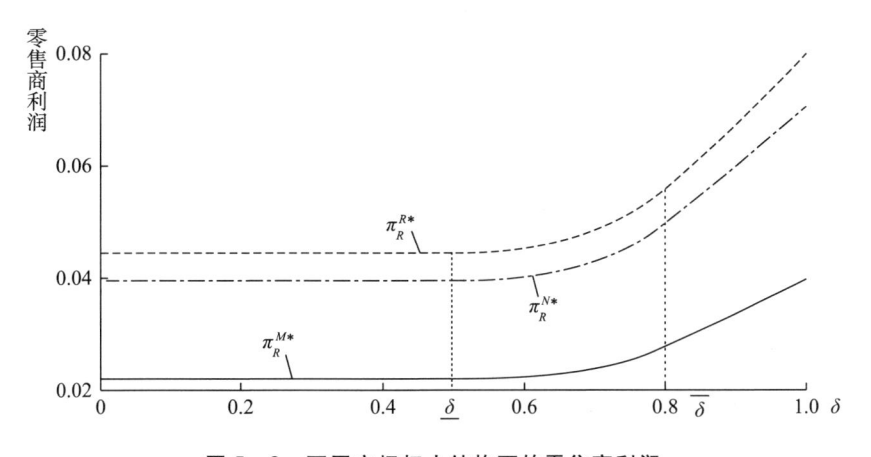

图 5-3　不同市场权力结构下的零售商利润

图 5-2 绘制了三种市场权力结构下制造商的利润变化曲线。由图 5-2 可以发现：在不同市场权力结构下，制造商的利润总是随 δ 的增大而呈增加的趋势，表明随着低质量产品竞争力的增强或者两种产品质量差异化程度的降低，制造商反而能够获得更多利润；比较三种市场权力结构下制造商的利润，易知制造商拥有市场主导权时能够获得最多的利润，而制造商在零售商

拥有市场主导权时获得的利润最少，验证了命题 5.3 中 $\pi_M^{M*} > \pi_M^{N*} > \pi_M^{R*}$ 的结论。这也意味着，面对不同的市场权力结构，制造商应当尽可能地拥有市场主导权以及提高低质量产品的质量水平。

图 5-3 绘制了三种市场权力结构下零售商的利润变化曲线。由图 5-3 可以发现：在不同市场权力结构下，与制造商的利润变化曲线类似，随着 δ 的增大，零售商的利润也呈增加的趋势，表明质量差异化产品之间的市场竞争对零售商有利；但不同的是，在制造商拥有市场主导权时，零售商反而获得的利润最少，零售商拥有市场主导权时才能获得更多利润，验证了命题 5.3 中 $\pi_R^{R*} > \pi_R^{N*} > \pi_R^{M*}$ 的结论。与图 5-2 比较，零售商与制造商的利润变化曲线具有相似的变化规律，零售商能够从制造商提高低质量产品质量水平中获利。

推论 5.2 定义 $\hat{\delta} = [1 - 2c_h + c_l + \sqrt{(1-2c_h+c_l)^2 + 4c_l}]/2$。当两种产品均有需求发生时，比较不同市场权力结构下质量差异化产品的市场需求，可以得到：

(1) 当 $\underline{\delta} < \delta < \hat{\delta}$ 时，$q_h^{j*} > q_l^{j*}$ ($j \in \{M, R, N\}$)；

(2) $q_h^{M*} + q_l^{M*} = q_h^{R*} + q_l^{R*} < q_h^{N*} + q_l^{N*}$。

证明：根据表 5-4，比较三种市场权力结构下的产品需求 q_h^{j*} 和 q_l^{j*}，易得，略。

推论 5.2 表明，在制造商质量差异化销售策略下，仅当质量差异化程度较高，即低质量产品质量较低时，高质量产品的需求才会大于低质量产品的需求。而对于两种产品的总需求，不平衡的市场权力结构则会导致总需求的降低，即 M 结构和 R 结构下的总需求小于 N 结构下的总需求。该推论也意味着，如果制造商或者零售商以提高市场占有率为目标，双方均势结构是最优选择。

第四节 质量差异化销售策略的价值分析

在第二节和第三节中，通过构建并求解三种市场权力结构下的动态博弈模型，得到了实施质量差异化销售策略前后的供应链均衡。基于此，本节将通过比较实施质量差异化销售策略前后的均衡决策和均衡利润，考察质量差异化销售策略的价值，即分析质量差异化销售策略对制造商和零售商最优定价策略及利润的影响。

一 质量差异化销售策略对定价的影响

依据定理 5.2，可以知道，仅当 $\delta \in (\underline{\delta}, \bar{\delta})$ 时，两种质量差异化产品才同时有需求发生，故本节仅比较 $\delta \in (\underline{\delta}, \bar{\delta})$ 情形下制造商与零售商的最优定价决策。

命题 5.4 在不同市场权力结构下，制造商的质量差异化销售策略并不会影响高质量产品的零售价格和批发价格，但会使高质量产品需求减少，两种产品的总需求增加，表现为：当 $\underline{\delta} < \delta < \bar{\delta}$ 时，$w_h^{j*} = w_h^{Bj*}$，$p_h^{j*} = p_h^{Bj*}$，$q_h^{j*} < q_h^{Bj*}$，$q_h^{j*} + q_l^{j*} > q_h^{Bj*}$ $(j \in \{M, R, N\})$。

证明：根据定理 5.1 和定理 5.2，比较实施质量差异化销售策略前后的产品批发价格、产品零售价格以及产品需求，可以得到 $p_h^{j*} - p_h^{Bj*} = 0$，$w_h^{j*} - w_h^{Bj*} = 0$，$q_h^{M*} - q_h^{BM*} = q_h^{R*} - q_h^{BR*} = \frac{g(\delta)}{4(1-\delta)}$，$q_h^{N*} - q_h^{BN*} = \frac{g(\delta)}{3(1-\delta)}$，$q_h^{N*} + q_l^{N*} - q_h^{BN*} = -\frac{g(\delta)}{3\delta}$，$q_h^{M*} + q_l^{M*} - q_h^{BM*} = q_h^{R*} + q_l^{R*} - q_h^{BR*} = -\frac{g(\delta)}{4\delta}$，其中 $g(\delta) = c_l - \delta c_h$，对 $g(\delta)$ 求解关于 δ 的一阶偏导数，可知 $g'(\delta) < 0$，即 $g(\delta)$ 为关于 δ 的减函数。并且，当 $\delta = \underline{\delta}$ 时，$g(\underline{\delta}) = 0$，故在 $\underline{\delta} < \delta < \bar{\delta}$ 的条件下，$g(\delta) < 0$，即 $q_h^{j*} - q_h^{Bj*} < 0$，$q_h^{j*} + q_l^{j*} - q_h^{Bj*} > 0$。

由命题 5.4 可知，在不同市场权力结构下，当制造商引入低质量产品并实施质量差异化销售策略时，由于制造商同时决策两种产品的批发价格，因而高质量产品的最优批发价格并不会发生变化。由此，在不变的批发价格下，零售商也不会改变高质量产品的最优零售价格。但由于低质量产品的入侵，部分对高质量产品估值较低的消费者将放弃购买高质量产品，转而选择购买低质量产品，由此导致高质量产品的需求降低。此外，还可以发现，低质量产品的引入能够有效吸引更多支付意愿较低的消费者购买产品，即制造商质量差异化销售策略能够有效提升产品总需求。

图5-4反映了实施质量差异化销售策略前后的消费者购买行为变化。结合命题5.4可知，在未实施质量差异化销售策略前，消费者只能选择购买高质量产品，并且仅当消费者的支付意愿满足 $v \in [p_h, 1]$ 条件且购买产品获得的效用非负时，才会发生购买行为，如图5-4（a）所示。当制造商选择质量差异化销售策略时，消费者的购买选择更为复杂，需要分别考虑购买两种质量差异化产品获得的效用，从而选择购买高质量产品还是低质量产品或者不购买。如图5-4（b）所示，部分对产品估值或者支付意愿较低 $\{v \in [p_l/\delta, (p_h - p_l)/(1-\delta)]\}$ 的消费者会放弃购买高质量产品，选择价格较低的低质量产品，因而高质量产品的需求会降低；但质量差异化销售策略也能够吸引部分支付意愿较低的消费者购买低质量产品，进而使两种产品的总需求提高。

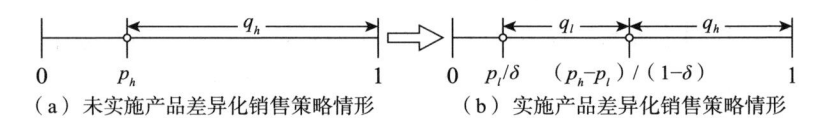

图5-4　消费者购买行为

命题5.5　在质量差异化销售策略下，两种产品的质量差异化程度或者消费者对低质量产品的认可程度会影响制造商和零售商的最优定价策略以及各个产品的需求，可以得到：

（1）$\dfrac{\partial w_l^{M*}}{\partial \delta} > \dfrac{\partial w_l^{N*}}{\partial \delta} > \dfrac{\partial w_l^{R*}}{\partial \delta} > 0$，$\dfrac{\partial p_l^{M*}}{\partial \delta} = \dfrac{\partial p_l^{R*}}{\partial \delta} > \dfrac{\partial p_l^{N*}}{\partial \delta} > 0$；

（2）$\dfrac{\partial q_h^{N*}}{\partial \delta} < \dfrac{\partial q_h^{M*}}{\partial \delta} = \dfrac{\partial q_h^{R*}}{\partial \delta} < 0$，$\dfrac{\partial q_l^{N*}}{\partial \delta} > \dfrac{\partial q_l^{M*}}{\partial \delta} = \dfrac{\partial q_l^{R*}}{\partial \delta} > 0$。

证明：依据定理5.2所得供应链均衡结果，分别对 w_l^{j*}、p_l^{j*}、q_i^{j*} 求解关于 δ 的一阶偏导数，即可得，略。

由命题5.5可知，在不同市场权力结构下，随着高、低质量产品之间质量差异化程度的降低，低质量产品质量提高，制造商和零售商均会实施高价策略。并且，制造商拥有的价格领导权越大，质量差异化程度对低质量产品批发价格上升的影响越显著；而对于零售商而言，不平衡的市场权力结构还会加剧质量差异化程度对其定价决策的影响。进一步分析高、低质量产品之间质量差异化程度对两种产品需求的影响，可以发现，高（低）质量产品的需求总是会随着质量差异化程度的提高而减少（增多），且在平衡的市场权力结构下，质量差异化程度对两种产品需求的影响更为显著。该命题也意味着，在质量差异化销售策略下，制造商可以通过调整低质量产品的质量水平来影响两种产品的价格竞争以及需求。

二　质量差异化销售策略对利润和消费者剩余的影响

本节将分析制造商质量差异化销售策略选择问题，以及质量差异化销售策略对制造商、零售商和供应链系统利润以及消费者剩余的影响。为简化模型表达与分析过程，定义 $\Delta_M^j = \pi_M^{j*} - \pi_M^{Bj*}$（$j \in \{M, R, N\}$）为三种市场权力结构下制造商的利润之差，表示质量差异化销售策略对制造商利润的影响；$\Delta_R^j = \pi_R^{j*} - \pi_R^{Bj*}$ 为三种市场权力结构下零售商的利润之差，表示质量差异化销售策略对零售商利润的影响。

命题 5.6　在不同市场权力结构下，比较实施质量差异化销售策略前后制造商和零售商的利润，可以得到：

（1）当 $\underline{\delta} < \delta < \bar{\delta}$ 时，$\Delta_M^M > \Delta_M^N > \Delta_M^R > 0$，$\Delta_R^R > \Delta_R^N > \Delta_R^M > 0$；

（2）当 $\underline{\delta} < \delta < \bar{\delta}$ 时，$\Delta_M^M > \Delta_R^M$，$\Delta_R^R > \Delta_M^R$，$\Delta_M^N = \Delta_R^N$。

证明：依据定理 5.1 和定理 5.2，比较实施质量差异化销售策略前后制造商的利润，可以求得 $\Delta_M^M = \dfrac{(\delta c_h - c_l)^2}{8(1-\delta)\delta} > 0$，$\Delta_M^R = \dfrac{(\delta c_h - c_l)^2}{16(1-\delta)\delta} > 0$，$\Delta_M^N = \dfrac{(\delta c_h - c_l)^2}{9(1-\delta)\delta} > 0$；比较实施质量差异化销售策略前后零售商的利润，可以求得 $\Delta_R^M = \dfrac{(\delta c_h - c_l)^2}{16(1-\delta)\delta} > 0$，$\Delta_R^R = \dfrac{(\delta c_h - c_l)^2}{8(1-\delta)\delta} > 0$，$\Delta_R^N = \dfrac{(\delta c_h - c_l)^2}{9(1-\delta)\delta} > 0$。然后，根据上述利润之差，进一步比较，即可得，略。

命题 5.6 通过比较制造商实施质量差异化销售策略前后制造商和零售商

的利润，考察了引入低质量产品对供需双方利润的影响。显然，在不同市场权力结构下，质量差异化销售策略会影响制造商和零售商的利润水平。具体分析，当制造商选择引入低质量产品，实施质量差异化销售策略时，制造商和零售商的利润均能得到有效提升。这是因为质量差异化销售策略能够吸引更多支付意愿较低的消费者购买产品，从而提高产品市场占有率，提升制造商和零售商的利润水平。

命题 5.6 还比较了不同市场权力结构对质量差异化销售策略的影响，可以知道，在 M 结构下，制造商处于主导地位，制造商能够占有高于其他市场权力结构下的利润份额，且质量差异化销售策略对其利润增长的正效应更为显著，且高于零售商的利润增量（$\Delta_M^M > \Delta_R^M$）；在 R 结构下，由于零售商处于主导地位，质量差异化销售策略对其利润增长的正效应更显著，且高于制造商的利润增量（$\Delta_R^R > \Delta_M^R$）；在 N 结构下，制造商与零售商拥有同等的价格领导权，质量差异化销售策略对二者利润增量的影响相同（$\Delta_M^N = \Delta_R^N$）。该命题表明，在制造商质量差异化销售策略下，制造商和零售商的利润都增加，且拥有价格领导权的供应链成员总是能够占有较高的利润份额。

接下来，进一步分析制造商质量差异化销售策略对消费者剩余的影响。在未实施质量差异化销售策略下，消费者仅能够选择购买高质量产品；在制造商实施质量差异化销售策略下，消费者则能够选择购买高质量产品或者低质量产品。由此，可得两种情形下的消费者剩余 CS^{Bj}、CS^j（$j \in \{M, R, N\}$）分别为：

$$CS^{Bj} = \int_{p_h}^{1} (v - p_h) dF(v) \tag{5-21}$$

$$CS^j = \int_{p_h}^{1} (v - p_h) dF(v) + \int_{\frac{p_l}{\delta}}^{1} (\delta v - p_l) dF(v) \tag{5-22}$$

在式（5-21）、式（5-22）中，$F(v)$ 为 v 的累积分布函数。由式（5-21）、式（5-22）可知，存在消费者剩余。将定理 5.1 中高质量产品最优零售价格 p_h^{Bj*} 代入式（5-21），即可得到未实施质量差异化销售策略下的消费者剩余为 $CS^{BM*} = CS^{BR*} = \dfrac{(1-c_h)^2}{32}$，$CS^{BN*} = \dfrac{(1-c_h)^2}{18}$；根据定

理 5.2，将两种质量差异化产品的最优零售价格 p_h^{j*}、p_l^{j*} 代入式（5-22），即可得到实施质量差异化销售策略下的消费者剩余为 $CS^{M*} = CS^{R*} = \frac{\delta^2 + \delta(1-c_h)^2 + (c_l - 2\delta)c_l}{32}$，$CS^{R*} = \frac{\delta^2 + \delta(1-c_h)^2 + (c_l - 2\delta)c_l}{18}$。

命题 5.7 在不同市场权力结构下，质量差异化销售策略对消费者剩余有如下影响：

（1）当 $\underline{\delta} < \delta < \bar{\delta}$ 时，$CS^{BM*} = CS^{BR*} < CS^{BN*}$，$CS^{M*} = CS^{R*} < CS^{N*}$；

（2）当 $\underline{\delta} < \delta < \bar{\delta}$ 时，$CS^{N*} - CS^{BN*} > CS^{M*} - CS^{BM*} = CS^{R*} - CS^{BR*} > 0$。

证明：比较三种市场权力结构下的消费者剩余，可以得到 $CS^{M*} - CS^{BM*} = CS^{R*} - CS^{BR*} = \frac{(\delta - c_h)^2}{32\delta}$，$CS^{N*} - CS^{BN*} = \frac{(\delta - c_h)^2}{18\delta}$。根据这一结果，进一步比较可得 $CS^{N*} - CS^{BN*} > CS^{M*} - CS^{BM*} = CS^{R*} - CS^{BR*} > 0$。

命题 5.7 考察了质量差异化销售策略以及不同市场权力结构对消费者剩余的影响。显然，在质量差异化销售策略下，两种质量差异化产品的零售价格发生了变化，进而导致消费者剩余的变化。具体分析，无论制造商是否实施质量差异化销售策略，不平衡的市场权力结构（M 结构和 R 结构）总是会导致消费者剩余的损失。依据命题 5.3，在 M 结构和 R 结构下，零售商总是会设置高于 N 结构下的产品零售价格，由此导致消费者剩余的损失。此外，依据命题 5.4，当制造商实施质量差异化销售策略时，产品总需求增加，因而制造商的质量差异化销售策略总是能够有效提升消费者剩余。并且，在 N 结构下，质量差异化销售策略对消费者剩余的正效应更为显著。该命题表明，制造商质量差异化销售策略总是对消费者剩余有利，且平衡的市场权力结构更有利于提升消费者剩余。

第五节　数值算例与仿真分析

本节将通过数值算例直观考察上述理论分析结果，以得到更多管理学启示。考虑本章采用消费者效用理论，并假设消费者对产品的估值在区间

[0, 1]上均匀分布，即需要满足 $0<c_i<w_i<p_i<1$ 的条件。因此，设置参数 $c_h=0.4$，$c_l=0.2$，其中 c_h 和 c_l 的取值满足条件 $c_h>c_l$，而 c_h 和 c_l 绝对值大小并不会影响图 5-5 至图 5-8 中曲线的变化趋势，并可得到两个临界值分别为 $\underline{\delta}=0.5$，$\bar{\delta}=0.8$。以 δ 为横坐标，绘制制造商利润之差、零售商利润之差、供应链系统利润以及消费者剩余的变化曲线。

图 5-5 绘制了制造商利润之差随 δ 的变化曲线，其中 Δ_M^j（$j\in\{M, R, N\}$）表示不同市场权力结构下质量差异化销售策略对制造商利润的影响。由图 5-5 可以发现：在不同市场权力结构下，Δ_M^j 会随着质量差异化程度的提高而增大，这验证了命题 5.6 的结论，质量差异化销售策略对制造商有利，也说明制造商有动机实施质量差异化销售策略；并且，随着两种产品质量差异化程度的降低，制造商获得的利润增量反而会增大，表明质量差异化产品之间竞争程度的降低会提升制造商实施质量差异化销售策略的动机；在 M 结构下，制造商拥有市场主导权，能够获得超额利润，即能够获得高于 R 结构和 N 结构下的利润，其中在 R 结构下，制造商获得的利润增量最小，表明制造商质量差异化销售策略的价值总是会随着其价格领导权的减弱而降低。

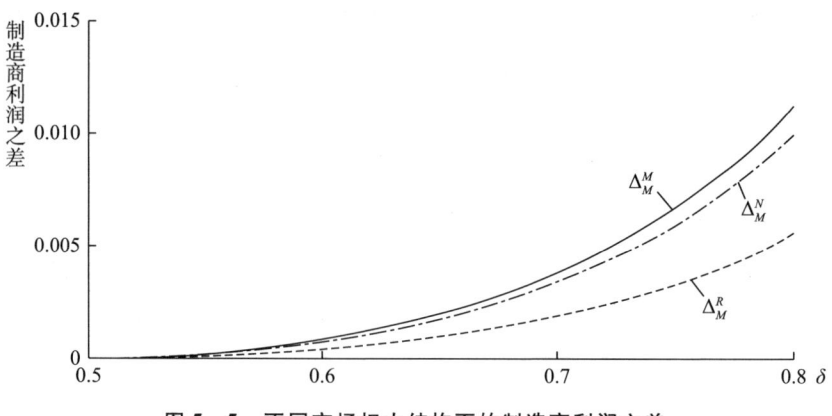

图 5-5 不同市场权力结构下的制造商利润之差

图 5-6 绘制了零售商利润之差随 δ 的变化曲线，其中 Δ_R^j（$j\in\{M, R, N\}$）表示不同市场权力结构下质量差异化销售策略对零售商利润的影响。由图 5-6 可以发现：在不同市场权力结构下，零售商的利润变化情况与图

5-5类似，同样验证了命题5.6的结论，即从零售商利润的视角来看，质量差异化销售策略也能够有效提升零售商的利润水平，且质量差异化产品之间的市场竞争对零售商也有利；但与制造商利润变化情况不同的是，零售商获得的利润增量反而在 R 结构下最大，在 M 结构下最小，表明零售商拥有市场主导权对其最有利。结合图5-5分析，不管是制造商的视角，还是零售商的视角，供需双方企业拥有市场主导权总是对自身最有利，同时也可以知道，产品质量差异化对零售商和制造商利润的正效应总是随其市场主导权的减弱而降低。

图5-6 不同市场权力结构下的零售商利润之差

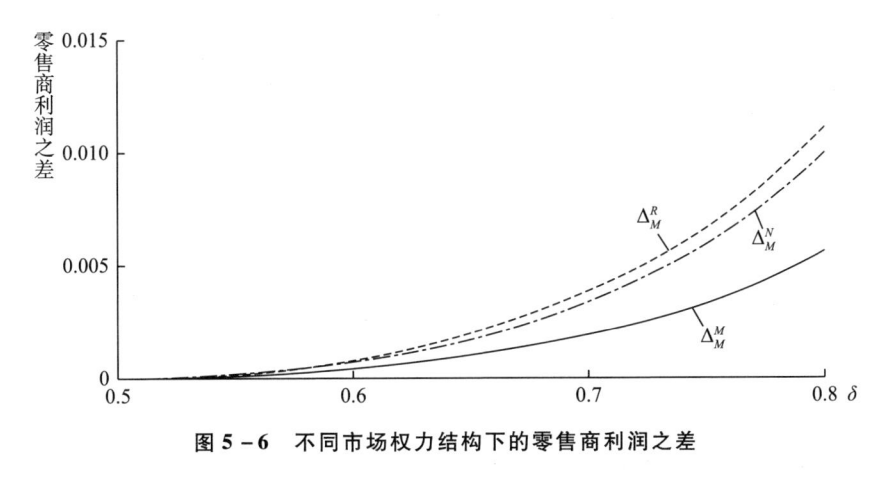

图5-7绘制了供应链系统利润随 δ 的变化曲线。由图5-7可以发现：无论制造商是否实施质量差异化销售策略，M 结构和 R 结构下的供应链系统利润相等，且总是小于 N 结构下的值，表明不平衡的市场权力结构会加剧供应链双重边际效应，并造成供应链利润损失；并且，供应链系统内部不平衡的市场权力结构并不导致供应链系统利润的损失，只会导致利润在供应链系统内部的重新分配；当 $0<\delta\leqslant\underline{\delta}$ 时，市场中只有高质量产品有需求发生，不同市场权力结构下的供应链系统利润总是相等；当 $\underline{\delta}<\delta<1$ 时，低质量产品进入市场，不同市场权力结构下的质量差异化销售策略总是会给供应链系统带来更多利润，此时供应链系统利润会随质量差异化程度的降低而增大，表明低质量产品质量越高，质量差异化销售策略对提升供应链系统利润的价

值越大。

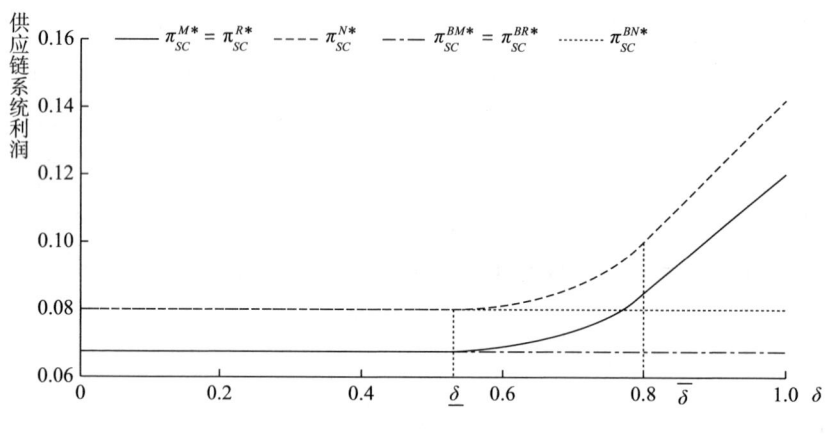

图 5-7 不同市场权力结构下的供应链系统利润

图 5-8 绘制了消费者剩余随 δ 的变化曲线。由图 5-8 可以发现：无论制造商是否实施质量差异化销售策略，M 结构和 R 结构下的消费者剩余相等，且总是小于 N 结构下的值，表明不平衡的市场权力结构会导致消费者剩余的损失；当 $0<\delta \leqslant \underline{\delta}$ 时，不同市场权力结构下的消费者剩余总是相等，这是因为低质量产品没有需求发生，消费者仅能够选择购买高质量产品，故质量差异化销售策略并不会影响消费者剩余；当 $\underline{\delta}<\delta<1$ 时，不同市场权力结构下的质量差异化总是能有效提升消费者剩余，且总是会随质量差异化程度

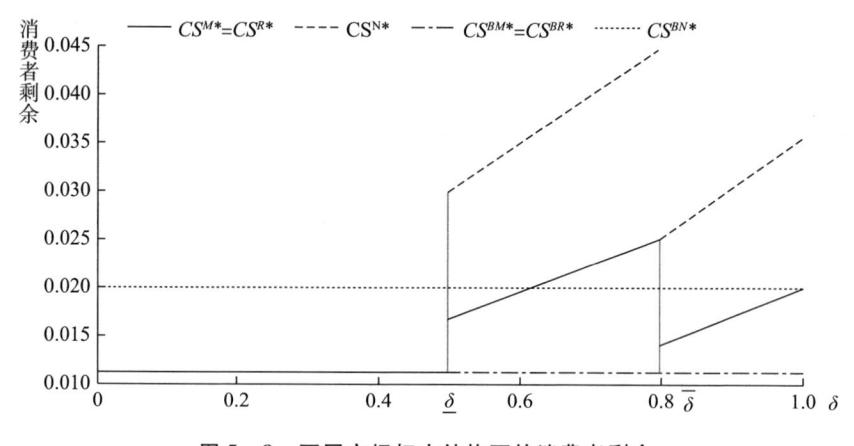

图 5-8 不同市场权力结构下的消费者剩余

的减小而增大；当 $\underline{\delta} < \delta < 1$ 时，仅低质量产品有需求发生，此时消费者剩余并不一定高于 δ 属于区间 ($\underline{\delta}$, $\bar{\delta}$) 内的消费者剩余，表明在三种市场权力结构下，较低的质量差异化程度并不一定能够对消费者剩余有利。

第六节　本章小结

本章针对由一家制造商和一家零售商组成的二级供应链，根据供应链定价决策权的差异，研究了三种不同市场权力结构下的制造商定价与质量差异化销售策略选择问题。通过模型求解，考察了不同市场权力结构、质量差异化等因素对供应链均衡和消费者剩余的影响。主要研究结论和启示可归纳为以下三个方面。

（1）在未实施质量差异化销售策略下，拥有市场主导权的供应链成员总是能够获得更多利润，在双方均势结构下，供需双方平分整个供应链系统的利润；不平衡的市场权力结构会使得供需双方均实施高价策略，并会导致供应链系统利润和消费者剩余的损失，但在制造商或者零售商拥有市场主导权时，供应链系统利润和消费者剩余总是相等。

（2）制造商实施质量差异化销售策略存在可行条件，仅当高、低质量产品之间的质量差异化程度满足一定条件时，才能成功实施质量差异化销售策略（即两种产品才会同时有需求发生）；在不同的市场权力结构下，制造商和零售商设置的高质量产品的批发价格以及零售价格总是更高，但随着两种产品质量差异化程度的降低，这种价格差异也会降低，价格竞争加剧；拥有价格领导权的供应链成员总是能够获得更多利润，不平衡的市场权力结构会加剧供应链双重边际效应，导致供应链系统利润的损失。

（3）在不同市场权力结构下，制造商实施质量差异化销售策略并不会影响高质量产品的最优定价，但会导致高质量产品需求降低，两种产品总需求增加，即质量差异化销售策略能满足更多消费者的需求；制造商引入低质量产品总是有利于提升供需双方的利润，且质量差异化销售策略对拥有价格领导权的供应链成员利润增长的正效应更显著；质量差异化销售策略能够有效提升消费者剩余，但不平衡的市场权力结构也会导致消费者剩余的损失。

除了前文提到的手机制造行业、汽车制造行业之外，在其他众多行业/领域也存在质量差异化策略/战略，例如在众多的鞋企品牌当中，提起篮球鞋人们就会想到耐克，提起足球鞋就会想到阿迪达斯，提起帆布鞋就会想到匡威。企业向市场提供竞争性产品，从产品质量、款式等方面实现差别，最大限度占有更多的市场。本章的研究情形是制造商完全垄断市场，聚焦于考察制造商价格策略以及质量差异化竞争的价值。然而，现实中，往往是竞争性市场，即市场上同时存在多家竞争性制造商，分别销售存在差异化的替代产品，例如华为、苹果、小米等手机企业，丰田、大众、本田等汽车企业。为此，在后续的章节中，本书将进一步考虑市场竞争情形，研究市场权力结构与价格竞争问题。

第六章
基于市场入侵的品牌差异化竞争供应链定价策略

近年来，随着技术的发展和市场体系的完善，许多行业的进入壁垒大大降低。例如，随着手机制造业中芯片、研发、设计、代工、系统、软件等模块逐步独立，手机制造行业趋于结构化，进入壁垒越来越低，由此导致越来越多的厂商（如小米、锤子、一加、乐视等）开始进入手机制造领域。在此背景下，应对进入制造商的市场入侵成为在位制造商面临的新问题。另外，也容易发现，在由上游制造商与下游零售商组成的供应链中，各成员所拥有的资源不同，因而存在不同的市场权力结构，可能导致整个供应链绩效损失。因此，市场入侵对在位制造商与零售商的最优决策存在什么影响？进入制造商品牌差异化如何影响供应链成员最优决策及利润？不同市场权力结构又会对进入制造商和在位制造商的竞争策略产生什么影响？这一系列问题都亟须研究和解决。

目前，有关市场入侵的研究可以归纳为渠道入侵和产品入侵两个方面。在渠道入侵方面，现有文献主要研究供应链上游制造商或供应商是否应该开辟直销渠道，以及渠道入侵对供应链成员最优决策和利润的影响等。例如，Chiang等（2003）针对由一家制造商和一家传统零售商组成的供应链，研究了制造商直销渠道的开辟对零售商产品定价与供应链成员利润的影响，研究结果发现，制造商是否引入直销渠道取决于消费者对直销渠道的认同价值以及渠道成本大小；浦徐进等（2007）通过构建竞争零售商之间的线性城市模型，研究了一家强势零售商与一家弱势零售商竞争情形下的制造商直销渠道策略；Hsiao 和 Chen 等（2014）考虑了消费者渠道偏好，研究了制造商开辟直销渠道、零售商开辟线上渠道以及二者同时开辟线上渠道三种渠道结构下的供应链均衡；在上述研究基础上，范小军和刘艳（2016）进一步考虑零售商向消费者提供产品服务情形，且考虑市场上的消费者具有不同的服务偏好，研究了制造商引入直销渠道下的服务与价格竞争问题，研究发现制造商引入直销渠道会促使零售商提高产品服务水平；李晓静等（2017）针对由两家供应商和两个电商平台组成的供应链，构建了存在交叉交易下的供应链博弈模型，研究了供应链引入直销渠道对电商平台价格竞争的影响；Xia 等（2017）研究了存在消费者退货时的制造商直销渠道策略和零售商店铺辅助服务投资策略，认为制造商引入直销渠道会促使零售商加大店铺辅助服务投资，提高店铺服务水平。上述文献研究均针对完全信息下的渠道入侵问题。在不完全信息背景下，聂佳佳（2012）针对市场需求不确定情形，研究了具有信息优势的零售商预测信息共享对制造商引入直销渠道的影响；Li 等（2013）针对由一家供应商和一家销售商组成的供应链，研究了需求信息不对称下的供应商直销渠道策略，研究结果表明，零售商为了避免市场需求信息泄露，会适当地降低产品采购量；Li 等（2015）同样针对需求信息不对称情形，研究了非线性批发价格策略下的供应商直销渠道策略，研究发现，直销渠道的开辟并不能缓解双重边际效应。

　　上述关于渠道入侵的研究，分别考虑了不同因素影响下的上游制造商或供应商渠道入侵策略及其对供应链的影响，但这些研究忽略了供应链中可能存在的不同市场权力结构。在产品入侵方面，已有研究聚焦于产品入侵对供应链均衡的影响。例如，曹宗宏等（2014）、Cui 等（2016）、李海等（2016）、Jin 等（2017）针对由一家制造商和一家零售商组成的供应链，构建了两阶段动态博弈模型来研究零售商自有品牌产品入侵对供应链均衡和供应链成员利润的影响，认为零售商自有品牌产品入侵市场并不一定能为其带来更多利润；Cao 等（2015）针对由一家在位制造商和一家零售商组成的供应链，研究了进入制造商市场入侵模式的选择问题；Pazgal 等（2016）研究了市场入侵下的进入企业选址问题及其对在位企业利润的影响；张新鑫等（2016）同时考虑了竞争者进入威胁和消费者行为的易逝品动态定价机制，研究了在位企业与进入企业的最优定价策略以及消费者策略型行为对企业定价决策及利润的影响；Gao 等（2016，2017）考虑市场中存在一个模仿者，其可以模仿在位企业的原始产品并与之竞争，研究了模仿者的最优市场入侵策略。上述研究产品入侵的文献大多研究"一对一"型供应链，仅张新鑫等（2016）、Gao 等（2016，2017）考虑了两家竞争企业，但其研究对象并不是供应链。并且，上述文献均未结合不同市场权力结构、品牌差异化等因素研究市场入侵问题。相对已有研究而言，本书的理论价值主要体现为：考虑了供需双方不同的市场权力结构和在位制造商相较于进入制造商的市场优势地位，构建了竞争环境下的品牌差异化竞争制造商供应链权力结构模型，研究了不同供应链权力结构下品牌差异化制造商市场入侵的影响，并涉及了市场入侵下存在的三种不同均衡情形，以期为初创企业实施品牌差异化竞争策略和进入市场提供理论和方法指导。

　　基于上述研究背景，本书研究由在位制造商、进入制造商和零售商组成的供应链系统，考虑两家制造商各自生产一种存在品牌差异化的替代产品，通过共同零售商销往市场。基于在位制造商的批发价格决策权以及零售商的零售价格决策权，构建在品牌差异化竞争制造商市场入侵下，分别由制造商和零售商主导的两种市场权力结构模型。进而通过对所得均衡结果的比较，分析市场入侵对在位制造商和零售商最优定价策略和利润的影响，考察市场入侵下不同供应链权力结构对供应链均衡和在位制造商主导地位价值的影响。

　　本章其余部分的结构：第一节从供应链结构、消费者购买行为及产品需求、各企业的利润三个方面提出本章的理论模型假设；第二节考虑不存在市场竞争情形，分别构建不同市场权力结构下在位制造商与零售商的动态博弈模型，求解仅存在在位制造商的供应链均衡；第三节考虑进入制造商入侵市场，分别构建制造商市场主导结构和零售商市场主导结构下的动态博弈模型，通过模型求解，得到不同市场权力结构下的供应链均衡，进而考察进入制造商入侵对在位制造商的影响；第四节将比较第二节和第三节所得到的供应链均衡结果,考察不同市场权力结构对供应链价格竞争的影响以及在位制造商市场主导地位的价值;第五节将根据前文的理论模型结果,采用数值算例方法来进行直观考察并分析得到更多管理学启示;第六节是本章的研究总结和相关政策建议。

第一节 问题描述与模型假设

一 供应链结构

考虑市场上存在一家在位制造商、一家进入制造商和一家零售商,两家制造商分别生产一种存在品牌差异的替代产品,不失一般性,假设在位制造商生产的产品(用"1"表示)为高端品牌产品,进入制造商生产的产品(用"2"表示)为普通品牌产品。两家制造商通过共同零售商将产品销往同一市场,批发价格为 w_i($i=1$,2),零售价格为 p_i。

例如,苹果公司 2009 年将其手机产品 iPhone 3G 通过京东商城销往市场,然后小米公司在 2011 年也开始通过京东商城销售小米手机,苹果与小米进行竞争;美国电动车公司特斯拉 2019 年进入中国市场,作为市场进入者与蔚来汽车展开竞争。

二 产品需求函数

考虑高端品牌产品 1 相较于普通品牌产品 2 具有更高的知名度,且高端品牌产品质量更有保障,功能更加全面等,故假设消费者对产品 1 的估值更高。用 v 来表示消费者对产品 1 的估值,且 v 服从区间 [0,1] 上的均匀分布,则消费者对产品 2 的估值为 θv,其中 θ($0<\theta<1$)为消费者对产品 2 的认同价值,也反映产品 1 与产品 2 的品牌差异化程度,即 θ 越大,说明两种产品的品牌差异化程度越低。由此,参考 Chiang 等(2003)、毛照昉和王方圆(2017)的研究设定,可得消费者购买产品 1 获得的净效用为 $u_1=v-p_1$,购买产品 2 获得的净效用为 $u_2=\theta v-p_2$。

假定市场规模为1，每个消费者至多购买一单位产品。比较消费者购买不同产品获得的效用：当 $u_1 > u_2$ 且 $u_1 \geq 0$，即 $v \geq \max\{p_1, (p_1 - p_2)/(1-\theta)\}$ 时，消费者会选择购买产品1；当 $u_2 > u_1$ 且 $u_2 \geq 0$，即 $v < (p_1 - p_2)/(1-\theta)$ 且 $v \geq p_2/\theta$ 时，消费者会选择购买产品2；当 $u_1 = u_2 \geq 0$ 时，消费者购买产品1或者产品2无差别。依据上述分析，得到三种情形下的需求划分，如图6-1所示，其中 N 为消费者数量。

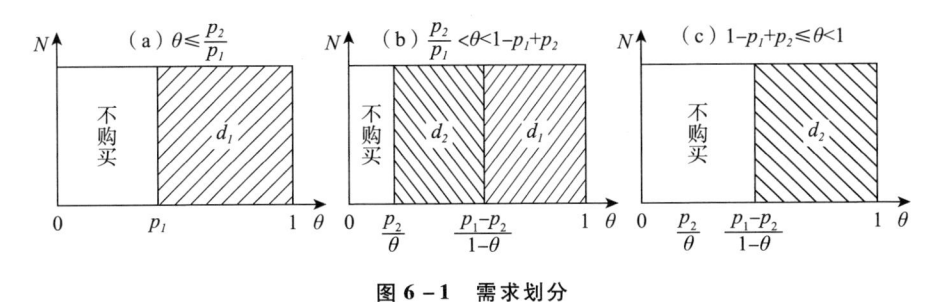

图 6-1 需求划分

引理6.1 随着 θ 的变化，产品 i（$i=1,2$）的需求分别存在如下三种情形：

$$d_1(p_1, p_2) = \begin{cases} 1 - p_1, & 0 < \theta \leq \dfrac{p_2}{p_1} \\ 1 - \dfrac{p_1 - p_2}{1 - \theta}, & \dfrac{p_2}{p_1} < \theta < 1 - p_1 + p_2 \\ 0, & 1 - p_1 + p_2 \leq \theta < 1 \end{cases} \quad (6-1)$$

$$d_2(p_1, p_2) = \begin{cases} 0, & 0 < \theta \leq \dfrac{p_2}{p_1} \\ \dfrac{p_1 - p_2}{1 - \theta} - \dfrac{p_2}{\theta}, & \dfrac{p_2}{p_1} < \theta < 1 - p_1 + p_2 \\ 1 - \dfrac{p_2}{\theta}, & 1 - p_1 + p_2 \leq \theta < 1 \end{cases} \quad (6-2)$$

证明：直接比较 u_1、u_2 和 0 的大小易得，略。

由引理6.1可知，产品2的需求只与产品零售价格 p_1、p_2 相关。当消费者对产品2的认同价值满足 $\theta > p_2/p_1$ 时，消费者才会考虑购买产品2，如图6-1（b）和图6-1（c）所示；如果消费者对产品2的认同价值较低（$\theta \leq$

p_2/p_1），则消费者购买产品 2 获得的净效用恒小于购买产品 1 获得的净效用，消费者不会考虑购买产品 2，如图 6-1（a）所示；如果消费者对产品 2 的认同价值满足 $\theta \geq 1 - p_1 + p_2$，则消费者不会考虑购买产品 1，如图 6-1（c）所示。

除了根据产品需求函数式（6-1）和式（6-2），也可以根据产品 2 的零售价格将两种产品的需求分为三种情形。首先，如果产品 2 的价格较高（$p_2 \geq \theta p_1$），则进入制造商不能够入侵市场，市场上的消费者只会考虑购买产品 1；如果产品 2 的价格适中（$1 - p_1 - \theta < p_2 < \theta p_1$），则进入制造商能够入侵市场并与在位制造商竞争；如果产品 2 的价格较低（$p_2 \leq p_1 + \theta - 1$），则进入制造商能够完全占领市场，在位制造商生产的产品反而没有需求发生。

三 企业利润函数

根据两种产品的需求函数，分析在位制造商、进入制造商以及零售商的利润。用 c_i 表示产品 i 的单位生产成本，不失一般性，假设高端品牌产品 1 的单位生产成本更高，即 $0 < c_2 < c_1 < 1$，这是因为高端品牌产品的质量更高、服务更为完善，在位制造商需要为此付出更高的成本。由此，可以得到制造商 i（$i=1$ 表示在位制造商，$i=2$ 表示进入制造商）的利润函数 π_i 为：

$$\pi_i = (w_i - c_i) d_i(p_1, p_2) \quad (6-3)$$

在式（6-3）中，在位制造商和进入制造商的利润为产品批发销售收益减去产品生产成本。其中，各制造商获得的批发销售收益即零售商的产品批发成本，因而零售商的利润为产品销售收益减去批发成本，即可得到零售商的利润函数 π_R 为：

$$\pi_R = \sum_{i=1}^{2} (p_i - w_i) d_i(p_1, p_2) \quad (6-4)$$

根据式（6-3）和式（6-4），将各制造商和零售商的利润相加，即可得到供应链系统的利润函数 π_{SC} 为：

$$\pi_{SC} = \sum_{i=1}^{2}(p_i - c_i)d_i(p_1, p_2) \tag{6-5}$$

在各制造商与零售商合作过程中，存在两种市场权力结构情形，即制造商主导的市场权力结构（M 结构）和零售商主导的市场权力结构（R 结构）。在 M 结构下，各制造商在供应链中处于领导地位，为 Stackelberg 博弈的领导者；在 R 结构下，零售商为 Stackelberg 博弈的领导者，各制造商为 Stackelberg 博弈的跟随者。

本章涉及的部分符号的定义与说明具体见表 6-1。

表 6-1　符号定义与说明

符号	定义与说明
v	消费者的支付意愿或对产品的估值，$v \sim U[0, 1]$
θ	消费者对产品 2 的认同价值，反映产品 1 与产品 2 的品牌差异化程度
p_i	零售商决策的产品 i（$i = 1, 2$）零售价格
w_i	制造商 i 决策的产品 i 批发价格
c_i	产品 i 的生产成本，$c_1 > c_2$
q_i	产品 i 的市场需求
u_i	消费者购买产品 i 获得的净效用
π_R	零售商获得的利润
π_i	制造商 i 获得的利润
π_{SC}	供应链系统的利润

第二节　仅存在在位制造商的供应链均衡

在进入制造商入侵市场前，市场上仅存在在位制造商。此时，仅当消费者购买产品 1 获得的净效用非负（$u_1 \geq 0$）时，才会购买。由此，可得产品 1 的需求为 $d_1^S = 1 - p_1^S$。

在 M 结构下，在位制造商率先确定批发价格 w_1^{SM}；然后，依据 w_1^{SM}，零售商决策产品 1 的零售价格 p_1^{SM}。由此，得到如下优化问题：

$$\begin{cases} \max_{w_1^{SM}} \pi_1^{SM} = (w_1^{SM} - c_1) d_1^S(p_1^{SM*}) \\ \text{s. t. } d_1^S(p_1^{SM}) \geq 0, w_1^{SM} \geq c_1 \end{cases} \quad (6-6)$$

其中,

$$p_1^{SM*} = \underset{p_1^{SM} \geq w_1^{SM}}{\operatorname{argmax}} (p_1^{SM} - w_1^{SM}) d_1^S(p_1^{SM}) \quad (6-7)$$

采用逆向递推法求解上述问题,先求解零售商的最优定价反应,再求解在位制造商的最优定价决策。首先,根据式(6-7),容易验证 π_R^{SM} 为关于 p_1^{SM} 的凹函数,存在唯一最优解,根据最优性一阶条件即可求得 $p_1^{SM*}(w_1^{SM}) = (1 + w_1^{SM})/2$。其次,将 $p_1^{SM*}(w_1^{SM})$ 代入式(6-6),相似的,容易验证 π_1^{SM} 为关于 w_1^{SM} 的凹函数,并根据最优性一阶条件即可求得 w_1^{SM*}。最后,将 w_1^{SM*} 代入 $p_1^{SM*}(w_1^{SM})$,得到 p_1^{SM*},结果见表6-2。

在 R 结构下,可用 m_1^{SR} 来表示零售商率先确定的边际利润,即用 $m_1^{SR} + w_1^{SR}$ 来代替 p_1^{SR};然后,依据 m_1^{SR},在位制造商决策产品1的批发价格 w_1^{SR}。得到如下优化问题:

$$\begin{cases} \max_{m_1^{SR}} \pi_R^{SR} = m_1^{SR} [1 - (m_1^{SR} + w_1^{SR})] \\ \text{s. t. } d_1^S(p_1^{SR}) \geq 0, m_1^{SR} \geq 0 \end{cases} \quad (6-8)$$

其中,

$$w_1^{SR*} = \underset{w_1^{SR} \geq c_1}{\operatorname{argmax}} (w_1^{SR} - c_1) [1 - (m_1^{SR} + w_1^{SR})] \quad (6-9)$$

采用逆向递推法求解上述问题,先求解制造商的最优定价反应,再求解在位零售商的最优定价决策。用 m_1^{SR} 来代替 $p_1^{SR} - w_1^{SR}$,m_1^{SR} 表示零售商获得的产品边际利润。首先,根据式(6-9),容易验证 π_1^{SM} 为关于 w_1^{SM} 的凹函数,存在唯一最优解,根据最优性一阶条件即可求得 $w_1^{SR*}(m_1^{SR}) = (1 - m_1^{SR} + c_1)/2$。其次,将 $w_1^{SR*}(m_1^{SR})$ 代入式(6-8),容易验证 π_R^{SM} 为关于 p_1^{SM} 的凹函数,并根据最优性一阶条件可求得 m_1^{SR*}。最后,将 m_1^{SR*} 代入 $w_1^{SR*}(m_1^{SR})$,可以得到 w_1^{SR*} 和 p_1^{SR*},结果见表6-2。

表 6-2　$j(j \in \{M, R\})$ 市场权力结构下的供应链均衡

j	p_1^{Sj*}	w_1^{Sj*}	d_1^{Sj*}	π_1^{Sj*}	π_R^{Sj*}
M	$\dfrac{3+c_1}{4}$	$\dfrac{1+c_1}{2}$	$\dfrac{1-c_1}{4}$	$\dfrac{(1-c_1)^2}{8}$	$\dfrac{(1-c_1)^2}{16}$
R	$\dfrac{3+c_1}{4}$	$\dfrac{1+3c_1}{4}$	$\dfrac{1-c_1}{4}$	$\dfrac{(1-c_1)^2}{16}$	$\dfrac{(1-c_1)^2}{8}$

根据表 6-2，容易知道，在两种市场权力结构下，产品 1 的零售价格总是相等（$p_1^{SM*} = p_1^{SR*}$），因而需求也相等（$d_1^{SM*} = d_1^{SR*}$）。在 M 结构下，在位制造商处于主导地位，批发价格更高（$w_1^{SM*} > w_1^{SR*}$），并由此获得高于 R 结构下的利润（$\pi_1^{SM*} > \pi_1^{SR*}$）；在 R 结构下，零售商处于主导地位，能够获得更多的利润（$\pi_R^{SR*} > \pi_R^{SM*}$）。这意味着，在位制造商和零售商不同的市场主导地位并不会影响产品零售价格和产品需求，即产品总的销售收益不会发生变化，只是供需双方在利润分配过程中，处于主导地位的供应链成员能够获得更多的利润份额。

此外，综合考虑在位制造商和零售商的利润，也可以发现，两种市场权力结构下的供应链系统利润相等（$\pi_1^{SM*} + \pi_R^{SM*} = \pi_1^{SR*} + \pi_R^{SR*}$），表明在位制造商与零售商之间不平衡的市场权力结构导致收益在供应链系统内部的重新分配，且处于主导地位的供应链成员能够获得更多的利润。但随着产品 1 生产成本的提高，不同市场权力结构下的供应链系统利润均会降低。

第三节　进入制造商入侵后的供应链均衡

在进入制造商市场入侵后，考虑在位制造商长期市场经营或掌握资源优势等原因，故在与进入制造商竞争过程中，在位制造商处于主导地位，即两家制造商先后决策，然后零售商进行决策。M 结构下，各制造商率先确定各自的批发价格，其中在位制造商与进入制造商先后决策，在位制造商为 Stackelberg 博弈的领导者；然后，零售商再同时决策两种产品的零售价格。在 R 结构下，零售商率先确定边际利润 m_i；然后，在位制造商与进入制造商

先后决策各自的批发价格。这种考虑被广泛应用于近期文献中，如高鹏等（2017）、Yu 等（2017）、Fang 等（2018）。

一　制造商主导（M 结构）

在 M 结构下，供应链交易过程为：首先，预期到零售商最优定价反应 $[p_1^*(w_1, w_2), p_2^*(w_1, w_2)]$ 后，在位制造商首先制定产品 1 的批发价格 w_1，进入制造商再依据 w_1 确定产品 2 的批发价格 w_2；其次，依据各制造商的批发价格决策（w_1, w_2），零售商同时制定两种产品的零售价格（p_1, p_2）。在 M 结构下，各制造商作为博弈过程的领导者，与零售商展开 Stackelberg 博弈，需要解决以下优化问题：

$$\begin{cases} \max_{w_1} \pi_1 = (w_1 - c_1) d_1(p_1^*, p_2^*) \\ \text{s.t. } w_2^* = \underset{w_2}{\operatorname{argmax}}(w_2 - c_2) d_2(p_1^*, p_2^*) \\ d_i(p_1, p_2) \geq 0, p_i \geq w_i, w_i \geq c_i, i = 1, 2 \end{cases} \quad (6-10)$$

其中，

$$(p_1^*, p_2^*) = \underset{p_1 \geq w_1, p_2 \geq w_2}{\operatorname{argmax}} \sum_{i=1}^{2} (p_i - w_i) d_i(p_1, p_2) \quad (6-11)$$

采用逆向递推法求解上述优化问题，先求解零售商的最优定价反应，然后求解在位制造商和进入制造商的最优定价决策。在给定（w_1, w_2）情形下，求解零售商的反应函数。根据式（6-11），求解 $\pi_R(p_1, p_2)$ 的 Hessian 矩阵 H，可以得到：

$$H = \begin{bmatrix} \dfrac{\partial^2 \pi_R}{\partial p_1^2} & \dfrac{\partial^2 \pi_R}{\partial p_1 \partial p_2} \\ \dfrac{\partial^2 \pi_R}{\partial p_2 \partial p_1} & \dfrac{\partial^2 \pi_R}{\partial p_2^2} \end{bmatrix} = \begin{bmatrix} -\dfrac{2}{1-\theta} & \dfrac{2}{1-\theta} \\ \dfrac{2}{1-\theta} & -\dfrac{2}{(1-\theta)\theta} \end{bmatrix}, |H| = \dfrac{4}{(1-\theta)\theta} > 0 \quad (6-12)$$

根据前文 $0 < \theta < 1$ 的假设，容易知道，H 为负定矩阵，即存在唯一最优解。因此，根据最优性一阶条件，容易求得零售商的反应函数 $p_1^*(w_1, w_2)$、

$p_2^*(w_1, w_2)$ 分别为 $p_1^*(w_1, w_2) = \frac{1+w_1}{2}$ 和 $p_2^*(w_1, w_2) = \frac{\theta+w_2}{2}$。

将 $p_1^*(w_1, w_2)$、$p_2^*(w_1, w_2)$ 代入式（6-10），求解在位制造商和进入制造商的最优批发价格决策。并且，在位制造商与进入制造商进行 Stackelberg 博弈，即二者进行先后决策。根据引理 6.1，分为以下三种情形求解各制造商的最优批发价格决策。

情形一：当 $\frac{p_2}{p_1} < \theta < 1 - p_1 + p_2$ 时，$q_i(p_1, p_2) > 0$。将 $p_1^*(w_1, w_2)$、$p_2^*(w_1, w_2)$ 分别代入 π_1 和 π_2，求得 $\frac{\partial^2 \pi_1}{\partial w_1^2} = -\frac{1}{1-\theta} < 0$，$\frac{\partial^2 \pi_2}{\partial w_2^2} = -\frac{1}{(1-\theta)\theta} < 0$，故由最优性一阶条件可得 w_1^{N*}、w_2^{N*}。将 w_1^{N*} 和 w_2^{N*} 代入零售商反应函数，可得 p_1^{N*}、p_2^{N*}。

情形二：当 $0 < \theta \leq \frac{p_2}{p_1}$ 时，即 $0 < \theta \leq \frac{w_2}{w_1}$。由表 6-2，依据 $q_2(p_1, p_2) = 0$ 可知，$w_2 = \theta w_1$，$p_2 = \theta p_1$。由于 π_1 为关于 w_1 的凹函数，故由最优性一阶条件可得 $w_1 = \frac{1 - \theta + c_1 + w_2}{2}$，并联立 $w_2 = \theta w_1$ 可求得 w_1^{N*}。将 w_1^{N*} 代入 $p_1^*(w_1, w_2)$ 可得 p_1^{N*}。

情形三：当 $1 - p_1 + p_2 \leq \theta < 1$ 时，即 $1 - w_1 + w_2 \leq \theta < 1$。由表 6-2，依据 $q_1(p_1, p_2) = 0$ 可知，$p_1 = 1 - \theta + p_2$，$w_1 = 1 - \theta + w_2$。由于 π_2 为关于 w_2 的凹函数，故由最优性一阶条件可得 $w_2 = \frac{\theta w_1 + c_2}{2}$，并联立 $\theta = 1 - w_1 + w_2$ 可求得 w_2^{N*}。将 w_2^{N*} 代入 $p_2^*(w_1, w_2)$ 可得 p_2^{N*}。

综合上述三种情形下的求解结果，即可得到 M 结构下唯一的子博弈精炼纳什均衡解，见定理 6.1。

定理 6.1 取 $\underline{\theta}^M = \frac{2 + 2c_1 + 3c_2 - \sqrt{(2 + 2c_1 + 3c_2)^2 - 16(2 + c_1)c_2}}{2(2 + c_1)}$，$\overline{\theta}^M = 1 - \frac{c_1 - c_2}{2 - c_1}$，则在 M 结构下存在唯一的子博弈精炼纳什均衡，且分为三

种情形：

(1) 当 $0 < \theta \leqslant \underline{\theta}^M$ 时，$w_1^{M*} = \dfrac{c_2}{\theta}$，$p_1^{M*} = \dfrac{\theta + c_2}{2\theta}$；

(2) 当 $\underline{\theta}^M < \theta < \overline{\theta}^M$ 时，$w_1^{M*} = \dfrac{2(1-\theta) + (2-\theta)c_1 + c_2}{2(2-\theta)}$，

$w_2^{M*} = \dfrac{2\theta(1-\theta) + \theta(2-\theta)c_1 + (4-\theta)c_2}{4(2-\theta)}$，

$p_1^{M*} = \dfrac{6 - 4\theta + (2-\theta)c_1 + c_2}{4(2-\theta)}$，

$p_2^{M*} = \dfrac{\theta(2-\theta)c_1 + 2\theta(5-3\theta) + (4-\theta)c_2}{8(2-\theta)}$；

(3) 当 $\overline{\theta}^M \leqslant \theta < 1$ 时，$p_2^{M*} = \dfrac{\theta(3-2\theta) + c_2}{2(2-\theta)}$，$w_2^{M*} = \dfrac{\theta(1-\theta) + c_2}{2-\theta}$。

定理 6.1 给出了 M 结构下的三种均衡情形。容易知道，随着产品 1 与产品 2 品牌差异化程度的降低，在位制造商将逐渐降低产品 1 的批发价格，而进入制造商则会适当提高产品 2 的批发价格，价格竞争加剧。然而，当进入制造商垄断市场（$\overline{\theta}^M \leqslant \theta < 1$）时，为了抑制零售商制定高价而对其需求造成不利影响，产品 2 的批发价格反而会降低。分析零售商的定价策略，可以发现，$\partial p_1^{M*}/\partial \theta < 0$，$\partial p_2^{M*}/\partial \theta > 0$，表明随着两种产品品牌差异化程度的降低，市场竞争加剧，零售商将降低产品 1 的零售价格，而提高产品 2 的零售价格。根据定理 6.1，将三种情形下的最优零售价格代入式（6-1）、式（6-2），可得两种产品的需求为 d_1^{M*}、d_2^{M*}；进而将最优定价决策和产品需求分别代入式（6-3）、式（6-4）、式（6-5），即可得到 M 结构下零售商、在位制造商以及供应链系统的利润分别为 π_R^{M*}、π_1^{M*}、π_{SC}^{M*}。

二 零售商主导（R 结构）

在 R 结构下，用 $w_i + m_i$ 代替产品 i 的零售价格 p_i。供应链交易过程为：首先，预期到各制造商的最优反应 $[w_1^*(m_1, m_2), w_2^*(m_1, m_2)]$ 后，零售商同时决策 (m_1, m_2)；其次，依据 (m_1, m_2)，在位制造商首先制定产品

1 的批发价格 w_1，进入制造商再依据 w_1 确定产品 2 的批发价格 w_2。在 R 结构下，零售商为博弈的领导者，与各制造商展开 Stackelberg 博弈，需要解决以下优化问题：

$$\begin{cases} \max\limits_{m_1, m_2} \pi_R = m_1 \left[1 - \dfrac{(w_1^* + m_1) - (w_2^* + m_2)}{1 - \theta} \right] + \\ \qquad\qquad m_2 \left[\dfrac{(w_1^* + m_1) - (w_2^* + m_2)}{1 - \theta} - \dfrac{(w_2^* + m_2)}{\theta} \right] \\ \text{s. t. } d_i(m_1, m_2) \geq 0, m_i \geq 0, i = 1, 2 \end{cases} \quad (6-13)$$

其中，

$$\begin{cases} w_1^* = \underset{w_1 \geq 0}{\operatorname{argmax}} \left\{ (w_1 - c_1) \left[1 - \dfrac{(w_2^* + m_1) - (w_2^* + m_2)}{1 - \theta} \right] \right\} \\ \text{s. t. } w_2^* = \underset{w_2}{\operatorname{argmax}} (w_2 - c_2) \left[\dfrac{(w_1 + m_1) - (w_2 + m_2)}{1 - \theta} - \dfrac{w_2 + m_2}{\theta} \right] \\ w_i \geq c_i, i = 1, 2 \end{cases} \quad (6-14)$$

采用逆向递推法求解上述优化问题，先求解在位制造商和进入制造商的最优定价反应，然后求解零售商的最优定价决策。先用 m_i（$i = 1, 2$）来表示零售商从销售产品 i 获得的边际利润，即 $m_i = p_i - w_i$。在给定 (m_1, m_2) 情形下，求解在位制造商和进入制造商的 Stackelberg 博弈。根据式 (6-14)，分别求解 π_1 和 π_2 关于 w_1、w_2 的二阶偏导数，容易求得 $\dfrac{\partial^2 \pi_1}{\partial w_1^2} = -\dfrac{2}{1-\theta} < 0$，$\dfrac{\partial^2 \pi_2}{\partial w_2^2} = -\dfrac{2}{(1-\theta)\theta} < 0$，存在唯一最优解。因此，首先求解进入制造商的定价反应，根据最优性一阶条件可以求得 $w_2^*(w_1)$；其次，将 $w_2^*(w_1)$ 代入在位制造商利润函数，同样根据最优性一阶条件可求得在位制造商的反应函数 $w_2^*(m_1, m_2)$；最后，将 $w_2^*(m_1, m_2)$ 代入 $w_2^*(w_1)$，即可得到各制造商的最优定价反应函数 $w_1^*(m_1, m_2)$、$w_2^*(m_1, m_2)$ 分别为 $w_1^*(m_1, m_2) = \dfrac{(1-\theta)(2-m_1) - m_1 + m_2 + c_2 + 2c_1}{4 - \theta}$ 和 $w_2^*(m_1, m_2) =$

$$\frac{(1-\theta)(\theta-m_2)-m_2+\theta m_1+\theta c_1+2c_2}{4-\theta}。$$

将 $w_1^*(m_1, m_2)$、$w_2^*(m_1, m_2)$ 代入式（6-13），根据引理6.1，针对式（6-1）、式（6-2）中的三种需求情形，分别求解零售商的最优零售价格决策。

情形一：当 $\frac{p_2}{p_1} < \theta < 1-p_1+p_2$ 时，$q_i(p_1, p_2) > 0$。将 $w_1^*(m_1, m_2)$ 和 $w_2^*(m_1, m_2)$ 代入 π_R，求解 $\pi_R(m_1, m_2)$ 的 Hessian 矩阵 H，可以得到：

$$H = \begin{bmatrix} \frac{\partial^2 \pi_R}{\partial m_1^2} & \frac{\partial^2 \pi_R}{\partial m_1 \partial m_2} \\ \frac{\partial^2 \pi_R}{\partial m_2 \partial m_1} & \frac{\partial^2 \pi_R}{\partial m_2^2} \end{bmatrix} = \begin{bmatrix} -\frac{2(2-\theta)}{(4-\theta)(1-\theta)} & \frac{2}{(4-\theta)(1-\theta)} \\ \frac{2}{(4-\theta)(1-\theta)} & -\frac{2(2-\theta)}{(4-\theta)(1-\theta)\theta} \end{bmatrix}, |H| = \frac{4}{(4-\theta)(1-\theta)\theta} > 0$$

(6-15)

根据式（6-15），容易知道，H 为负定矩阵，即存在唯一最优解，故根据最优性一阶条件可求得 $m_1^{R*} = \frac{1-c_1}{2}$，$m_2^{R*} = \frac{\theta-c_2}{2}$。将 m_1^{N*} 和 m_2^{N*} 代入 $w_1^*(m_1, m_2)$、$w_2^*(m_1, m_2)$ 可得 w_1^{R*}、w_2^{R*}，进而可得 p_1^{R*}、p_2^{R*}。

情形二：当 $0 < \theta \leq \frac{p_2}{p_1}$ 时，$0 < \theta \leq \frac{w_2}{w_1}$。由式（6-1）、式（6-2），依据 $q_2(p_1, p_2) = 0$ 可知，$p_2 = \theta p_1$。将 $m_i = p_i - w_i$ 代入 $w_1^*(m_1, m_2)$ 和 $w_2^*(m_1, m_2)$ 可得 w_1^{R*}、w_2^{R*}，由此得到 $\pi_R(p_1) = (1-p_1)[(1-p_1)\theta + 2p_1 - c_1 - 1]$，易知 π_R 为关于 p_1 的凹函数，故由最优性一阶条件可得 p_1^{R*}。

情形三：当 $1-p_1+p_2 \leq \theta < 1$ 时，$1-w_1+w_2 \leq \theta < 1$。由式（6-1）、式（6-2），依据 $q_1(p_1, p_2) = 0$ 可知 $p_1 = 1 - \theta + p_2$，得到 $\pi_R(p_2) = \frac{(\theta-p_2)[(2-\theta)p_2 - \theta(1-\theta) - c_2]}{\theta}$，易知 π_R 为关于 p_2 的凹函数，故由最优性一阶条件可得 p_2^{R*}，进而可得 w_2^{R*}。

综合上述三种情形下的求解结果，即可得到 R 结构下唯一的子博弈精炼纳什均衡解，见定理6.2。

定理 6.2 取 $\underline{\theta}^R = \dfrac{2c_2}{1+c_1}$，$\overline{\theta}^R = 1 - \dfrac{c_1 - c_2}{2 - c_1}$，则在 R 结构下存在唯一的子博弈精炼纳什均衡，且分为三种情形：

（1）当 $0 < \theta \leq \underline{\theta}^R$ 时，$w_1^{R*} = \dfrac{1 + 3c_1}{4}$，$p_1^{R*} = \dfrac{3 + c_1}{4}$；

（2）当 $\underline{\theta}^R < \theta < \overline{\theta}^R$ 时，$w_1^{R*} = \dfrac{2(1-\theta) + (6-5\theta)c_1 + c_2}{2(4-3\theta)}$，

$$w_2^{R*} = \dfrac{\theta(1-\theta) + \theta(1-\theta)c_1 + 2(3-2\theta)c_2}{2(4-3\theta)},$$

$$p_1^{R*} = \dfrac{6 - 5\theta + 2(1-\theta)c_1 + c_2}{2(4-3\theta)},$$

$$p_2^{R*} = \dfrac{\theta(5-4\theta) + \theta(1-\theta)c_1 + (2-\theta)c_2}{2(4-3\theta)};$$

（3）当 $\overline{\theta}^R \leq \theta < 1$ 时，$w_2^{R*} = \dfrac{\theta(1-\theta) + (3-\theta)c_2}{2(2-\theta)}$，$p_2^{R*} = \dfrac{\theta(3-2\theta) + c_2}{2(2-\theta)}$。

定理 6.2 给出了 R 结构下的子博弈精炼纳什均衡，与 M 结构下的均衡情形类似，也存在三种均衡情形。当在位制造商垄断市场（$0 < \theta \leq \underline{\theta}^R$）时，在位制造商的批发价格并不会受到进入制造商市场入侵的影响；随着进入制造商竞争力的增强，与 M 结构类似，两家制造商的价格竞争加剧；当进入制造商垄断市场（$\overline{\theta}^R \leq \theta < 1$）时，进入制造商通过降低产品 2 的批发价格来抑制零售商制定较高的零售价格。针对零售商的定价策略，还可以发现，随着进入制造商竞争力的增强，当产品 2 没有需求发生时，处于主导地位的零售商不会改变产品 1 的零售价格（$\partial p_1^{R*}/\partial \theta = 0$），而当两种产品均有需求发生时，零售商会降低产品 1 的零售价格（$\partial p_1^{R*}/\partial \theta < 0$），同时提高产品 2 的零售价格（$\partial p_2^{M*}/\partial \theta > 0$）。根据定理 6.2，将三种情形下的最优零售价格代入式（6-1）、式（6-2），可得两种产品的需求为 d_1^{R*}、d_2^{R*}；进而将最优定价决策和产品需求分别代入式（6-3）、式（6-4）、式（6-5），即可得到 R 结构下零售商、在位制造商以及供应链系统的利润分别为 π_R^{R*}、π_1^{R*}、π_{SC}^{R*}。

三 进入制造商入侵对在位制造商的影响

结合第二节所得仅存在在位制造商情形下的供应链均衡,从在位制造商和零售商的视角,考察进入制造商市场入侵的影响,即市场入侵对在位制造商和零售商最优定价策略、产品需求以及企业利润的影响。

命题 6.1 在 M 结构下,比较进入制造商市场入侵前后的供应链均衡,可以得到:

(1)在 $0 < \theta \leqslant \underline{\theta}^M$ 情形下,当 $0 < \theta < \dfrac{2c_2}{1+c_1}$ 时,$w_1^{M*} > w_1^{SM*}$,$p_1^{M*} > p_1^{SM*}$;当 $\dfrac{2c_2}{1+c_1} < \theta \leqslant \underline{\theta}^M$ 时,$d_1^{M*} > d_1^{SM*}$,$\pi_1^{M*} < \pi_1^{SM*}$;

(2)在 $\underline{\theta}^M < \theta < \overline{\theta}^M$ 情形下,当 $\underline{\theta}^M < \theta < c_2$ 时,$w_1^{M*} > w_1^{SM*}$,$p_1^{M*} > p_1^{SM*}$;当 $\underline{\theta}^M < \theta < \dfrac{c_2}{c_1}$ 时,$d_1^{M*} > d_1^{SM*}$;当 $\underline{\theta}^M < \theta < \dfrac{1 - c_1^2 + (2 - c_1)c_2 - (1 - c_1)\sqrt{(1 + c_1)^2 + 2c_2^2 - 2(2 + c_1)c_2}}{2 - c_1^2}$ 时,$\pi_1^{M*} > \pi_1^{SM*}$。

证明:根据表 6-2 和定理 6.1 得到的均衡结果,比较 M 结构下市场入侵前后的供应链均衡,可以得到如下结果。

当 $0 < \theta \leqslant \underline{\theta}^M$ 时,$w_1^{M*} - w_1^{SM*} = \dfrac{2c_2 - \theta(1 + c_1)}{2\theta}$,$p_1^{M*} - p_1^{SM*} = \dfrac{2c_2 - \theta(1 + c_1)}{4\theta}$。对 $p_1^{M*} - p_1^{SM*}$ 求解关于 θ 的一阶偏导数,易得 $\dfrac{\partial(p_1^{M*} - p_1^{SM*})}{\partial \theta} = -\dfrac{c_2}{2\theta^2} < 0$。并且,$\lim\limits_{\theta \to 0}(p_1^{M*} - p_1^{SM*}) > 0$;当 $\theta = \underline{\theta}^M$ 时,$p_1^{M*} - p_1^{SM*} < 0$;当 $\theta < \dfrac{2c_2}{1+c_1}$ 时,$p_1^{M*} - p_1^{SM*} = 0$。因此,当 $0 < \theta < \dfrac{2c_2}{1+c_1}$ 时,$p_1^{M*} - p_1^{SM*} > 0$。比较 $w_1^{M*} - w_1^{SM*}$、$p_1^{M*} - p_1^{SM*}$ 与 0 的大小,易得,当 $0 < \theta < \dfrac{2c_2}{1+c_1}$ 时,$w_1^{M*} - w_1^{SM*} > 0$。进一步

分析产品 1 的需求，可得 $d_1^{M*} - d_1^{SM*} = \dfrac{\theta(1+c_1) - 2c_2}{4\theta}$，同理可证，当 $\dfrac{2c_2}{1+c_1} < \theta \leq \underline{\theta}^M$ 时，$d_1^{M*} - d_1^{SM*} > 0$；比较在位制造商的利润，$\pi_1^{M*} - \pi_1^{SM*} = -\dfrac{[\theta(1+c_1) - 2c_2]^2}{8\theta^2} < 0$。

当 $\underline{\theta}^M < \theta < \overline{\theta}^M$ 时，$p_1^{M*} - p_1^{SM*} = \dfrac{c_2 - \theta}{4(2-\theta)}$，$w_1^{M*} - w_1^{SM*} = \dfrac{c_2 - \theta}{2(2-\theta)}$。对 $p_1^{M*} - p_1^{SM*}$ 求解关于 θ 的一阶偏导数，易得 $\dfrac{\partial(p_1^{M*} - p_1^{SM*})}{\partial \theta} < 0$。并且，当 $\theta = \overline{\theta}^M$ 时，$p_1^{M*} - p_1^{SM*} = -\dfrac{1 - c_1}{4} < 0$；当 $\theta = \underline{\theta}^M$ 时，$p_1^{M*} - p_1^{SM*}$ 与 0 的大小取决于 c_1、c_2。因此，当 $\underline{\theta}^M < \theta < c_2$ 时，$p_1^{M*} - p_1^{SM*} > 0$。同时，易知当 $\underline{\theta}^M < \theta < c_2$ 时，$w_1^{M*} - w_1^{SM*} > 0$。比较产品 1 的需求，易得 $d_1^{M*} - d_1^{SM*} = \dfrac{c_2 - \theta c_1}{8(1-\theta)}$；比较在位制造商利润，易得 $\pi_{M1}^{M*} - \pi_{M1}^{SM*} = \dfrac{[(c_1-2)\theta - 2c_1 + c_2 + 2]^2 - 2(2-\theta)(1-\theta)(1-c_1)^2}{16(2-\theta)(1-\theta)}$。同理，容易验证 $d_1^{M*} - d_1^{SM*}$、$\pi_1^{M*} - \pi_1^{SM*}$ 与 0 的大小。

命题 6.1 考察了在位制造商主导结构下市场入侵的影响。显然，随着进入制造商的市场入侵或者市场入侵威胁，在位制造商会调整其价格策略来阻止进入制造商入侵市场。具体分析，当进入制造商的竞争力较弱（$0 < \theta \leq \underline{\theta}^M$）时，尽管在位制造商仍然能够垄断市场，但进入制造商的市场入侵威胁会迫使在位制造商调整其批发价格决策。具体分析，当消费者对产品 2 的认同价值较低 $[0 < \theta < 2c_2/(1+c_1)]$ 时，进入制造商市场入侵并不能对在位制造商产生威胁，在位制造商反而会提高产品 1 的批发价格，由此导致更高的产品 1 零售价格，需求减少，在位制造商利润增加。随着消费者对产品 2 认同价值的提高 $[2c_2/(1+c_1) < \theta \leq \underline{\theta}^M]$，进入制造商竞争力增强，在位制造商通过降低批发价格维持其垄断地位，产品 1 的零售价格降低，需求增加，在位制造商利润减少。

然而，随着进入制造商竞争力的增强，两家制造商将形成寡头垄断市场，且市场入侵并不一定会导致在位制造商的利润损失。具体分析，当消费者对产品 2 的认同价值满足一定条件时，市场入侵反而会使产品 1 的批发价格和零售价格均升高；同时，产品 2 的批发价格和零售价格也会随 θ 的增大而上升，由此导致产品 1 的需求在零售价格较高的情况下反而实现增加。综合考虑产品 1 的零售价格和需求，当 θ 不超过某一阈值时，进入制造商市场入侵反而能够使在位制造商获得更多利润。

命题 6.2 在 R 结构下，比较进入制造商市场入侵前后的供应链均衡，可以得到：

(1) 当 $0 < \theta \leq \underline{\theta}^R$ 时，$w_1^{R*} = w_1^{SR*}$，$p_1^{R*} = p_1^{SR*}$，$d_1^{R*} = d_1^{SR*}$，$\pi_1^{R*} = \pi_1^{SR*}$；

(2) 当 $\underline{\theta}^R < \theta < \overline{\theta}^R$ 时，$w_1^{R*} < w_1^{SR*}$，$p_1^{R*} < p_1^{SR*}$，$d_1^{R*} < d_1^{SR*}$，$\pi_1^{R*} < \pi_1^{SR*}$。

证明：根据表 6-2 和定理 6.2 得到的均衡结果，比较 R 结构下市场入侵前后的供应链均衡，可以得到如下结果。

当 $0 < \theta \leq \underline{\theta}^R$ 时，$w_1^{R*} - w_1^{SR*} = 0$，$p_1^{R*} - p_1^{SR*} = 0$，$d_1^{R*} - d_1^{SR*} = 0$，$\pi_{M1}^{R*} - \pi_{M1}^{SR*} = 0$。

当 $\underline{\theta}^R < \theta < \overline{\theta}^R$ 时，$w_1^{R*} - w_1^{SR*} = \dfrac{2c_2 - \theta(1+c_1)}{4(4-3\theta)} < 0$，$p_1^{R*} - p_1^{SR*} = \dfrac{2c_2 - \theta(1+c_1)}{4(4-3\theta)} < 0$，$d_1^{R*} - d_1^{SR*} = \dfrac{2c_2 - \theta(1+c_1)}{4(4-3\theta)} < 0$，$\pi_1^{R*} - \pi_1^{SR*} = \dfrac{[(\theta-2)c_1 + 2(1-\theta) + c_2]^2}{4(3\theta-4)^2} - \dfrac{(1-c_1)^2}{16} < 0$。

命题 6.2 考察了零售商主导结构下市场入侵的影响。可以知道，在 R 结构下，市场入侵不一定会影响在位制造商的均衡决策。当进入制造商的竞争力较弱（$0 < \theta \leq \underline{\theta}^R$）时，在位制造商垄断市场，由于零售商率先确定产品边际利润，故在位制造商的主导地位能够使其不受进入制造商市场入侵的影响。随着进入制造商竞争力的增强（$\underline{\theta}^R < \theta < \overline{\theta}^R$），两家制造商形成寡头垄断市场，产品 1 的批发价格和零售价格均降低，价格竞争加剧，这导致产品 1 零售价格的降低并未使其需求增加，在位制造商利润减少。该命题也表明，在零售商主导结构下，在位制造商不用降低其批发价格也能继续垄断市场，并且其利润能够达到最优水平（市场入侵前的利润）；而在寡头垄断市场下，

进入制造商市场入侵总是会造成在位制造商的利润损失。

根据命题 6.1 和命题 6.2，在不同市场权力结构下，进入制造商的市场入侵对供应链均衡的影响存在差异。与 M 结构不同，进入制造商的市场入侵威胁在 R 结构下并不会影响在位制造商和零售商的定价策略以及利润，说明在位制造商能够利用其市场主导权来获取竞争优势。当进入制造商成功入侵市场时，在 R 结构下在位制造商总是需要实施低价策略，但在 M 结构下，在位制造商拥有市场主导权，并不一定需要通过降价来与进入制造商竞争。

第四节 不同市场权力结构下的均衡分析

在第二节和第三节中，分别得到了进入制造商市场入侵前后的供应链均衡。在此基础上，本节将通过比较不同市场权力结构下的供应链均衡，考察市场权力结构对供应链均衡的影响以及在位制造商市场主导地位的价值。

一 不同市场权力结构下定价决策比较

根据定理 6.1 和定理 6.2，在不同市场条件下，两种产品并不总是都会有需求发生。因此，为了考察在位制造商与进入制造商之间的价格竞争，本节仅考虑 $\underline{\theta}^j < \theta < \bar{\theta}^j$ （$j \in \{M, R\}$）情形，即在位制造商与进入制造商形成寡头垄断市场，比较二者的批发价格和零售价格，得到命题 6.3。

命题 6.3 比较两种市场权力结构下品牌差异化产品的最优批发价格和零售价格，可以得到：

（1）当 $\underline{\theta}^j < \theta < \bar{\theta}^j$ 时，$w_1^{j*} > w_2^{j*}$，$p_1^{j*} > p_2^{j*}$（$j \in \{M, R\}$）；

（2）当 $\underline{\theta}^j < \theta < \bar{\theta}^j$ 时，$\dfrac{\partial (p_1^{j*} - p_2^{j*})}{\partial \theta} < 0$，$\dfrac{\partial (w_1^{j*} - w_2^{j*})}{\partial \theta} < 0$。

证明：根据定理 6.1 和定理 6.2，比较 M 结构和 $\underline{\theta}^M < \theta < \bar{\theta}^M$ 情形下的产品零售价格和批发价格，可以得到：$p_1^{M*} - p_2^{M*} = \dfrac{(1-\theta)(6+c_1) + c_1 - c_2}{8} > 0$，$w_1^{M*} - w_2^{M*} = \dfrac{(1-\theta)(2+c_1) + c_1 - c_2}{4} > 0$。

比较 R 结构和 $\underline{\theta}^R < \theta < \bar{\theta}^R$ 情形下的产品零售价格和批发价格,可以得到:$p_1^{R*} - p_2^{R*} = \dfrac{(1-\theta)[6+(2-\theta)c_1 - c_2 - 4\theta]}{2(4-3\theta)} > 0$,$w_1^{R*} - w_2^{R*} = \dfrac{(\theta^2 - 6\theta + 6)c_1 + (5-4\theta)c_2 + (1-\theta)(2-\theta)}{2(4-3\theta)} > 0$。

根据上述价格之差,分别对 $p_1^{M*} - p_2^{M*}$、$w_1^{M*} - w_2^{M*}$ 求解关于 θ 的一阶偏导数,易得 $\dfrac{\partial(p_1^{M*} - p_2^{M*})}{\partial \theta} = -\dfrac{6+c_1}{8} < 0$,$\dfrac{\partial(w_1^{M*} - w_2^{M*})}{\partial \theta} = -\dfrac{2+c_1}{4} < 0$;分别对 $p_1^{R*} - p_2^{R*}$、$w_1^{R*} - w_2^{R*}$ 求解关于 θ 的一阶偏导数,容易得到 $\dfrac{\partial(p_1^{R*} - p_2^{R*})}{\partial \theta} < 0$,$\dfrac{\partial(w_1^{R*} - w_2^{R*})}{\partial \theta} < 0$。

命题 6.3 表明,在不同市场权力结构下,产品 1 的批发价格和零售价格总是要高于产品 2 的值。由于消费者对产品 1 具有更高的支付意愿,因而零售商总是会设置较高的零售价格。一方面,对于在位制造商而言,产品 1 较高的零售价格使得批发价格具有较大的定价空间,故在位制造商制定较高的批发价格以获取更多利润份额。另一方面,对于进入制造商而言,由于消费者对产品 2 的认同价值较低,零售商设置较低的零售价格,由此进入制造商的定价空间也较小,并导致进入制造商设置较低的批发价格。当在位制造商与进入制造商的产品生产成本相同($c_1 = c_2$)时,两种品牌差异化产品之间的价格差异仍成立,这表明两种产品的批发价格和零售价格差异取决于消费者对产品 2 的认同价值。命题 6.3 还揭示了,消费者对产品 2 的认同能够缓解两种产品最优定价的差异化程度,表明两种产品品牌差异化程度越小,价格竞争越激烈。

进一步分析不同市场权力结构下的供应链均衡。依据定理 6.1 和定理 6.2,容易知道,$\underline{\theta}^M > \underline{\theta}^R$ 和 $\bar{\theta}^M = \bar{\theta}^R$。因此,当 $0 < \theta < \underline{\theta}^R$ 时,在不同市场权力结构下均只有产品 1 有需求发生;当 $\underline{\theta}^R < \theta < \bar{\theta}^j$($j \in \{M, R\}$)时,在不同市场权力结构下产品 1 和产品 2 均有需求发生;当 $\bar{\theta}^j < \theta < 1$ 时,在不同市场权力结构下均只有产品 2 有需求发生。

命题 6.4 比较不同市场权力结构下的供应链均衡，品牌差异化产品批发价格和零售价格、各制造商与零售商的利润之间存在如下关系：

（1）当 $0 < \theta < \underline{\theta}^R$ 时，$w_1^{M*} > w_1^{R*}$，$p_1^{M*} > p_1^{R*}$；当 $0 < \theta < \dfrac{2c_2[2(1+c_1) - \sqrt{2}(1-c_1)]}{1+6c_1+c_1^2}$ 时，$\pi_1^{M*} < \pi_1^{R*}$；当 $0 < \theta < \dfrac{[2-\sqrt{2}(1-c_1)]c_2}{1+2c_1-c_1^2}$ 时，$\pi_R^{M*} > \pi_R^{R*}$；

（2）当 $\underline{\theta}^R < \theta < \overline{\theta}^j$ 时，$w_i^{M*} > w_i^{R*}$，$p_i^{M*} < p_i^{R*}$，$\pi_i^{M*} > \pi_i^{R*}$，$\pi_R^{M*} < \pi_R^{R*}$；

（3）当 $\overline{\theta}^j < \theta < 1$ 时，$w_2^{M*} > w_2^{R*}$，$p_2^{M*} = p_2^{R*}$，$\pi_2^{M*} > \pi_2^{R*}$，$\pi_R^{M*} < \pi_R^{R*}$。

证明：根据定理 6.1 和定理 6.2，比较不同市场权力结构下的供应链均衡，可以得到：

当 $0 < \theta < \underline{\theta}^R$ 时，$w_1^{M*} - w_1^{R*} = \dfrac{4c_2 - \theta(1+3c_1)}{4\theta}$，$p_1^{M*} - p_1^{R*} = \dfrac{2c_2 - \theta(1+c_1)}{4\theta}$，$\dfrac{\partial(w_1^{M*} - w_1^{R*})}{\partial \theta} < 0$；当 $\theta = \underline{\theta}^R$ 时，$w_1^{M*} - w_1^{R*} > 0$，$p_1^{M*} - p_1^{R*} > 0$。

根据 $\pi_1^{M*} - \pi_1^{R*} = -\dfrac{8(\theta c_1 - c_2)(\theta - c_2) + (1-c_1)^2 \theta^2}{16\theta^2}$，$\pi_R^{M*} - \pi_R^{R*} = \dfrac{2(\theta - c_2)^2 - \theta^2(1-c_1)^2}{8\theta^2}$，即可验证 $\pi_1^{M*} < \pi_1^{R*}$ 和 $\pi_R^{M*} > \pi_R^{R*}$ 的条件。

当 $\underline{\theta}^R < \theta < \overline{\theta}^j$ 时，$w_1^{M*} - w_1^{R*} = \dfrac{[(2-c_1)\theta + 2c_1 - c_2 - 2](1-\theta)^2}{3\theta^3 - 13\theta^2 + 18\theta - 8}$，根据 $0 < \theta < 1$ 的取值范围，即可得 $w_1^{M*} - w_1^{R*} > 0$；同理，也可以验证 $p_1^{M*} - p_1^{R*} < 0$，$\pi_1^{M*} - \pi_1^{R*} > 0$。比较产品 2 的批发价格，易证 $w_2^{M*} - w_2^{R*} > 0$。易得 $p_2^{M*} - p_2^{R*} < 0$，$\pi_2^{M*} - \pi_2^{R*} > 0$，$\pi_R^{M*} - \pi_R^{R*} < 0$。

当 $\overline{\theta}^j < \theta < 1$ 时，$w_2^{M*} - w_2^{R*} = \dfrac{(1-\theta)(\theta - c_2)}{2(2-\theta)}$。因为 $\overline{\theta}^j - c_2 = \dfrac{(1-c_1)(2-c_2)}{2-c_1} > 0$，故有 $w_2^{M*} - w_2^{R*} > 0$，$p_2^{M*} - p_2^{R*} = 0$。比较进入制造商利润，可得 $\pi_2^{M*} - \pi_2^{R*} = \dfrac{(1-\theta)(\theta - c_2)^2}{4\theta(2-\theta)^2} > 0$；比较零售商利润，可得 $\pi_R^{M*} -$

$$\pi_R^{R*} = -\frac{(1-\theta)(\theta-c_2)^2}{4\theta(2-\theta)^2} < 0。$$

命题 6.4 比较了不同情形下的供应链均衡。可以知道，当在位制造商垄断市场时，在 M 结构下，由于在位制造商处于主导地位，产品 1 的批发价格和零售价格更高，使得产品 1 的需求更低（$d_1^{M*} \leqslant d_1^{R*}$）。但由于产品 1 零售价格与需求反向变化，在位制造商的主导地位并不一定能使其获得更多利润，表明当在位制造商垄断市场时，在 M 结构下，在位制造商并不一定能够获得更多利润，这取决于消费者对进入制造商产品的认同价值。对于零售商而言，与在位制造商情形类似，仅当消费者对产品 2 的认同价值较高时，R 结构对零售商的适用性才更高。随着进入制造商竞争力的增强，当在位制造商和进入制造商形成寡头垄断市场时，处于主导地位的供应链成员总是会设置更高的价格。在 M 结构下，各制造商处于主导地位，两种产品的批发价格也更高，在位制造商和进入制造商均能够获得更多利润；在 R 结构下，零售商处于主导地位，两种产品的零售价格更高，零售商能够获得更多利润。由此，也可以知道，从供应链成员的角度来看，占据供应链主导地位总是有利的。

根据命题 6.4，还可以知道，当进入制造商垄断市场时，在 M 结构下，由于进入制造商处于主导地位，产品 2 的批发价格更高，但不同的市场权力结构并不会影响零售商的定价决策，因而需求也保持不变（$d_2^{M*} = d_2^{R*}$）。由此可知，M 结构下拥有主导地位的进入制造商能够获得更多利润，而 R 结构下拥有主导地位的零售商能够获得更多利润。这也意味着，当进入制造商垄断市场时，供应链成员的主导地位总是能够使其获得更多的利润。

二 在位制造商的主导地位价值分析

在在位制造商与进入制造商竞争过程中，在位制造商由于长期市场经营以及产品竞争优势等原因，相对于进入制造商而言，拥有市场主导地位。因此，本部分将分析在位制造商的优势，并给出在位制造商与进入制造商双方均势情形下的供应链均衡，用字符"N"来表示。

定理 6.3 取 $\underline{\theta}^N = \dfrac{1+c_1+c_2}{2} - \dfrac{1}{2}\sqrt{(1+c_1+c_2)^2 - 8c_2}$, $\overline{\theta}^N = 1 - \dfrac{c_1-c_2}{2-c_1}$, 则当在位制造商与进入制造商为均势结构时，在 j ($j \in \{M, R\}$) 结构下存在唯一的子博弈精炼纳什均衡，并分为三种情形，见表 6-3。

表 6-3 j ($j \in \{M, R\}$) 结构下各制造商均势结构时的子博弈精炼纳什均衡

均衡	j	$0 < \theta \leq \underline{\theta}^N$	$\underline{\theta}^N < \theta < \overline{\theta}^N$	$\overline{\theta}^N \leq \theta < 1$
w_1^{N*}	M	$\dfrac{1-\theta+c_1}{2-\theta}$	$\dfrac{2(1-\theta)+2c_1+c_2}{4-\theta}$	n. a.
	R	$\dfrac{\theta(1-\theta)+(3-\theta)c_1}{2(2-\theta)}$	$\dfrac{2(1-\theta)+(6-\theta)c_1+c_2}{2(4-\theta)}$	n. a.
w_2^{N*}	M	n. a.	$\dfrac{\theta(1-\theta)+\theta c_1+2c_2}{4-\theta}$	$\dfrac{\theta(1-\theta)+c_2}{2-\theta}$
	R	n. a.	$\dfrac{\theta(1-\theta)+\theta c_1+(6-\theta)c_2}{2(4-\theta)}$	$\dfrac{\theta(1-\theta)+(3-\theta)c_2}{2(2-\theta)}$
p_1^{N*}	M	$\dfrac{3-2\theta+c_1}{2(2-\theta)}$	$\dfrac{3(2-\theta)+2c_1+c_2}{2(4-\theta)}$	n. a.
	R	$\dfrac{3-2\theta+c_1}{2(2-\theta)}$	$\dfrac{3(2-\theta)+2c_1+c_2}{2(4-\theta)}$	n. a.
p_2^{N*}	M	n. a.	$\dfrac{\theta(5-2\theta)+\theta c_1+2c_2}{2(4-\theta)}$	$\dfrac{\theta(3-2\theta)+c_2}{2(2-\theta)}$
	R	n. a.	$\dfrac{\theta(5-2\theta)+\theta c_1+2c_2}{2(4-\theta)}$	$\dfrac{\theta(3-2\theta)+c_2}{2(2-\theta)}$

定理 6.3 给出了当在位制造商与进入制造商双方均势时，不同市场权力结构下的供应链均衡。与定理 6.1、定理 6.2 类似，依据消费者对产品 2 认同价值 θ 的不同，得到了三种均衡情形。可以发现，在 M 结构下，各制造商由于处于主导地位，总是会设置更高的批发价格。对于产品零售价格，不同的市场权力结构并不会影响零售商的最优定价决策，但当零售商处于主导地位时，各制造商更低的批发价格能够使零售商获得更多的利润，相应地，各制造商获得的利润则减少。根据定理 6.3，将三种情形下的最优零售价格代

入式 (6-1)、式 (6-2)，可得两种产品的需求为 d_1^{N*}、d_2^{N*}；进而将最优定价决策和产品需求分别代入式 (6-3)、式 (6-4)、式 (6-5)，即可得到 M 结构下零售商、各制造商以及供应链系统的利润分别为 π_R^{N*}、π_1^{N*}、π_2^{N*}、π_{SC}^{N*}。

根据定理 6.1 和定理 6.2，容易知道，$\underline{\theta}^N > \underline{\theta}^M > \underline{\theta}^R$ 和 $\overline{\theta}^N = \overline{\theta}^M = \overline{\theta}^R$，因而当 $0 < \theta \leq \underline{\theta}^R$ 时，在 M 和 R 结构下，零售商仅销售产品 1；当 $\underline{\theta}^R < \theta < \overline{\theta}^j$（$j \in \{M, R\}$）时，在两种市场权力结构下，零售商同时销售产品 1 和产品 2；当 $\overline{\theta}^j \leq \theta < 1$ 时，在两种市场权力结构下，零售商仅销售产品 2。

命题 6.5 在 M 结构下，在位制造商处于主导地位对供应链均衡会有如下影响：

(1) 当 $0 < \theta \leq \underline{\theta}^M$ 时，$w_1^{N*} < w_1^{M*}$，$p_1^{N*} < p_1^{M*}$，$\pi_1^{N*} > \pi_1^{M*}$；

(2) 当 $\underline{\theta}^N < \theta < \overline{\theta}^N$ 时，$w_i^{N*} < w_i^{M*}$，$p_i^{N*} < p_i^{M*}$，$\pi_i^{N*} < \pi_i^{M*}$（$i = 1, 2$）；

(3) 当 $\overline{\theta}^N \leq \theta < 1$ 时，$w_2^{N*} = w_2^{M*}$，$p_2^{N*} = p_2^{M*}$，$\pi_2^{N*} > \pi_2^{M*}$。

证明：根据定理 6.1 和定理 6.3，比较不同情形下的供应链均衡，可以得到：

当 $0 < \theta \leq \underline{\theta}^M$ 时，$w_1^{M*} - w_1^{N*} = \dfrac{(2-\theta)c_2 - \theta(1-\theta+c_1)}{\theta(2-\theta)} > 0$，

$p_1^{M*} - p_1^{N*} = -(w_1^{M*} - w_1^{N*}) < 0$，

$\pi_1^{M*} - \pi_1^{N*} = \dfrac{[(2c_1 + 3c_2 - \theta c_1)\theta + 2\theta(1-\theta) - 4c_2]^2}{16\theta^2(1-\theta)(2-\theta)} > 0$。

当 $\underline{\theta}^N < \theta < \overline{\theta}^N$ 或 $\overline{\theta}^N \leq \theta < 1$ 时，与 $0 < \theta \leq \underline{\theta}^M$ 情形的证明过程类似，直接比较易得，略。

命题 6.5 通过比较 M 结构下不同情形下的供应链均衡，考察了在位制造商主导地位的价值。显然，在位制造商相对于进入制造商的市场主导权会影响其定价决策和利润。具体分析，当在位制造商垄断市场时，其主导地位会导致产品 1 更高的批发价格和零售价格，需求降低（$d_1^{M*} < d_1^{N*}$）。由此导致在位制造商利润的变化，且需求降低对在位制造商的负效应占优，在位制造商的利润减少，表明在 M 结构下垄断市场的在位制造商主导优势反而会对其

不利。随着市场竞争的加剧，当两种产品均有需求发生时，两家制造商不平衡的市场权力结构会导致两种产品更高的批发价格和零售价格。但各产品的需求却呈现不同的变化情况，产品 1 的需求降低（$d_1^{M*} < d_1^{N*}$），产品 2 的需求增加（$d_2^{M*} > d_2^{N*}$）。由此导致两家制造商利润均会发生变化，并且，价格升高对两家制造商的正效应占优，故两家制造商的利润均增加。这意味着，在 M 结构下，两家制造商不平衡的权利结构能够有效缓解二者的价格竞争，并使二者均能获得更多的利润。

此外，命题 6.5 还揭示了当进入制造商垄断市场时，在位制造商市场主导权的影响。与在位制造商产品有需求发生的情形不同，此时进入制造商的从属地位并不会影响产品 2 的批发价格与零售价格，但会对产品 2 的需求不利（$d_2^{N*} > d_2^{M*}$）。由此导致进入制造商利润的变化，与在位制造商垄断市场的情形类似，需求降低对进入制造商的负效应占优，进入制造商获得的利润减少。该命题表明，在 M 结构下，垄断市场的进入制造商从属地位会给其造成利润损失。

命题 6.6 在 R 结构下，在位制造商主导地位对供应链均衡会有如下影响：

（1）当 $0 < \theta \leq \underline{\theta}^R$ 时，$w_1^{N*} > w_1^{R*}$，$p_1^{N*} > p_1^{R*}$，$\pi_1^{N*} > \pi_1^{R*}$；

（2）当 $\underline{\theta}^N < \theta < \overline{\theta}^N$ 时，$w_i^{N*} < w_i^{R*}$，$p_i^{N*} < p_i^{R*}$，$\pi_i^{N*} > \pi_i^{R*}$（$i = 1, 2$）；

（3）当 $\overline{\theta}^N \leq \theta < 1$ 时，$w_2^{N*} = w_2^{M*}$，$p_2^{N*} = p_2^{M*}$，$\pi_2^{N*} = \pi_2^{R*}$。

证明：根据定理 6.2 和定理 6.3，比较不同情形下的供应链均衡，可以得到：

当 $0 < \theta \leq \underline{\theta}^R$ 时，$w_1^{R*} - w_1^{N*} = p_1^{R*} - p_1^{N*} = -\dfrac{\theta(1-c_1)}{4(2-\theta)} < 0$，$\pi_1^{R*} - \pi_1^{N*} = -(w_1^{R*} - w_1^{N*})^2 < 0$；

当 $\underline{\theta}^N < \theta < \overline{\theta}^N$ 或 $\overline{\theta}^N \leq \theta < 1$ 时，直接比较易得，略。

命题 6.6 表明，在 R 结构下，当在位制造商垄断市场时，其主导地位会导致产品 1 更低的批发价格和零售价格，需求增加（$d_1^{N*} < d_1^{R*}$）。并且，批发价格降低对在位制造商的负效应占优，与 M 结构类似，在位制造商的利润

减少。因此，在 R 结构下，在位制造商的市场垄断行为及其主导优势共同造成其利润损失。但当进入制造商成功入侵市场，并与在位制造商形成寡头垄断市场时，两家制造商不平衡的权利结构能够缓解二者的价格竞争，两种产品的批发价格和零售价格更高，且二者的需求更低（$d_i^{R*} < d_i^{N*}$）。然而，由于需求变化对两家制造商的正效应占优，故二者的利润减少。这是因为在 R 结构下，尽管两家制造商不平衡的权利结构可以缓解价格竞争，但是拥有整条供应链主导权的零售商实现了利润增长。

此外，根据命题 6.6 还可以知道，在 R 结构下，当进入制造商完全垄断市场时，由于两家制造商在供应链系统中属于从属地位，产品 2 的批发价格与零售价格均不会发生变化，也不会对产品 2 的需求造成影响（$d_2^{M*} = d_2^{N*}$）。并且，两家制造商不平衡的市场权力结构并不会对其利润造成影响，表明在 R 结构下，垄断市场进入制造商的从属地位并不会给其造成利润损失。

第五节 数值算例分析

本节将通过数值算例直观考察上述理论分析结果，以得到更多管理学启示。设置参数 $c_1 = 0.3$，$c_2 = 0.2$。绘制零售商利润和供应链系统利润随 θ 的变化曲线，考察不同进入制造商市场入侵、不同市场权力结构和 θ 等对零售商利润和供应链系统利润的影响。

观察图 6-2 可以发现：在进入制造商市场入侵前，R 结构下零售商利润 π_R^{SR*} 总是要高于 M 结构下的值 π_R^{SM*}，表明在仅存在在位制造商情形下，零售商处于主导地位对自身有利，能获得高于 M 结构下的利润份额；在进入制造商市场入侵后，当 θ 较小时，R 结构下零售商利润 π_R^{R*} 要低于 M 结构下的值 π_R^{M*}；随着 θ 的增大，π_R^{R*} 总是要大于 π_R^{M*}，且 π_R^{R*} 与 π_R^{M*} 之差会先增大后减小，表明在竞争环境下，零售商的主导地位并不一定能提高其获得的利润份额，仅当两种产品品牌差异化程度较低时，市场竞争加剧，R 结构下总是存在 $\pi_R^{R*} > \pi_R^{M*}$；在 M 结构下，随着 θ 的增大，$\pi_R^{M*} - \pi_R^{SM*}$ 先减小并小于 0，再逐渐增大并大于 0，表明当零售商处于从属地位时，市场竞争并不一定能够为其带来利润增长，仅当 θ 较大时，市场竞争激烈，零售商才能获得更高的利润份额；在 R 结构下，当 $\theta < \underline{\theta}^R$ 时，$\pi_R^{R*} = \pi_R^{SR*}$，当 $\theta > \underline{\theta}^R$ 时，$\pi_R^{R*} > \pi_R^{SR*}$，表明当零售商处于主导地位时，市场入侵总是不会对其产生不利影响。

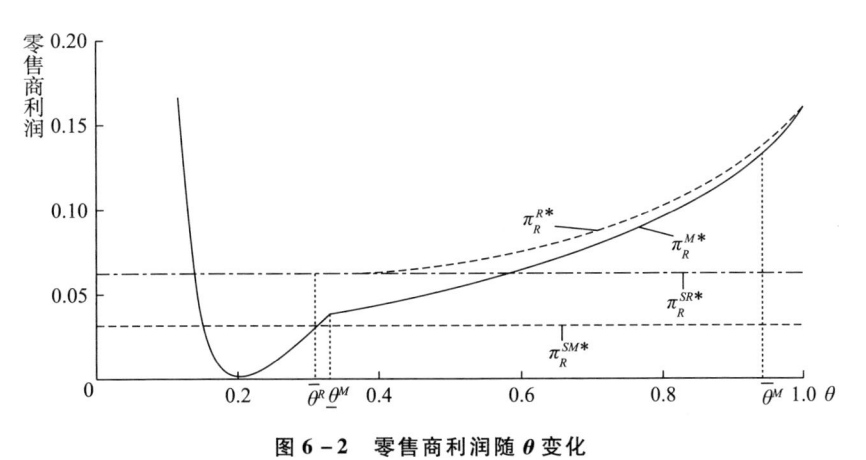

图 6-2 零售商利润随 θ 变化

观察图 6-3 可以发现：在进入制造商市场入侵前，不同市场权力结构下的供应链系统利润相等（$\pi_{SC}^{SM*} = \pi_{SC}^{SR*}$），表明在位制造商与零售商不平衡的市场权力结构并不会造成供应链系统利润损失，仅导致利润份额在供应链系统内部的重新分配；在进入制造商市场入侵后，当 $\theta < \underline{\theta}^R$ 时，$\pi_{SC}^{M*} > \pi_{SC}^{R*}$，当 $\underline{\theta}^M < \theta < \overline{\theta}^M$ 时，π_{SC}^{M*} 与 π_{SC}^{R*} 的大小取决于 θ，当 $\overline{\theta}^M < \theta$ 时，$\pi_{SC}^{M*} = \pi_{SC}^{R*}$，表明在竞争环境下，各制造商与零售商之间不平衡的市场权力结构会导致供应链系统利润发生变化，这取决于 θ 的大小；在 M 结构下，当 $\theta < \underline{\theta}^R$ 时，$\pi_{SC}^{M*} < \pi_{SC}^{SM*}$，当 $\theta > \underline{\theta}^R$ 时，$\pi_{SC}^{M*} > \pi_{SC}^{SM*}$，且 $\pi_{SC}^{M*} - \pi_{SC}^{SM*}$ 总是会随 θ 的增大而增大，表明 M 结构下的供应链系统利润总是会受到进入制造商市场入侵的影响；在 R 结构下，当 $\theta < \underline{\theta}^R$ 时，$\pi_{SC}^{R*} = \pi_{SC}^{SR*}$，当 $\theta > \underline{\theta}^R$ 时，随着 θ 的增大，$\pi_{SC}^{M*} - \pi_{SC}^{SM*}$ 先减小并小于 0，后逐渐增大并大于 0，表明 R 结构下的供应链系统利润并不一定会受到进入制造商市场入侵的影响。

当 $\theta \in (\underline{\theta}^N, \overline{\theta}^N)$ 时，在不同情形下，两种产品总是有需求发生，故绘制

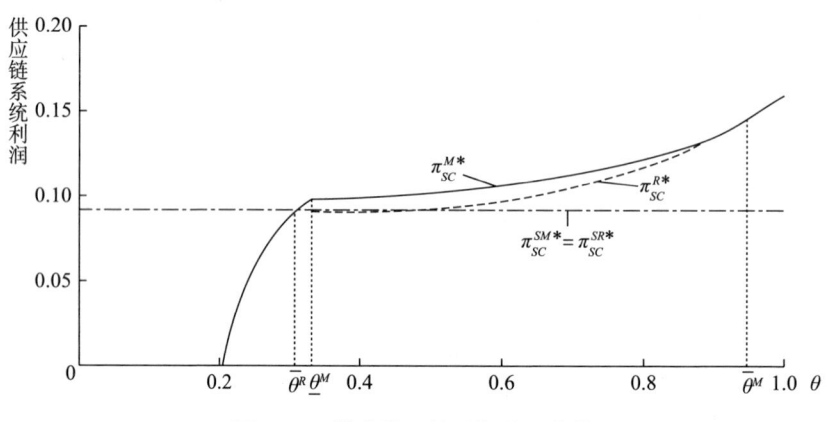

图 6-3 供应链系统利润随 θ 变化

θ 在区间 ($\underline{\theta}^N$, $\overline{\theta}^N$) 内变化的供应链系统利润曲线。观察图 6-4 可以发现：当在位制造商与进入制造商双方均势时，不同市场权力结构下的供应链系统利润相等，表明在两家制造商均势情形下，两种市场权力结构趋于同等的适用性，而此时仅可能导致利润在制造商与零售商之间的重新分配；当在位制造商相对于进入制造商处于主导地位时，π_{SC}^{M*} 与 π_{SC}^{R*} 的大小随 θ 的变化而变化，当 θ 较小时，$\pi_{SC}^{M*} > \pi_{SC}^{R*}$，当 θ 较大时，$\pi_{SC}^{M*} < \pi_{SC}^{R*}$，表明不同市场权力结构的适用性取决于 θ 的大小，当 θ 较小时，M 结构具有更好的适用性；当 θ 较小时，$\pi_{SC}^{M*} < \pi_{SC}^{N*}$、$\pi_{SC}^{R*} < \pi_{SC}^{N*}$，当 θ 较大时，$\pi_{SC}^{M*} > \pi_{SC}^{N*}$、$\pi_{SC}^{R*} > \pi_{SC}^{N*}$，

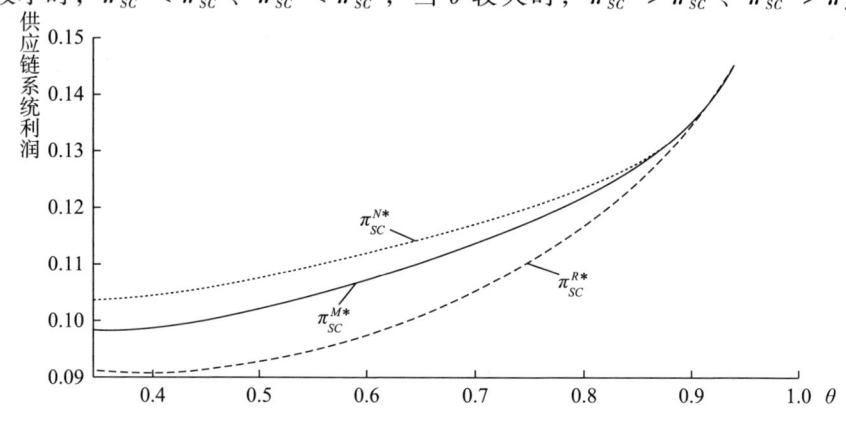

图 6-4 不同市场权力结构下，供应链系统利润随 θ 变化

表明在位制造商与进入制造商不平衡的市场权力结构有可能导致供应链系统利润损失,即在位制造商的主导地位优势并不一定对供应链系统有利。

第六节 本章小结

本章研究了由一家在位制造商、一家进入制造商和一家零售商组成的供应链,构建了分别由制造商主导和零售商主导的两种市场权力结构模型。通过模型求解,分析了市场权力结构、市场入侵、品牌差异化等因素对供应链均衡决策及利润的影响,主要研究结论和启示如下。

(1) 关于在位制造商:在不同市场权力结构下,面对品牌差异化制造商的市场入侵,在位制造商并不总是需要实施低价策略,降低其批发价格,也不一定会导致在位制造商的利润损失,但在位制造商决策的高端品牌产品批发价格总是高于进入制造商普通品牌产品的批发价格;在制造商主导结构下,在位制造商确定的高端品牌产品的批发价格总是要高于零售商主导结构下的值,且在位制造商利用其主导优势总是会设置较高的批发价格,这有利于缓解价格竞争,提高在位制造商的利润。在零售商主导结构下,在位制造商的市场优势反而对其不利,会导致在位制造商的利润损失。

(2) 关于进入制造商:在不同市场权力结构下,进入制造商总是需要实施低价策略来入侵市场;在制造商主导结构下,尽管进入制造商确定的普通品牌产品批发价格总是要高于零售商主导结构下的值,但进入制造商并不能获得更多利润;在寡头垄断市场下,进入制造商的从属地位意味着其需要降低产品批发价格,从而使利润增加,进入制造商垄断市场反而会导致其利润的损失。在零售商主导结构下,进入制造商的从属地位总是不会对其利润有利。

(3) 关于零售商:在不同市场权力结构下,随着在位制造商和进入制造商产品品牌差异化程度的降低,零售商将降低高端品牌产品的零售价格,提高普通品牌产品的零售价格,且高端品牌产品的零售价格总是更高;在零售商主导结构下,进入制造商市场入侵不会对零售商产生不利,且零售商设置的两种产品的零售价格总是要高于制造商主导结构下的值，零售商能够获得更多利润；在制造商主导结构下，进入制造商市场入侵并不一定能有效提高零售商的利润。

（4）在位制造商提供售后服务在一定程度上能够抑制进入制造商的市场入侵；当进入制造商成功进入市场时，在位制造商提供售后服务会使高端品牌产品的批发价格和零售价格提高，而进入制造商为进入市场，则需要降低普通品牌产品的批发价格；在竞争环境下，售后服务能够有效提升在位制造商和零售商的利润，但会导致进入制造商的利润损失，且随着市场竞争的加剧，两家品牌差异化竞争制造商的利润差异会逐渐减小。

第七章

基于品牌差异化竞争的供应链权力结构模型

在第六章中，基于市场入侵，分别考虑了品牌差异化竞争制造商之间的市场权力结构以及各制造商与零售商之间的市场权力结构，考察了品牌差异化竞争供应链价格竞争问题。在本章中，将进一步拓展相关研究，考虑各制造商主导、零售商主导以及供需双方均势三种市场权力结构。

近年来，随着市场体系的逐步完善，许多行业的市场进入壁垒大大降低，市场竞争加剧。例如，在手机制造业中，大量的新品牌手机制造企业（如小米、一加、锤子等手机品牌）进入市场，价格竞争越来越激烈；在汽车行业，特斯拉、蔚来汽车等新能源车企进入市场，与原有的车企丰田、大众等进行竞争。在此背景下，应对品牌差异化竞争企业的市场入侵成为市场在位企业面临和需要应对的新问题。与此同时，也不难发现，当上游各品牌制造商通过下游零售商将产品销往市场时，供应链上、下游企业往往会因拥有的资源或者市场地位不同而存在不同权力结构。并且，供应链成员企业均以各自利润最大化为目标，不合理的权力结构可能导致供应链系统及各成员企业绩效的损失。基于此，品牌差异化竞争企业的市场入侵会对在位企业定价策略产生什么影响？不同企业之间的品牌差异化程度如何影响供应链成员企业的定价策略和利润？不同权力结构对品牌差异化竞争企业的市场入侵和定价策略又会造成何种影响？这一系列问题都亟待研究和解决。

近十年来，市场入侵问题得到国内外学者的广泛关注。已有关于市场入侵的文献主要聚焦于企业是否应该进入市场及其对供应链均衡的影响，Cao

等（2015）认为进入制造商的市场入侵并不一定会导致在位制造商的利润损失，当消费者对进入制造商产品的认同价值较低时，市场入侵反而能够使在位制造商获得更多的利润；Zhou 等（2015）针对由一家在位供应商、一家市场进入供应商和一家强势零售商组成的供应链，研究了进入供应商在入侵市场时与强势零售商的合作策略；Pazgal 等（2016）研究了市场进入企业的最优选址问题，并考察了进入企业市场入侵对在位企业最优定价决策和利润的影响；张新鑫等（2016）通过建立在位企业、市场进入企业与策略消费者之间的两阶段动态博弈模型，研究了在位企业与进入企业的差异化产品价格竞争问题，以及策略消费者对供应链成员企业最优决策和利润的影响；Gao 等（2016，2017）考虑了市场进入企业可以通过模仿在位企业生产的原始产品入侵市场，研究了进入企业的最优市场入侵策略。上述文献研究的均为市场竞争情形，李海等（2016）、Cui 等（2016）、Jin 等（2017）则针对由一家制造商和一家零售商组成"一对一"型供应链，研究了零售商自有品牌产品市场入侵对制造商和供应链系统利润的影响。此外，还有一些学者研究了供应链成员的渠道入侵问题，并考察了渠道入侵对供应链成员最优决策和利润的影响，如 Chiang 等（2003）、Xia 等（2017）、Li 等（2013，2015）。在上述关于市场入侵的文献中，研究自有品牌产品入侵和渠道入侵的文献多以"一对一"型供应链为研究对象，仅 Cao 等（2015）、Zhou 等（2015）、Pazgal 等（2016）、张新鑫等（2016）、Gao 等（2016，2017）考虑了在位企业与进入企业存在市场竞争的情形，但 Pazgal 等（2016）、张新鑫等（2016）、Gao 等（2016，2017）的研究对象并不是供应链，而 Cao 等（2015）、Zhou 等（2015）的研究对象尽管是供应链，但其研究的是市场进入企业入侵模式选择问题。相比已有研究，本书的创新之处主要体现为：针对品牌差异化竞争制造商市场入侵问题，考虑供应链中可能存在的三种不同市场权力结构，构建市场入侵下存在品牌差异化的供应链权力结构模型，研究市场入侵、品牌差异化、不同市场权力结构等因素对供应链均衡的影响，以期为品牌差异化竞争企业进入市场提供理论和方法指导。

在上述研究基础上，本书针对由一家在位制造商、一家进入制造商和一家零售商组成的供应链系统,考虑两家制造商各自生产一种存在品牌差异化的替代产品,并通过一家共同的零售商销往市场。基于各制造商批发价格的决策权以及零售商产品零售价格的决策权,构建在品牌差异化竞争制造商市场入侵下,各制造商主导、零售商主导和双方均势三种供应链权力结构模型。进而通过对所得均衡结果的比较,分析市场入侵对在位制造商和零售商最优定价策略和利润的影响,考察市场入侵下不同市场权力结构、品牌差异化等因素对供应链成员企业最优定价决策和利润的影响。

本章其余部分的结构:第一节从供应链结构设计、基本模型假设、决策过程与事件时序三个方面提出本章的理论模型假设;第二节考虑完全垄断情形,分别构建在位制造商主导、零售商主导以及供需双方均势三种市场权力结构模型,考察不同市场权力结构对供应链均衡的影响;第三节进一步考虑进入制造商市场入侵,分别构建三种市场权力结构下的动态博弈模型,通过模型求解,得到三种市场权力结构下的供应链均衡;第四节将根据第二节和第三节的均衡结果,比较三种市场权力结构下的供应链均衡,考察市场权力结构对供应链定价决策、产品需求以及各企业绩效的影响;第五节将根据前文的理论模型结果,采用数值算例来直观考察并分析得到更多管理学启示;第六节是本章的研究总结和相关政策建议。

第一节 问题描述与模型假设

一 市场结构设计

考虑由在位制造商(用下标"I"表示)和零售商(用下标"R"表示)组成的供应链系统,在位制造商生产的高端品牌产品 I 通过零售商销往市场。同时,市场上还存在一家品牌差异化的进入制造商(用下标"E"表示),其生产普通品牌产品 E 也通过零售商销往同一市场,两种产品的批发价格和零售价格分别为 w_i、p_i ($i = I, E$),如图 7-1 所示。

例如,美国特斯拉公司,自 2008 年发布第一款产品 Roadster 以来,目

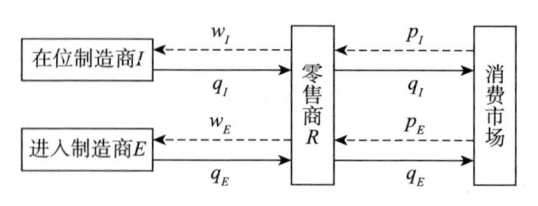

图 7-1 供应链结构

前已经拥有 Model S、Model X 和 Model 3 三款车型，2019 年销量达 36 万辆，其作为全球纯电动汽车产销量最大的企业，定位于与奔驰、宝马、奥迪同级别的豪华品牌，对汽车行业产生深远的影响。

二 消费者购买行为

考虑高端品牌产品 I 的知名度更高，且拥有更为完善的售后服务体系或者更高的产品质量，假设消费者对产品 I 的估值要高于产品 E。因此，分别用 v 和 θv 来表示消费者对产品 I 和产品 E 的支付意愿，其中 θ 表示消费者对产品 E 的认同价值，$0 < \theta < 1$，而且可以反映两种产品的品牌差异化程度。并且，考虑现实中消费者的异质性，即不同消费者对相同产品的支付意愿存在差异，故假设 v 服从区间 $[0, 1]$ 上的均匀分布，即 $v \sim U[0, 1]$（Luo et al., 2017）。由此，可以得到消费者购买产品 i（$i = I, E$）获得的净效用 u_i 分别为：

$$u_I = v - p_I \tag{7-1}$$

$$u_E = \theta v - p_E \tag{7-2}$$

消费者通过比较 u_I、u_E 和 0 的大小来选购产品或者放弃购买，具体分析：当 $u_I \geq u_E$ 且 $u_I \geq 0$，即 $v \geq \max\{p_I, (p_I - p_E)/(1 - \theta)\}$ 时，消费者会购买产品 I；当 $u_E \geq u_I$ 且 $u_E \geq 0$，即 $p_E/\theta \leq v \leq (p_I - p_E)/(1 - \theta)$ 时，消费者会购买产品 E；当 $u_I = u_E \geq 0$ 时，消费者购买产品 I 或产品 E 无差异。依据上述分析，得到引理 7.1。

引理 7.1 根据效用最大化原则 $\max\{u_I, u_E, 0\}$，可求得产品 i（$i = I, E$）的需求 $q_i(p_I, p_E)$，见表 7-1。

表 7-1 产品 i ($i=I, E$) 的需求

区间	$q_I(p_I, p_E)$	$q_E(p_I, p_E)$
$0 < \theta \leq \dfrac{p_E}{p_I}$	$1 - p_I$	0
$\dfrac{p_E}{p_I} < \theta < 1 - p_I + p_E$	$1 - \dfrac{p_I - p_E}{1 - \theta}$	$\dfrac{p_I - p_E}{1 - \theta} - \dfrac{p_E}{\theta}$
$1 - p_I + p_E \leq \theta < 1$	0	$1 - \dfrac{p_E}{\theta}$

证明：当 $u_I \geq u_E$ 且 $u_I \geq 0$，即 $v \geq \max\{p_I, (p_I - p_E)/(1 - \theta)\}$ 时消费者会购买高端品牌产品 I；当 $u_E \geq u_I$ 且 $u_E \geq 0$，即 $p_E/\theta \leq v \leq (p_I - p_E)/(1 - \theta)$ 时，消费者会购买普通品牌产品 E；当 $u_E = u_I \geq 0$ 时，消费者购买产品 I 或产品 E 无差别。由此，即可求得表 7-1 中的两种产品需求。

引理 7.1 表明，产品 E 和产品 I 的需求取决于两种产品的零售价格以及二者的品牌差异化程度。当消费者对产品 E 的认同价值较高（$\theta > p_E/p_I$）时，消费者才会购买产品 E，否则消费者购买产品 E 获得的净效用较低，总是不会考虑购买产品 E。当消费者对产品 E 的认同价值超过某一阈值（$\theta \geq 1 - p_I + p_E$）时，消费者将不会购买产品 I，仅会考虑购买产品 E。

三 企业利润函数

由于在位制造商需要提供更高质量的产品、更完善的售后服务和维护品牌形象等，因而在位制造商的产品生产及销售成本更高（比进入制造商）。为便于分析，用单位产品生产成本 c_i 来表示制造商 i ($i=I, E$) 在生产和销售过程中发生的成本，故有 $c_I > c_E$。对于零售商而言，考虑其边际产品销售成本为常量，因不影响结果分析，不失一般性，标准化为零。

依据上述模型假设，零售商获得的利润为两种产品的销售收益减去产品批发成本，可以得到零售商的利润函数 π_R 为：

$$\pi_R(p_I, p_E) = (p_I - w_I) q_I + (p_E - w_E) q_E \tag{7-3}$$

制造商 i ($i=I, E$) 获得的利润为产品批发销售收益减去产品生产成

本，可以得到制造商 i 的利润函数 π_i 为：

$$\pi_i(w_i) = (w_i - c_i)q_i \qquad (7-4)$$

根据式（7-3）、式（7-4），供应链系统的利润为零售商和各制造商的利润之和，即产品销售收益减去产品生产成本，可以得到供应链系统的利润函数 π_{SC} 为：

$$\pi_{SC} = (p_I - c_I)q_I + (p_E - c_E)q_E \qquad (7-5)$$

考虑制造商主导、零售商主导和供需双方均势三种供应链权力结构。在制造商主导结构（M 结构）下，考虑各制造商拥有资源优势等原因，各制造商在供应链定价决策中处于领导地位，为 Stackelberg 博弈的领导者；在零售商主导结构（R 结构）下，考虑零售商长期市场经营或掌握销售渠道等原因，零售商在供应链定价决策中处于领导地位，为 Stackelberg 博弈的领导者；在双方均势结构（N 结构）下，各制造商与零售商具有同等的定价领导权。

本章涉及的部分符号的定义与说明具体见表 7-2。

表 7-2　符号定义与说明

符号	定义与说明
v	消费者的支付意愿或对产品的估值，$v \sim U[0, 1]$
θ	消费者对产品 E 的认同价值，反映两种产品的品牌差异化程度
p_i	零售商决策的产品 i（$i = I, E$）零售价格
w_i	制造商 i 决策的产品 i 批发价格
c_i	产品 i 的生产成本，$c_I > c_E$
q_i	产品 i 的市场需求
u_i	消费者购买产品 i 获得的净效用
π_R	零售商获得的利润
π_i	制造商 i 获得的利润
π_{SC}	供应链系统的利润

第二节 不存在市场入侵的基准模型

为建立品牌差异化制造商市场入侵下的比较基准，本节先分析在位制造商完全市场垄断情形下的供应链均衡。此时，消费者仅能选择购买在位制造商生产的产品 I 或者不购买，且仅当 $u_I \geq 0$，即 $v \geq p_I$ 时，消费者才会购买产品 I，即可得到产品 I 的需求为 $q_I = 1 - p_I$。为简化模型表达，本节用上标"B"来表示不存在市场入侵的基准模型。

在不存在市场入侵情形下，零售商获得的利润为销售高端品牌产品收益减去相应的批发成本，即零售商的利润函数 π_R^B 为：

$$\pi_R^B(p_I) = (p_I - w_I)(1 - p_I) \qquad (7-6)$$

在位制造商获得的利润仍为其产品批发销售收益减去生产成本，即在位制造商的利润函数 π_I^B 为：

$$\pi_I^B(w_I) = (w_I - c_I)(1 - p_I) \qquad (7-7)$$

在 M 结构下，在位制造商根据预期的零售商定价反应来决策产品批发价格 w_I；然后，依据 w_I，零售商决策产品零售价格 p_I。在 R 结构下，用 m_I 表示零售商率先确定的产品 I 的边际利润，即用 $m_I + w_I$ 代替 p_I。首先，预期在位制造商的定价反应，零售商决策 m_I；其次，制造商根据 m_I 决策产品批发价格 w_I。在 N 结构下，制造商与零售商同时决策 w_I、m_I。分别求解三种权力结构下的供应链均衡，可以得到定理 7.1。

定理 7.1 在不存在市场入侵情形下，可求得三种权力结构下的供应链均衡，见表 7-3。

表 7-3 不存在市场入侵下的供应链均衡

j	p_I^{Bj*}	w_I^{Bj*}	q_I^{Bj*}	π_R^{Bj*}	π_I^{Bj*}	π_{SC}^{Bj*}
M	$\dfrac{3+c_I}{4}$	$\dfrac{1+c_I}{2}$	$\dfrac{1-c_I}{4}$	$\dfrac{(1-c_I)^2}{16}$	$\dfrac{(1-c_I)^2}{8}$	$\dfrac{3(1-c_I)^2}{16}$

续表

j	p_I^{Bj*}	w_I^{Bj*}	q_I^{Bj*}	π_R^{Bj*}	π_I^{Bj*}	π_{SC}^{Bj*}
R	$\dfrac{3+c_I}{4}$	$\dfrac{1+3c_I}{4}$	$\dfrac{1-c_I}{4}$	$\dfrac{(1-c_I)^2}{8}$	$\dfrac{(1-c_I)^2}{16}$	$\dfrac{3(1-c_I)^2}{16}$
N	$\dfrac{2+c_I}{3}$	$\dfrac{1+2c_I}{3}$	$\dfrac{1-c_I}{3}$	$\dfrac{(1-c_I)^2}{9}$	$\dfrac{(1-c_I)^2}{9}$	$\dfrac{2(1-c_I)^2}{9}$

表 7-3 中，$j \in \{M, R, N\}$ 分别表示三种不同的供应链权力结构。

证明：在 M 结构下，采用逆向递推法进行求解，并分为两个步骤。

步骤 1：求解零售商的最优定价反应。先求解 π_R^B 关于 p_I 的二阶偏导数，易得 $\partial^2 \pi_R^B / \partial p_I^2 < 0$，即 π_R^B 为关于 p_I 的凹函数，故由最优性一阶条件 $\partial \pi_R^B / \partial p_I = 0$，即可求得零售商的反应函数为 $p_I^{BM*}(w_I) = (1+w_I)/2$。

步骤 2：求解在位制造商的最优定价决策。将 $p_I^{BM*}(w_I)$ 代入 π_I^B，根据二阶条件容易验证 π_I^B 为关于 w_I 的凹函数，故由最优性一阶条件 $\partial \pi_I^B / \partial w_I = 0$，即可求得制造商的最优定价决策为 $w_I^{BM*} = (1+c_I)/2$。进而将 w_I^{BM*} 代入 $p_I^{B*}(w_I)$，即可得到 p_I^{BM*}。

在 R 结构和 N 结构下，用 $m_I + w_I$ 代替 p_I。与 M 结构下的求解过程类似，分为两个步骤进行求解。先以零售商利润最大化为目标，求解零售商的反应函数；然后，以制造商利润最大化为目标，求解制造商的最优定价决策。由此，容易得到 w_I^{BR*}、p_I^{BR*}、w_I^{BN*}、p_I^{BN*}。

分别将上述三种供应链权力结构下的 p_I^{Bj*}（$j \in \{M, R, N\}$）代入需求函数 $q_I = 1 - p_I$，即可得到产品 I 的需求 q_I^{Bj*}；将 w_I^{Bj*}、p_I^{Bj*} 分别代入式（7-6）、式（7-7）即可得到零售商、在位制造商获得的利润分别为 π_R^{Bj*}、π_I^{Bj*}；进而得到供应链系统利润为 $\pi_{SC}^{Bj*} = \pi_R^{Bj*} + \pi_I^{Bj*}$。

定理 7.1 给出了当不存在市场入侵时，三种供应链权力结构下在位制造商和零售商的最优定价决策、产品 I 的需求、供应链成员及供应链系统的利润。可以发现，供应链成员企业间的不同权力结构有可能影响在位制造商和零售商的最优定价决策，进而影响二者以及供应链系统的利润。并且，在位制造商在决策批发价格时，需要考虑产品生产成本的影响，即批发价格会随着产品生产成本的增大而提高,因而零售商决策的产品零售价格也会受到在位制造商产品生产成本的影响,进而影响产品需求以及各企业利润。根据表 7-3,比较三种权力结构下的供应链均衡,得到命题 7.1。

命题 7.1 在进入制造商入侵市场前,比较不同市场权力结构下的供应链均衡,存在如下关系:

(1) $w_I^{BM*} > w_I^{BN*} > w_I^{BR*}$, $p_I^{BM*} = p_I^{BR*} > p_I^{BN*}$;

(2) $\pi_I^{BM*} > \pi_R^{BM*}$, $\pi_R^{BR*} > \pi_I^{BR*}$, $\pi_R^{BN*} = \pi_I^{BN*}$;

(3) $\pi_R^{BM*} < \pi_R^{BN*} < \pi_R^{BR*}$, $\pi_I^{BM*} > \pi_I^{BN*} > \pi_I^{BR*}$, $\pi_{SC}^{BM*} = \pi_{SC}^{BR*} < \pi_{SC}^{BN*}$。

证明:根据表 7-3,比较三种供应链权力结构下的最优定价决策,可以得到:$w_I^{BM*} - w_I^{BN*} = \dfrac{1-c_I}{6} > 0$, $w_I^{BN*} - w_I^{BR*} = \dfrac{1-c_I}{12} > 0$; $p_I^{BM*} - p_I^{BR*} = 0$, $p_I^{BM*} - p_I^{BN*} = \dfrac{1-c_I}{12} < 0$。

比较三种供应链权力结构下的均衡利润,可以得到:$\pi_I^{BM*} - \pi_R^{BM*} = \dfrac{(1-c_I)^2}{16} > 0$, $\pi_R^{BR*} - \pi_I^{BR*} = \dfrac{(1-c_I)^2}{16} > 0$, $\pi_R^{BN*} - \pi_I^{BN*} = 0$; $\pi_R^{BM*} - \pi_R^{BN*} = -\dfrac{(1-c_I)^2}{16} < 0$, $\pi_R^{BN*} - \pi_R^{BR*} = -\dfrac{(1-c_I)^2}{72} < 0$; $\pi_I^{BM*} - \pi_I^{BN*} = \dfrac{(1-c_I)^2}{72} > 0$, $\pi_I^{BN*} - \pi_I^{BR*} = \dfrac{7(1-c_I)^2}{144} > 0$; $\pi_{SC}^{BM*} - \pi_{SC}^{BR*} = 0$, $\pi_{SC}^{BM*} - \pi_{SC}^{BN*} = -\dfrac{(1-c_I)^2}{144} < 0$。

命题 7.1 通过比较不同供应链权力结构下的供应链均衡,考察了供需双方的市场权力结构对最优定价策略和均衡利润的影响。显然,供应链权力结构会影响在位制造商和零售商的最优定价决策,且供需双方不平衡的权力结构会导致在位制造商与零售商之间不平等的利润分配。具体分析,在 $M(R)$ 结构下,在位制造商(零售商)总是会利用其拥有的供应链主导权来实施高价策略,此时处于主导地位的供应链成员总是能够得到更多利润,即在 $M(R)$ 结构下,制造商(零售商)获得的利润总是更高,而在 N 结构下,供需双方将平分整个供应链的利润。另外,不平衡权力结构(M 结构和 R 结构)下的供应链系统利润总是小于平衡权力结构(N 结构)下的值。该命题也表明，拥有主导权的供应链成员总是能够占有更多的利润份额，但由于双重边际效应，不平衡的权力结构也会导致供应链系统利润的损失。

根据命题 7.1，也可以知道，在在位制造商与零售商合作过程中，谁能拥有市场主导权，谁就能占有更多利润份额。因此，在位制造商应当努力通过提高产品竞争力来获取市场主导权，而零售商应当通过其渠道控制力或者掌握的销售渠道来获取市场主导权。但是，如果在位制造商和零售商均不拥有市场主导权，则二者能够均分整个供应链的利润份额。

第三节 市场入侵下的供应链均衡分析

在第二节中，通过构建不存在市场入侵情形下的动态博弈模型，求解得到了基准模型下的供应链均衡，并考察了完全垄断情形下不同市场权力结构对供应链均衡的影响。在此基础上，本节将进一步考虑市场入侵情形，构建进入制造商、在位制造商以及零售商之间的多阶段动态博弈模型，研究不同市场权力结构下市场入侵对供应链均衡的影响。

一 不同市场权力结构下的供应链均衡

本节将分析三种市场权力结构下的供应链均衡。M 结构下，各制造商率先给出各自产品的批发价格 w_i（$i = I, E$），然后零售商决策两种产品的零售价格 p_I 和 p_E；R 结构下，可用 m_i 来表示零售商率先确定的产品 i 的边际利润，即 $m_i = p_i - w_i$，然后各制造商决策各自产品的批发价格 w_i；N 结构下，各制造商与零售商同时进行决策。这种考虑被广泛应用于近期文献中，如 Luo 等（2018）、金亮和郭萌（2018）、Fang 等（2018）的研究成果。

在 M 结构下，在位制造商、进入制造商以及零售商的交易过程为：首先，预期到零售商的定价反应，各制造商同时分别决策各自产品的批发价格 w_I 和 w_E；其次，零售商根据 w_I 和 w_E 同时确定两种产品的零售价格 p_I、p_E。M 结构下的优化问题为：

$$\begin{cases} \max\limits_{w_I} \pi_I(w_I) = (w_I - c_I) q_I(p_I^*, p_E^*) \\ \max\limits_{w_E} \pi_E(w_E) = (w_E - c_E) q_E(p_I^*, p_E^*) \\ \text{s.t. } q_i(p_I^*, p_E^*) \geq 0, w_i \geq c_i, i = I, E \end{cases} \quad (7-8)$$

其中，

$$(p_I^*, p_E^*) = \underset{p_I \geq w_I, p_E \geq w_E}{\operatorname{argmax}} \left[(p_I - w_I) q_I(p_I, p_E) + (p_E - w_E) q_E(p_I, p_E) \right] \quad (7-9)$$

求解 M 结构下的优化问题。根据逆向递推法，先根据式（7-9）求解零售商的最优定价策略；其次，根据式（7-8）求解在位制造商和进入制造商的最优定价策略。

求解零售商的最优定价策略。在给定 w_I 和 w_E 下，求解 $\pi_R(p_I, p_E)$ 的 Hessian 矩阵 H，可以得到：

$$H = \begin{bmatrix} \dfrac{\partial^2 \pi_R}{\partial p_I^2} & \dfrac{\partial^2 \pi_R}{\partial p_I \partial p_E} \\ \dfrac{\partial^2 \pi_R}{\partial p_E \partial p_I} & \dfrac{\partial^2 \pi_R}{\partial p_E^2} \end{bmatrix} = \begin{bmatrix} -\dfrac{2}{1-\theta} & \dfrac{2}{1-\theta} \\ \dfrac{2}{1-\theta} & -\dfrac{2}{(1-\theta)\theta} \end{bmatrix}, |H| = \dfrac{4}{(1-\theta)\theta} > 0 \quad (7-10)$$

根据式（7-10），易知 H 为负定矩阵，即存在唯一最优解，故依据最优性一阶条件可求得零售商的反应函数 $p_I^*(w_I, w_E)$、$p_E^*(w_I, w_E)$ 分别为 $p_I^*(w_I, w_E) = \dfrac{1+w_I}{2}$，$p_E^*(w_I, w_E) = \dfrac{\theta+w_E}{2}$。

然后，将 $p_I^*(w_I, w_E)$、$p_E^*(w_I, w_E)$ 代入式（7-8），分为三种情形求解在位制造商和进入制造商的最优批发价格决策。情形一：当 $\dfrac{p_E}{p_I} < \theta < 1 - p_I + p_E$ 时，$q_i(p_I, p_E) > 0$（$i = I, E$）。首先，将 $p_i^*(w_I, w_E)$ 分别代入 π_i，易知 π_i 为关于 w_i 的凹函数，故由最优性一阶条件即可求得 w_I^{M*}、w_E^{M*}。其次，将 w_I^{M*} 和 w_E^{M*} 代入零售商反应函数，可得 p_I^{M*}、p_E^{M*}。最后，求解临界值 $\underline{\theta}_M = \dfrac{p_E^{M*}}{p_I^{M*}}$，$\overline{\theta}_M = 1 - p_I^{M*} + p_E^{M*}$。情形二：当 $0 < \theta \leq \dfrac{p_E}{p_I}$ 时，由表 7-1，依据 $q_E(p_I, p_E) = 0$ 可知，$w_E = \theta w_I$，$p_E = \theta p_I$。由情形一可知 π_I 为关于 w_I 的凹函

数,故由最优性一阶条件即可求得 $w_I = \dfrac{1-\theta+c_I+w_E}{2}$,并联立 $w_E = \theta w_I$ 可求得 w_I^{M*}。将 w_I^{M*} 代入 $p_I^*(w_I, w_E)$ 可得 p_I^{M*}。情形三:当 $1-p_I+p_E \leq \theta < 1$ 时,由表 7-1,依据 $q_I(p_I, p_E) = 0$ 可知,$p_I = 1-\theta+p_E$,$w_I = 1-\theta+w_E$。由情形一可知 π_E 为关于 w_E 的凹函数,故由最优性一阶条件即可求得 $w_E = \dfrac{\theta w_I + c_E}{2}$,并联立 $\theta = 1-w_I+w_E$ 可求得 w_E^{M*}。将 w_E^{M*} 代入 $p_E^*(w_I, w_E)$ 可得 p_E^{M*}。综合上述求解过程,M 结构下在位制造商、进入制造商以及零售商的最优定价策略见表 7-4。

在 R 结构下,用 m_i+w_i 代替 p_i,在位制造商、进入制造商以及零售商的交易过程为:首先,预期到各制造商的定价反应,零售商同时决策 m_I、m_E;然后,根据 m_I、m_E,各制造商同时分别确定各自产品的批发价格 w_I 和 w_E。R 结构下的优化问题为:

$$\begin{cases} \max\limits_{m_I, m_E} \pi_R(m_I, m_E) = (p_I - w_I) q_I(m_I^*, m_E^*) + (p_E - w_E) q_E(w_I^*, w_E^*) \\ \text{s.t. } q_i(w_I^*, w_E^*) \geq 0, m_i \geq 0, i = I, E \end{cases} \quad (7-11)$$

其中,

$$\begin{cases} w_I^* = \underset{w_I \geq c_I}{\operatorname{argmax}} (w_I - c_I) q_I(m_I, m_E) \\ w_E^* = \underset{w_E \geq c_E}{\operatorname{argmax}} (w_E - c_E) q_E(m_I, m_E) \end{cases} \quad (7-12)$$

求解 R 结构下的优化问题。根据逆向递推法,先根据式(7-12)求解在位制造商和进入制造商的最优定价策略;然后,根据式(7-11)求解零售商的最优定价策略。

求解在位制造商和进入制造商的最优定价策略。在给定 m_I 和 m_E 情况下,求解 π_i 关于 w_i 的二阶偏导数,可得 $\dfrac{\partial^2 \pi_i}{\partial w_i^2} < 0$,即 π_i 为关于 w_i 的凹函数,故由最优性一阶条件求得各制造商的反应函数 $w_I^*(m_I, m_E)$、$w_E^*(m_I, m_E)$ 分别为 $w_I^*(m_I, m_E) = \dfrac{(1-\theta)(2-m_I) - m_I + m_E + c_E + 2c_I}{4-\theta}$ 和 $w_E^*(m_I, m_E)$

$$m_E) = \frac{(1-\theta)(\theta - m_E) - m_E + \theta m_I + \theta c_I + 2c_E}{4-\theta}。$$

求解零售商的最优定价策略。将 $w_I^*(m_I, m_E)$、$w_E^*(m_I, m_E)$ 代入式 (7-10)，根据表 7-1 中的三种需求情形，分为以下三种情形求解。情形一：当 $\frac{p_E}{p_I} < \theta < 1 - p_I + p_E$ 时，$q_i(p_I, p_E) > 0$ ($i = I, E$)。首先，将 $w_I^*(m_I, m_E)$ 和 $w_E^*(m_I, m_E)$ 代入 π_R，易知 $\pi_R(m_I, m_E)$ 的 Hessian 矩阵 H 负定，故依据最优性一阶条件即可求得 $m_I^{R*} = \frac{1-c_I}{2}$，$m_E^{R*} = \frac{\theta - c_E}{2}$。其次，将 m_I^{R*} 和 m_E^{R*} 代入 $w_I^*(m_I, m_E)$、$w_E^*(m_I, m_E)$ 可得 w_I^{R*}、w_E^{R*}，进而可得 p_I^{R*} 和 p_E^{R*}。最后，求解临界值 $\underline{\theta}_R = \frac{p_E^{R*}}{p_I^{R*}}$，$\overline{\theta}_R = 1 - p_I^{R*} + p_E^{R*}$。情形二：当 $0 < \theta \leq \frac{p_E}{p_I}$ 时，由表 7-1，依据 $q_E(p_I, p_E) = 0$ 可知，$p_E = \theta p_I$。将 $m_i = p_i - w_i$ 代入 $w_I^*(m_I, m_E)$ 和 $w_E^*(m_I, m_E)$，即可求得 $w_I^*(p_I, p_E) = 1 - \theta - p_I + p_E + c_I$，$w_E^*(p_I, p_E) = \theta p_I - p_E + c_E$，由此得到零售商关于 p_I 的函数，且易知 π_R 为关于 p_I 的凹函数，故由一阶条件可得 p_I^{R*}，进而可得 w_I^{R*}。情形三：当 $1 - p_I + p_E \leq \theta < 1$ 时，由表 7-1，依据 $q_I(p_I, p_E) = 0$ 可知，$p_I = 1 - \theta + p_E$。联立情形二中 $w_I^*(p_I, p_E)$ 和 $w_E^*(p_I, p_E)$ 的函数，得到零售商关于 p_E 的函数，且 π_R 为关于 p_E 的凹函数，因而可求得 p_E^{R*}，进而可得 w_E^{R*}。综合上述求解过程，R 结构下在位制造商、进入制造商以及零售商的最优定价策略见表 7-4。

在 N 结构下，用 $m_i + w_i$ ($i = I, E$) 代替 p_i，在位制造商、进入制造商以及零售商的交易过程为：零售商与各制造商同时进行决策，即零售商决策 m_I 和 m_E，各制造商分别决策 w_I 和 w_E。N 结构下的优化问题为：

$$\begin{cases} \max_{m_I, m_E} \pi_R(m_I, m_E) = (p_I - w_I) q_I(m_I, m_E) + (p_E - w_E) q_E(m_I, m_E) \\ \max_{w_I} \pi_I(w_I) = (w_I - c_I) q_I(m_I, m_E) \\ \max_{w_E} \pi_E(w_E) = (w_E - c_E) q_E(m_I, m_E) \\ \text{s.t. } q_i(m_I, m_E) \geq 0, m_i \geq 0, w_i \geq c_i, i = I, E \end{cases} \quad (7-13)$$

求解 N 结构下的优化问题。根据式（7-13），在位制造商、进入制造商以及零售商同时决策最优定价策略。

根据 M 结构和 R 结构下的求解过程，容易知道 $\pi_R(m_I, m_E)$ 的 Hessian 矩阵 H 为负定矩阵，$\pi_i(i=I, E)$ 为关于 w_i 的凹函数，即均存在唯一最优解。依据表 7-1，分为以下三种情形求解各企业的最优定价策略。情形一：当 $\frac{p_E}{p_I} < \theta < 1 - p_I + p_E$ 时，$q_i(p_I, p_E) > 0$ $(i = I, E)$。由最优性一阶条件可以求得 $m_I^{N*} = \frac{3(1-c_I) + \theta - c_E}{9 - \theta}$，$m_E^{N*} = \frac{(4-c_I)\theta - 3c_E}{9 - \theta}$，进而可得 w_I^{N*}、w_E^{N*}、p_I^{N*}、p_E^{N*}。最后，求解临界值 $\underline{\theta}_N = \frac{p_E^{N*}}{p_I^{N*}}$，$\overline{\theta}_N = 1 - p_I^{N*} + p_E^{N*}$。情形二：当 $0 < \theta \leq \frac{p_E}{p_I}$ 时，由表 7-1，$q_E(p_I, p_E) = 0$ 可知 $p_E = \theta p_I$，即 $m_E = \theta(m_I + w_I) - w_E$。将 m_E 代入 π_R 得到 $\pi_R(m_I) = m_I(1 - m_I - w_I)$，可知 $\pi_R(m_I)$ 为关于 m_I 的凹函数，故可求得 $m_I^{N*} = \frac{1 - c_I}{3 - \theta}$，$w_I^{N*} = \frac{1 - \theta + 2c_I}{3 - \theta}$，进而可得 p_I^{N*}。情形三：当 $1 - p_I + p_E \leq \theta < 1$ 时，由表 7-1，依据 $q_I(p_I, p_E) = 0$ 可知，$p_I = 1 - \theta + p_E$，即 $m_I = 1 - \theta + m_E + w_E - w_I$。将 m_I 代入 π_R 得到 $\pi_R(m_E) = \frac{m_E(\theta - m_E - w_E)}{\theta}$，可知 $\pi_R(m_E)$ 为关于 m_E 的凹函数，故可求得 $m_E^{N*} = \frac{\theta - c_E}{3 - \theta}$，$w_E^{N*} = \frac{(1 - \theta)\theta + 2c_E}{3 - \theta}$，进而可得 p_E^{N*}。综合上述求解过程，N 结构下在位制造商、进入制造商以及零售商的最优定价策略见表 7-4。

定理 7.2 在市场入侵情形下，可得 j $(j \in \{M, R, N\})$ 权力结构下唯一的子博弈精炼纳什均衡，且分为三种情形，见表 7-4。

表 7-4 市场入侵下的供应链均衡

情形		p_I^{j*}	p_E^{j*}	w_I^{j*}	w_E^{j*}
$0 < \theta \leq \underline{\theta}^j$	M	$1 - \frac{1-c_I}{2(2-\theta)}$	n. a.	$1 - \frac{1-c_I}{2-\theta}$	n. a.

续表

情形		p_I^{j*}	p_E^{j*}	w_I^{j*}	w_E^{j*}
$0<\theta\leq\underline{\theta}^j$	R	$\dfrac{3-2\theta+c_I}{2(2-\theta)}$	n. a.	$\dfrac{1-\theta+(3-\theta)c_I}{2(2-\theta)}$	n. a.
	N	$\dfrac{2-\theta+c_I}{3-\theta}$	n. a.	$\dfrac{1-\theta+2c_I}{3-\theta}$	n. a.
$\underline{\theta}^j<\theta<\overline{\theta}^j$	M	$\dfrac{3(2-\theta)+2c_I+c_E}{2(4-\theta)}$	$\dfrac{B}{2(4-\theta)}$	$\dfrac{2(1-\theta)+2c_I+c_E}{4-\theta}$	$\dfrac{A+2c_E}{4-\theta}$
	R	$\dfrac{3(2-\theta)+2c_I+c_E}{2(4-\theta)}$	$\dfrac{B}{2(4-\theta)}$	$\dfrac{2(1-\theta)+(6-\theta)c_I+c_E}{2(4-\theta)}$	$\dfrac{A+(6-\theta)c_E}{2(4-\theta)}$
	N	$\dfrac{2(3-\theta)+3c_I+c_E}{9-\theta}$	$\dfrac{B+\theta^2+c_E}{9-\theta}$	$\dfrac{3(1-\theta)+6c_I+2c_E}{9-\theta}$	$\dfrac{A+\theta c_I+6c_E}{9-\theta}$
$\overline{\theta}^j\leq\theta<1$	M	n. a.	$\dfrac{\theta(3-2\theta)+c_E}{4-2\theta}$	n. a.	$\dfrac{\theta(1-\theta)+c_E}{2-\theta}$
	R	n. a.	$\dfrac{\theta(3-2\theta)+c_E}{2(2-\theta)}$	n. a.	$\dfrac{\theta(1-\theta)+(3-\theta)c_E}{2(2-\theta)}$
	N	n. a.	$\dfrac{(2-\theta)\theta+c_E}{3-\theta}$	n. a.	$\dfrac{(1-\theta)\theta+2c_E}{3-\theta}$

表 7-4 中，$A=(1-\theta)\theta+\theta c_I$，$B=(5-2\theta)\theta+\theta c_I+2c_E$。$\underline{\theta}^M=\underline{\theta}^R=[1+c_I+c_E-\sqrt{(1+c_I+c_E)^2-8c_E}]/2$，$\overline{\theta}^M=\overline{\theta}^R=(2-2c_I+c_E)/(2-c_I)$，

$\underline{\theta}^N=[1+2c_I+c_E-\sqrt{(1+2c_I+c_E)^2-12c_E}]/2$，$\overline{\theta}^N=[3(1-c_I)+2c_E]/(3-c_I)$。

定理 7.2 给出了当存在市场入侵时，三种权力结构下的供应链均衡。容易知道，当消费者对产品 E 的认同价值较低（$0<\theta\leq\underline{\theta}^j$）时，产品 E 将不会有需求发生，在位制造商完全垄断市场，但进入制造商的市场入侵威胁仍然会影响在位制造商的定价策略。随着消费者对产品 E 认同价值的提高（$\underline{\theta}^j<\theta<\overline{\theta}^j$），部分对产品 I 估值较低的消费者将放弃购买产品 I，转而购买产品 E，此时两种产品均会有需求发生，并形成寡头垄断市场。但是，当消费者对产品 E 认同价值超过某一阈值（$\overline{\theta}^j$）时，进入制造商通过低价策略能够完全垄断市场。该定理也表明，进入制造商并不一定能够成功入侵市场，这取

决于市场对进入制造商产品的反应。

根据定理7.2，比较不同供应链权力结构下的临界值，存在关系：$\underline{\theta}^M = \underline{\theta}^R < \underline{\theta}^N$，$\overline{\theta}^M = \overline{\theta}^R > \overline{\theta}^N$。首先，将在位制造商、进入制造商以及零售商的最优定价决策代入式（7-3），即可得到三种供应链权力结构下零售商获得的利润为 π_R^{j*}；其次，将在位制造商、进入制造商的最优定价决策分别代入各自的利润函数式（7-4），即可得到三种供应链权力结构下各制造商获得的利润为 π_i^{j*}；最后，将零售商的最优定价决策分别代入表7-1和式（7-5），可以得到三种供应链权力结构下的产品需求 q_i^{j*} 和供应链系统利润 π_{SC}^{j*}。

命题 7.2 当两种产品均有需求发生并形成寡头垄断市场结构时，产品 I 的最优批发价格和零售价格总是要比产品 E 的值高，表现为：当 $\underline{\theta}^j < \theta < \overline{\theta}^j$（$j \in \{M, R, N\}$）时，$w_I^{j*} > w_E^{j*}$，$p_I^{j*} > p_E^{j*}$。

证明：根据表7-4，当 $\underline{\theta}^j < \theta < \overline{\theta}^j$ 时，比较 j 结构下高端品牌产品和普通品牌产品的最优价格，可以得到：

$$w_I^{M*} - w_E^{M*} = \frac{(1-\theta)(2 + c_I - \theta) + (c_I - c_E)}{4 - \theta} > 0,$$

$$p_I^{M*} - p_E^{M*} = \frac{(1-\theta)(6 + c_I - 2\theta) + (c_I - c_E)}{2(4 - \theta)} > 0;$$

$$w_I^{R*} - w_E^{R*} = \frac{(1-\theta)(2 + c_I - \theta) + (5 - \theta)(c_I - c_E)}{2(4 - \theta)} > 0,$$

$$p_I^{R*} - p_E^{R*} = \frac{(1-\theta)(6 + c_I - 2\theta) + (c_I - c_E)}{2(4 - \theta)} > 0;$$

$$w_I^{N*} - w_E^{N*} = \frac{(1-\theta)(3 + 2c_I - \theta) + 4(c_I - c_E)}{9 - \theta} > 0,$$

$$p_I^{N*} - p_E^{N*} = \frac{(1-\theta)(6 + c_I - \theta) + 2(c_I - c_E)}{9 - \theta} > 0。$$

命题7.2表明，在不同市场权力结构下，由于消费者对高端品牌产品 I 具有更高的支付意愿，因而零售商总是会对产品 I 实施高价策略，设置较高的零售价格（$p_I^{j*} > p_E^{j*}$）。同时，更高的产品零售价格也使得在位制造商拥有较大的定价空间，因而在位制造商决策的产品批发价格也更高（$w_I^{j*} > w_E^{j*}$）。在位制造商更高的产品生产成本并非其制定高价的决定性因素，可以验证，

当 $c_I = c_E$ 时，$w_I^{j*} > w_E^{j*}$ 仍然成立，故两家品牌差异化竞争制造商的定价差异取决于消费者对二者的不同支付意愿。这也意味着，当消费者对产品的支付意愿或认同价值较高时，企业总是会选择高价策略来获利。

二 市场入侵对在位制造商和零售商的影响

本节将通过比较在位制造商和零售商的最优定价决策及利润，分析进入制造商市场入侵对在位制造商和零售商的影响，比较结果见表 7-5。其中，$w_I^{j*} - w_I^{Bj*}$、$p_I^{j*} - p_I^{Bj*}$（$j \in \{M, R, N\}$）分别表示 j 市场权力结构下市场入侵对高端品牌产品最优批发价格和零售价格的影响；$q_I^{j*} - q_I^{Bj*}$ 表示 j 市场权力结构下市场入侵对高端品牌产品需求的影响；$\pi_R^{j*} - \pi_R^{Bj*}$、$\pi_I^{j*} - \pi_I^{Bj*}$、$\pi_{SC}^{j*} - \pi_{SC}^{Bj*}$ 分别表示 j 市场权力结构下市场入侵对零售商、在位制造商以及供应链系统利润的影响。

表 7-5 j （$j \in \{M, R, N\}$）结构下市场入侵的影响

情形		$w_I^{j*} - w_I^{Bj*}$	$p_I^{j*} - p_I^{Bj*}$	$q_I^{j*} - q_I^{Bj*}$	$\pi_R^{j*} - \pi_R^{Bj*}$	$\pi_I^{j*} - \pi_I^{Bj*}$	$\pi_{SC}^{j*} - \pi_{SC}^{Bj*}$
$0 < \theta \leq \underline{\theta}^j$	M	−	−	+	+	−	+
	R	−	−	+	+	−	+
	N	−	−	+	+	−	+
$\underline{\theta}^j < \theta < \bar{\theta}^j$	M	−	−	θ^M	+	−	+
	R	−	−	θ^R	+	−	+
	N	−	−	θ^N	+	−	+
$\bar{\theta}^j \leq \theta < 1$	M	n. a.	n. a.	n. a.	+	n. a.	+
	R	n. a.	n. a.	n. a.	+	n. a.	+
	N	n. a.	n. a.	n. a.	+	n. a.	+

表 7-5 中，"−""+"分别表示等于小于零和大于零。θ^j 表示其与零的大小取决于临界值 θ^j，即当 $\underline{\theta}^M < \theta < \theta^j$ 时，$q_I^{j*} - q_I^{Bj*} > 0$。其中，$\theta^M = \theta^R = \dfrac{1 - 3c_I + \sqrt{(1+3c_I)^2 + 8(1-c_I)c_E}}{2(1-c_I)}$，$\theta^N = \dfrac{1 - 7c_I + \sqrt{(1-7c_I)^2 + 24(1-c_I)c_E}}{2(1-c_I)}$。

命题 7.3 ①在不同权力结构下，市场入侵会使在位制造商实施低价策

略，降低产品 I 的批发价格，因而零售商也将降低产品 I 的零售价格，表现为 $w_I^{j*} < w_I^{Bj*}$，$p_I^{j*} < p_I^{Bj*}$（$j \in \{M, R, N\}$）；②在不同权力结构下，市场竞争总是能有效提升零售商和供应链系统的利润，但也会导致在位制造商的利润损失，表现为 $\pi_R^{j*} > \pi_R^{Bj*}$，$\pi_{SC}^{j*} > \pi_{SC}^{Bj*}$，$\pi_I^{j*} < \pi_I^{Bj*}$。

证明：依据表 7-5，比较进入制造商入侵市场前后产品 I 的最优批发价格和零售价格，容易得到：当 $0 < \theta \leq \underline{\theta}^j$ 时，$w_I^{j*} - w_I^{Bj*} < 0$，$p_I^{j*} - p_I^{Bj*} < 0$；当 $\underline{\theta}^j < \theta < \overline{\theta}^j$ 时，$w_I^{j*} - w_I^{Bj*} < 0$，$p_I^{j*} - p_I^{Bj*} < 0$；当 $\overline{\theta}^j \leq \theta < 1$ 时，由于在位制造商的产品 I 没有需求发生，因而不进行比较。

比较进入制造商入侵市场前后零售商、在位制造商以及供应链系统的利润，容易得到：当 $0 < \theta \leq \underline{\theta}^j$ 时，$\pi_R^{j*} - \pi_R^{Bj*} > 0$，$\pi_{SC}^{j*} - \pi_{SC}^{Bj*} > 0$，$\pi_I^{j*} - \pi_I^{Bj*} < 0$；当 $\underline{\theta}^j < \theta < \overline{\theta}^j$ 时，$\pi_R^{j*} - \pi_R^{Bj*} > 0$，$\pi_{SC}^{j*} - \pi_{SC}^{Bj*} > 0$，$\pi_I^{j*} - \pi_I^{Bj*} < 0$；当 $\overline{\theta}^j \leq \theta < 1$ 时，$\pi_R^{j*} - \pi_R^{Bj*} > 0$，$\pi_{SC}^{j*} - \pi_{SC}^{Bj*} > 0$，而由于在位制造商的产品 I 没有需求发生，因而不分析其利润。

命题 7.3 比较了市场入侵前后的供应链均衡。显然，进入制造商的市场入侵会影响最优产品价格以及各企业利润。具体分析，当在位制造商完全垄断市场（$0 < \theta \leq \underline{\theta}^j$）时，面临进入制造商的市场入侵威胁，在位制造商总是需要降低产品 I 的批发价格，由此使得零售商降低产品 I 的零售价格，需求增加。当在位制造商与进入制造商形成寡头垄断市场（$\underline{\theta}^j < \theta < \overline{\theta}^j$）时，市场竞争会导致产品 I 的批发价格和零售价格均降低，但由于对产品 I 估值较低的部分消费者将选择购买产品 E，因而产品 I 的需求并不一定会增加，这取决于产品 E 与产品 I 的品牌差异化程度。这也意味着，面对市场入侵威胁或者市场竞争，在位制造商通过调整其定价策略，其产品的市场需求并不一定会降低，即在位制造商的市场占有率并不一定会降低。

根据命题 7.3，也可以知道，当在位制造商完全垄断市场或与进入制造商形成寡头垄断市场（$0 < \theta < \overline{\theta}^j$）时，产品 I 需求增加对零售商利润的正效应占优，零售商利润增加；而产品 I 批发价格降低对在位制造商利润的负效应占优，在位制造商利润减少。当进入制造商完全垄断市场（$\overline{\theta}^j \leq \theta < 1$）时，产品 E 更低的价格和更高的需求能够使零售商获得更多利润。此外，

如果在位制造商选择通过低价策略来阻止进入制造商进入市场，则市场竞争仍然会导致在位制造商的利润损失，如面临众多品牌手机厂商的竞争，苹果公司所占有的智能手机市场的利润份额逐年降低，据美国市场研究公司 Strategy Analytics 的研究数据，其利润份额由 2016 年的 91% 降低为 2017 年的 87%。

接下来，为直观考察市场入侵的影响，设置参数 $c_I = 0.4$，$c_E = 0.2$，绘制市场入侵对零售商、在位制造商以及供应链系统利润的影响曲线，如图 7-2、图 7-3、图 7-4 所示。为简化表达，先定义 $\Delta_R^j = \pi_R^{j*} - \pi_R^{Bj*}$、$\Delta_I^j = \pi_I^{j*} - \pi_I^{Bj*}$、$\Delta_{SC}^j = \pi_{SC}^{j*} - \pi_{SC}^{Bj*}$ 分别表示进入制造商市场入侵前后的零售商利润之差、在位制造商利润之差和供应链系统利润之差。

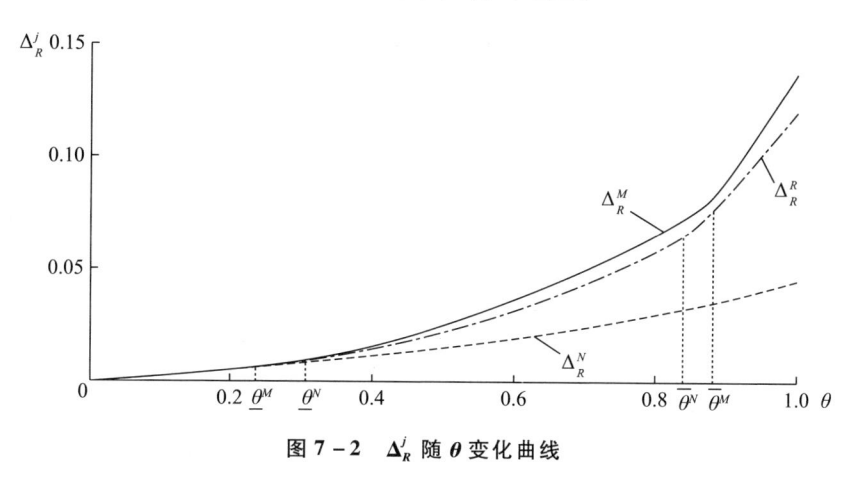

图 7-2　Δ_R^j 随 θ 变化曲线

在图 7-2 中，绘制了三种供应链权力结构下的零售商利润之差。由图 7-2 可知：在不同供应链权力结构下，当进入制造商入侵市场与在位制造商进行竞争时，零售商总是能够获得更多的利润 $\Delta_R^j > 0$，表明市场竞争对零售商有利；并且，零售商利润之差 Δ_R^j 总是会随 θ 的增大而增大，表明当消费者对产品 E 认同价值较高时，市场竞争加剧，市场入侵对零售商利润增加的有利影响更加显著；但是，当在位制造商完全垄断市场时，三种供应链权力结构下的零售商利润之差存在关系 $\Delta_R^M = \Delta_R^R > \Delta_R^N$，表明不平衡的供应链权力结构会加剧市场竞争对零售商的影响；但当进入制造商成功入侵市场或完全占领市场时，存在关系 $\Delta_R^M > \Delta_R^N > \Delta_R^R$，表明零售商拥有主导权反而获得的利润增量最小。

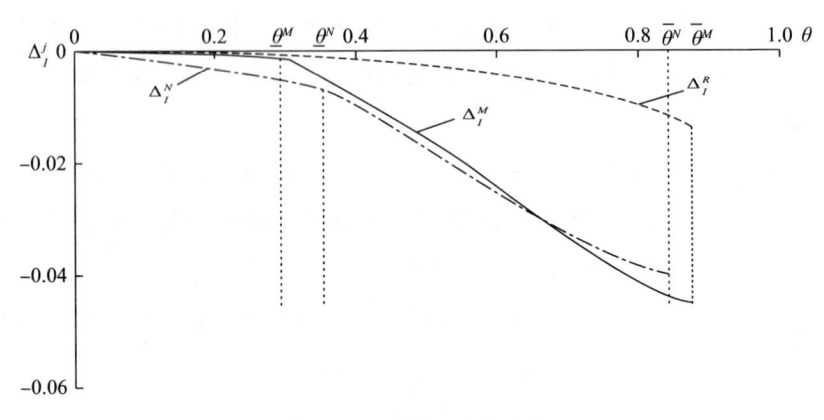

图 7-3 Δ_I^j 随 θ 变化曲线

在图 7-3 中，绘制了三种供应链权力结构下的在位制造商利润之差。由图 7-3 可知：在不同供应链权力结构下，进入制造商的市场入侵或市场入侵威胁总是会导致在位制造商利润的损失，即 $\Delta_I^j < 0$，因而在位制造商有动机通过实施低价策略来阻止进入制造商入侵市场；并且，随着消费者对产品 E 认同价值的提高，在位制造商和进入制造商的竞争加剧，市场入侵给在位制造商造成的利润损失增大，且寡头垄断市场结构下在位制造商的利润损失比完全垄断市场结构下的值要大；当在位制造商完全垄断市场时，比较三种权力结构下的在位制造商利润损失，存在关系 $|\Delta_I^R| < |\Delta_I^M| < |\Delta_I^N|$；当在位制造商与进入制造商形成寡头垄断市场时，$R$ 结构下在位制造商的损失仍然最小；而与完全垄断市场结构不同的是，当 θ 较大时，N 结构下在位制造商利润损失有可能要更大（比 M 结构下的值）。

在图 7-4 中，绘制了三种供应链权力结构下的供应链系统利润之差。由图 7-4 可知：在不同供应链权力结构下，从供应链系统的视角来看，进入制造商的市场入侵总是有利的，即有利于提高整个供应链系统的利润（$\Delta_{SC}^j > 0$）；与此同时，随着消费者对产品 E 认同价值的提高，市场竞争加剧，进入制造商的市场入侵对供应链系统利润增加的有利影响更加显著；当

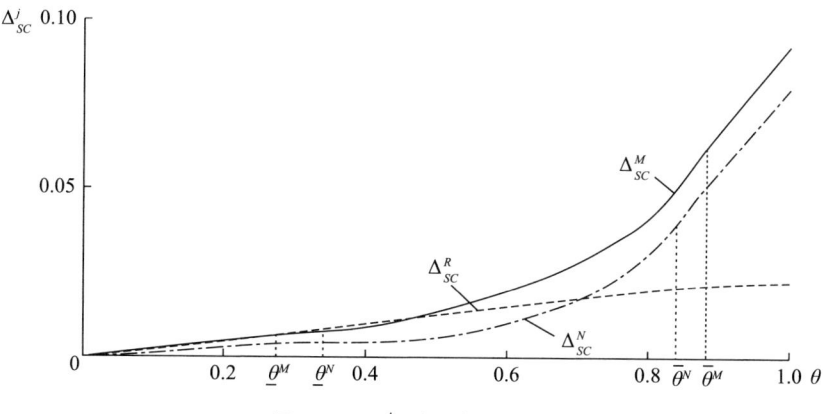

图 7-4 Δ_{SC}^j 随 θ 变化曲线

在位制造商完全垄断市场时，$\Delta_{SC}^M = \Delta_{SC}^R > \Delta_{SC}^N$；当进入制造商完全垄断市场时，$\Delta_{SC}^M > \Delta_{SC}^R > \Delta_{SC}^N$；在寡头垄断市场结构下，当 θ 较小时，R 结构下供应链系统利润增量最大；随着 θ 的增大，M 结构下供应链系统利润增量最大；R 结构和 N 结构下供应链系统利润增量大小存在一定的不确定性，这取决于 θ 的大小。结合图 7-2，还可以知道，从零售商和供应链系统利润最大化的视角来看，引入进入制造商与在位制造商进行竞争是最优策略。

命题 7.4 在不同供应链权力结构下，比较各制造商与零售商获得的利润，可以得到：

（1）当 $0 < \theta \leqslant \underline{\theta}^j$ 时，$\pi_R^{M*} < \pi_I^{M*}$，$\pi_R^{R*} > \pi_I^{R*}$，$\pi_R^{N*} > \pi_I^{N*}$；

（2）当 $\underline{\theta}^j < \theta < \overline{\theta}^j$ 时，$\pi_R^{R*} > \pi_I^{R*} + \pi_E^{R*}$，$\pi_R^{N*} > \pi_I^{N*} + \pi_E^{N*}$，存在 $\hat{\theta} \in (\underline{\theta}^M, \overline{\theta}^M)$，使得当 $\underline{\theta}^M < \theta < \hat{\theta}$ 时，$\pi_R^{M*} < \pi_I^{M*} + \pi_E^{M*}$；

（3）当 $\overline{\theta}^j \leqslant \theta < 1$ 时，$\pi_R^{M*} < \pi_E^{M*}$，$\pi_R^{R*} > \pi_E^{R*}$，$\pi_R^{N*} > \pi_E^{N*}$。

证明：当 $0 < \theta \leqslant \underline{\theta}^j$ 时，$\pi_R^{M*} - \pi_I^{M*} = -(1-2\theta)Z < 0$，$\pi_R^{R*} - \pi_I^{R*} = Z > 0$，其中 $Z = \dfrac{(1-c_I)^2}{4(2-\theta)^2}$，$\pi_R^{N*} - \pi_I^{N*} = \dfrac{\theta(1-c_I)^2}{(3-\theta)^2} > 0$。

当 $\underline{\theta}^j < \theta < \overline{\theta}^j$ 或 $\overline{\theta}^j \leqslant \theta < 1$ 时，与 $0 < \theta \leqslant \underline{\theta}^j$ 证明过程类似，略。

命题 7.4 表明，不同供应链权力结构和市场入侵均会影响供需双方的利润分配。在完全垄断市场结构下，M 结构下处于主导地位的在位制造商或者进入制造商总是能够获得比零售商更多的利润；在 R 结构下，零售商则总是能够获得比制造商更多的利润。在寡头垄断市场结构下，处于主导地位的零售商仍然能够获得更多利润；但在 M 结构下，由于两家制造商之间存在竞争，因而处于主导地位的各制造商获得的利润之和不一定会比零售商获得的利润高，这取决于两种产品的品牌差异化程度。也就是说，当产品 E 与产品 I 的品牌差异化程度较高（$\underline{\theta}^M < \theta < \hat{\theta}$）时，仍然满足 $\pi_I^{M*} + \pi_E^{M*} > \pi_R^{M*}$，但随着市场竞争的加剧，二者获得的利润将降低，并小于零售商的利润；在 N 结构下，市场竞争的存在仍然会导致供需双方不平等的利润分配，且零售商总是能够获得比各制造商更多的利润。

此外，根据命题 7.4 也可以知道，供需双方企业所拥有的市场权力或供应链主导权会影响其利润水平。如果零售商拥有供应链主导权或者供需双方均势，则其能够获得比在位制造商和进入制造商更多的利润；如果各制造商拥有供应链主导权，则各制造商能够获得更多的利润。因此，各供应链成员企业应当尽可能地获取供应链主导权，即使供需双方均势，但由于市场竞争的存在，零售商也能够获得更多的利润份额。

第四节 不同市场权力结构下的均衡比较分析

本节将通过比较不同市场权力结构下的供应链均衡，分析市场权力结构对供应链均衡决策和绩效的影响。

一 决策比较分析

依据表 7-4，比较不同市场权力结构下零售商和各制造商的最优定价决策，即最优产品零售价格与批发价格，得到命题 7.5 和命题 7.6。

命题 7.5 比较不同市场权力结构下零售商和各制造商的最优定价决策，可以得到以下结论。

(1) 当 $0 < \theta \leqslant \underline{\theta}^M$ 时，$w_I^{M*} > w_I^{N*} > w_I^{R*}$，$p_I^{M*} = p_I^{R*} > p_I^{N*}$，$q_I^{M*} = q_I^{R*} < q_I^{N*}$。

(2) 当 $\underline{\theta}^N < \theta < \overline{\theta}^N$ 时，$w_I^{M*} > \max\{w_I^{R*}, w_I^{N*}\}$，$p_I^{M*} = p_I^{R*} > p_I^{N*}$，$q_I^{M*} =$

q_I^{R*}, $w_E^{M*} > \max\{w_E^{R*}, w_E^{N*}\}$, $p_E^{M*} = p_E^{R*} > p_E^{N*}$, $q_E^{M*} = q_E^{R*}$;

当 $\theta_I < \theta < \bar{\theta}^N$ 时，$w_I^{R*} > w_I^{N*}$，$q_I^{R*} < q_I^{N*}$；

当 $\underline{\theta}^N < \theta < \theta_E$ 时，$w_E^{R*} > w_E^{N*}$，$q_E^{R*} < q_E^{N*}$；

(3) 当 $\bar{\theta}^M \leq \theta < 1$ 时，$w_E^{M*} > w_E^{N*} > w_E^{R*}$，$p_E^{M*} = p_E^{R*} > p_E^{N*}$，$q_E^{M*} = q_E^{R*} < q_E^{N*}$。

其中，$\theta_I = \dfrac{10 - 3(c_I - c_E) + \sqrt{(8-3c_E)^2 - 15(2-c_I)^2 + 2c_E(5c_I - 2)}}{2(4-c_I)}$，

$\theta_E \in (\underline{\theta}^N, \bar{\theta}^N)$。

证明：先定义 $X = \dfrac{(1-\theta)(1-c_I)}{(2-\theta)(3-\theta)}$，$Y = (4-\theta)(9-\theta)$，依据定理 7.2，比较不同市场权力结构下的最优产品批发价格和零售价格，可以得到，当 $0 < \theta \leq \underline{\theta}^M$ 时，$w_I^{M*} - w_I^{N*} = \dfrac{(1-\theta)(1-c_I)}{(2-\theta)(3-\theta)} > 0$，$w_I^{R*} - w_I^{N*} = -\dfrac{(1-\theta)^2(1-c_I)}{2(2-\theta)(3-\theta)} < 0$，$p_I^{M*} - p_I^{R*} = 0$，$p_I^{M*} - p_I^{N*} = \dfrac{(1-\theta)(1-c_I)}{2(2-\theta)(3-\theta)} > 0$，$q_I^{M*} - q_I^{R*} = 0$，$q_I^{R*} - q_I^{N*} = -\dfrac{(1-\theta)(1-c_I)}{(2-\theta)(3-\theta)} < 0$。

同理，当 $\underline{\theta}^N < \theta < \bar{\theta}^N$ 或 $\bar{\theta}^M \leq \theta < 1$ 时，直接比较易得，略。

命题 7.5 比较了不同市场权力结构下的均衡定价与产品需求。显然，各制造商和零售商均会根据不同市场权力结构调整各自的定价策略，进而影响产品需求。$0 < \theta \leq \underline{\theta}^j$ 和 $\bar{\theta}^j \leq \theta < 1$ 两种情形下，即市场上仅一种产品（高端品牌产品或者普通品牌产品）有需求发生，可知 M 结构下的各制造商处于供应链主导地位，在位制造商与进入制造商总是会设置（比 N 结构和 R 结构）更高的批发价格；在 R 结构下，处于从属地位的两家制造商设置的批发价格总是最低。对于零售商而言，在不平衡的权力结构（M 结构和 R 结构）下，两种产品的零售价格总是相等，但在 R 结构下，零售商处于主导地位，决策的两种产品边际利润也更高，容易验证 $p_I^{R*} - w_I^{R*} > p_I^{M*} - w_I^{M*}$，$p_E^{R*} - w_E^{R*} > p_E^{M*} - w_E^{M*}$。并且，$M$ 结构和 R 结构下两种产品零售价格均要高于 N 结构下的值。由此，可以发现，在 M 结构和 R 结构下，两种产品的需求总是相等，并小于 N 结构下的产品需求。

根据命题 7.5，还可以知道，当两种产品均有需求发生，即 $\underline{\theta}^j < \theta < \overline{\theta}^j$ 时，在位制造商和进入制造商形成寡头垄断竞争市场，与完全垄断市场结构类似，M 结构下的两种产品批发价格总是更高，不平衡权力结构下两种产品的零售价格和需求相等。不同的是，不平衡权力结构下两种产品的批发价格和需求并不一定恒小于或恒大于平衡权力结构下的值。具体分析，当消费者对产品 E 认同价值较高（$\theta_I < \theta < \overline{\theta}^N$）时，市场竞争加剧，在不平衡的权力结构下，在位制造商实施高价策略，产品需求较低；对于进入制造商，当消费者对其产品认同价值较低（$\underline{\theta}^N < \theta < \theta_E$）时，才会设置较高的批发价格，产品需求较低。该命题表明，不平衡权力结构和市场竞争情形均会对供应链成员的最优定价策略产生影响，而拥有主导权的供应链成员总是会制定更高的价格。

命题 7.6 在寡头垄断市场结构下，比较产品 I 与产品 E 的需求，可以得到：

（1）当 $\underline{\theta}^M < \theta < \theta_1$ 时，$q_I^{M*} > q_E^{M*}$，$q_I^{R*} > q_E^{R*}$，

其中 $\theta_1 = \dfrac{1 - 3c_I + \sqrt{(1-3c_I)^2 + 8(1-c_I)c_E}}{2(1-c_I)}$；

（2）当 $\underline{\theta}^N < \theta < \theta_2$ 时，$q_I^{N*} > q_E^{N*}$，

其中 $\theta_2 = \dfrac{2 - 5c_I + c_E + \sqrt{(2-5c_I+c_E)^2 + 12(2-c_I)c_E}}{2(2-c_I)}$。

证明：根据定理 7.2，当两种产品均有需求发生时，比较高端品牌产品和普通品牌产品的需求，可得，在 M 结构和 R 结构下，$q_I^{M*} - q_E^{M*} = q_I^{R*} - q_E^{R*} = \dfrac{f_M(\theta)}{2\theta(1-\theta)(4-\theta)}$，其中 $f_M(\theta) = A\theta^2 + B\theta + C$，$A = c_I - 1 < 0$，$B = 1 - 3c_I > 0$，$C = 2c_E > 0$，$\Delta = B^2 - 4AC > 0$，因而 $f_M(\theta)$ 存在一正一负两个实根，且正根 $\theta_1 \in (\underline{\theta}^M, \overline{\theta}^M)$。由此可知，当 $\underline{\theta}^M < \theta < \theta_1$ 时，$f_M(\theta) > 0$，即 $q_I^{M*} - q_E^{M*} = q_I^{R*} - q_E^{R*} > 0$。

同理，在 N 结构下，直接比较易得，略。

命题 7.6 表明，在寡头垄断市场结构下，产品 I 和产品 E 的需求大小取

决于二者品牌差异化程度。可以发现，在不同权力结构下，当两种产品的品牌差异化程度较低时，更多的市场潜在消费者会购买产品 I，此时市场潜力巨大，进入制造商通过进一步降低与在位制造商的品牌差异化程度，可以提高消费者对产品 E 的认同价值，当满足 $\underline{\theta}^M < \theta < \theta_1$（或 $\underline{\theta}^N < \theta < \theta_2$）时，能有效提高不平衡权力结构（平衡权力结构）下产品 E 的需求。此外，容易知道，在 M 结构和 R 结构下，产品 I 和产品 E 的需求差异相同，即 $q_I^{M*} - q_E^{M*} = q_I^{R*} - q_E^{R*}$。这也意味着，在位制造商高价策略并不一定会使得其生产的高端品牌产品的需求降低，这还与消费者对普通品牌产品的认同价值有关。因此，面对进入制造商的市场入侵，在位制造商降低其产品的价格并不一定能够获得更多的市场份额；而进入制造商总是会实施低价策略，也不一定能抢占多于在位制造商的市场份额。

二 绩效比较分析

上文比较了不同市场权力结构下的最优产品定价和需求，发现了市场权力结构会影响各制造商和零售商的最优定价决策，进而影响品牌差异化产品的需求。因此，不同市场权力结构下零售商、各制造商以及供应链系统的利润也会存在差异，本部分将进一步进行比较分析，得到命题 7.7 和命题 7.8。

命题 7.7 比较不同权力结构下供需双方和供应链系统的利润，可以得到：

（1）当 $0 < \theta \leqslant \underline{\theta}^M$ 时，$\pi_R^{R*} > \pi_R^{N*} > \pi_R^{M*}$，$\pi_I^{M*} > \pi_I^{N*} > \pi_I^{R*}$，$\pi_{SC}^{M*} = \pi_{SC}^{R*} < \pi_{SC}^{N*}$；

（2）当 $\underline{\theta}^N < \theta < \overline{\theta}^N$ 时，$\pi_R^{R*} > \pi_R^{N*} > \pi_R^{M*}$，$\pi_I^{M*} > \max\{\pi_I^{R*}, \pi_I^{N*}\}$，$\pi_E^{M*} > \max\{\pi_E^{R*}, \pi_E^{N*}\}$，$\pi_{SC}^{M*} = \pi_{SC}^{R*} < \pi_{SC}^{N*}$；当 $\theta_I < \theta < \overline{\theta}^N$ 时，$\pi_I^{R*} > \pi_I^{N*}$；当 $\underline{\theta}^N < \theta < \theta_E$ 时，$\pi_E^{R*} > \pi_E^{N*}$；

（3）当 $\overline{\theta}^M \leqslant \theta < 1$ 时，$\pi_R^{R*} > \pi_R^{N*} > \pi_R^{M*}$，$\pi_E^{M*} > \pi_E^{N*} > \pi_E^{R*}$，$\pi_{SC}^{M*} = \pi_{SC}^{R*} < \pi_{SC}^{N*}$。

证明：根据定理 7.2 得到的供应链均衡，在 θ 的三个不同取值区间内，比较各企业以及供应链系统的利润，容易得到 $\pi_R^{R*} > \pi_R^{N*} > \pi_R^{M*}$，$\pi_{SC}^{M*} =$

$\pi_{SC}^{R*} < \pi_{SC}^{N*}$。当 $0 < \theta \leqslant \underline{\theta}^{M}$ 时，易证得 $\pi_{I}^{M*} > \pi_{I}^{N*} > \pi_{I}^{R*}$；当 $\overline{\theta}^{M} \leqslant \theta < 1$ 时，易证得 $\pi_{E}^{M*} > \pi_{E}^{N*} > \pi_{E}^{R*}$；当 $\underline{\theta}^{N} < \theta < \overline{\theta}^{N}$ 时，易证得 $\pi_{I}^{M*} > \max\{\pi_{I}^{R*}, \pi_{I}^{N*}\}$，$\pi_{E}^{M*} > \max\{\pi_{E}^{R*}, \pi_{E}^{N*}\}$。

当 $\underline{\theta}^{N} < \theta < \overline{\theta}^{N}$ 时，$\pi_{I}^{R*} - \pi_{I}^{N*} = \dfrac{(y_1 + y_2)(y_1 - y_2)}{(1 - \theta)}$，其中 $y_1 = \dfrac{2(1-\theta) + \theta c_I + c_E - 2c_I}{2(4-\theta)}$，$y_2 = \dfrac{3(1-\theta) + \theta c_I + 2c_E - 3c_I}{9-\theta}$。当 $\underline{\theta}^{N} < \theta < \overline{\theta}^{N}$ 时，容易得到 $y_1 + y_2 < 0$，当 $\theta_I < \theta < \overline{\theta}^{N}$ 时，$y_1 - y_2 < 0$，由此可知 $\pi_{I}^{R*} - \pi_{I}^{N*} > 0$。

$\pi_{E}^{R*} - \pi_{E}^{N*} = \dfrac{(y_3 + y_4)(y_3 - y_4)}{\theta(1-\theta)}$，其中，$y_3 = \dfrac{\theta^2 - \theta c_E - \theta c_I - \theta + 2c_E}{2(4-\theta)}$，$y_4 = \dfrac{\theta^2 - \theta c_E - 2\theta c_I - \theta + 3c_E}{9-\theta}$。当 $\underline{\theta}^{N} < \theta < \overline{\theta}^{N}$ 时，容易得到 $y_3 + y_4 > 0$，当 $\underline{\theta}^{N} < \theta < \theta_E$ 时，$y_3 - y_4 > 0$，由此可知 $\pi_{E}^{R*} - \pi_{E}^{N*} > 0$。

命题 7.7 表明，无论是两种产品均有需求发生，还是仅一种产品有需求发生，处于供应链主导地位的供应链成员总是能够获得更多利润。并且，依据命题 7.5，由于 M 结构和 R 结构下两种产品的零售价格及需求总是相等，因而在不平衡的市场权力结构下，供应链系统利润也相等，但不平衡的市场权力结构会导致供应链系统利润的损失（$\pi_{SC}^{M*} = \pi_{SC}^{R*} < \pi_{SC}^{N*}$）。然而，在寡头垄断市场结构下，N 结构下各制造商利润并非总是大于 R 结构下的值。这是因为当消费者对产品 E 的认同价值较低（$\theta_I < \theta < \overline{\theta}^{N}$）时，由于市场竞争的存在，产品 I 的批发价格与需求存在关系 $w_I^{R*} > w_I^{N*}$，$q_I^{R*} < q_I^{N*}$（见命题7.5），且 R 结构和 N 结构下的批发价格差异更大，因而在位制造商的利润增加；对于进入制造商而言，仅当其产品 E 与产品 I 的品牌差异化程度较低（$\underline{\theta}^{N} < \theta < \theta_E$），进入制造商竞争力较强时，才有 $w_E^{R*} > w_E^{N*}$，$q_E^{R*} < q_E^{N*}$，进入制造商的利润增加。

比较命题 7.7 中不同情形下的利润，还可以发现，当仅有高端品牌产品有需求发生（即 $0 < \theta \leqslant \underline{\theta}^{M}$）或者仅有普通品牌产品有需求发生（即 $\overline{\theta}^{M} \leqslant \theta < 1$）时，拥有供应链主导权的零售商或者制造商均能够获得最多的利润份额；然而，当两种产品均有需求发生（$\underline{\theta}^{N} < \theta < \overline{\theta}^{N}$）时，零售商拥有供应链主导

权仍然能够为其带来更多的利润份额，在位制造商或者进入制造商则不一定能够获得更多的利润份额，表明市场竞争对零售商有利，而不一定有利于各制造商。

命题 7.8 在寡头垄断市场结构下，比较在位制造商与进入制造商的利润，可以得到：

（1）当 $\underline{\theta}^N < \theta < \theta_3$ 时，$\pi_I^{M*} - \pi_E^{M*} > \pi_I^{N*} - \pi_E^{N*} > \pi_I^{R*} - \pi_E^{R*} > 0$；

（2）当 $\theta_3 < \theta < \bar{\theta}^N$ 时，$\pi_I^{M*} - \pi_E^{M*} < \pi_I^{N*} - \pi_E^{N*} < \pi_I^{R*} - \pi_E^{R*} < 0$。

其中，$\theta_3 = [(1-c_I)^2 + 2c_E + (1-c_I)\sqrt{(1-c_I)^2 + 4c_E}]/2$。

证明：当 $\underline{\theta}^N < \theta < \bar{\theta}^N$ 时，求解在位制造商与进入制造商利润之差，可得

$$\pi_I^{M*} - \pi_E^{M*} = \frac{g(\theta)}{2\theta(4-\theta)}, \quad \pi_I^{R*} - \pi_E^{R*} = \frac{g(\theta)}{4\theta(4-\theta)}, \quad \pi_I^{N*} - \pi_E^{N*} = \frac{g(\theta)}{\theta(9-\theta)}。$$

其中 $g(\theta) = A\theta^2 + B\theta + C$，$A = -1 < 0$，$B = (1-c_I)^2 + 2c_E > 0$，$C = -c_E^2 < 0$，且易得 $\Delta = B^2 - 4AC > 0$，故存在两个正实根。在取值范围 $\underline{\theta}^N < \theta < \bar{\theta}^N$ 内，当 $\underline{\theta}^N < \theta < \theta_3$ 时，$\pi_I^{j*} > \pi_E^{j*}$。

命题 7.8 表明，在寡头垄断市场结构，即两种产品均有需求发生情形下，在位制造商与进入制造商的利润大小取决于两种产品的品牌差异化程度。具体分析，随着两种产品品牌差异化程度的降低，消费者对产品 E 的认同价值提高，因而对产品 I 估值更高的消费者才会选择购买产品 I。如图 7-5 所示，$(p_I - p_E)/(1-\theta)$ 增大，则产品 I 需求减少，更多的消费者将选择购买产品 E，p_E/θ 减小，则产品 E 需求增多。由此，结合定理 7.2 和命题 7.5 关于两家制造商决策的批发价格变化情况，可以知道，随着消费者对产品 E 的认同价值的提高，价格竞争加剧，在位制造商的利润降低，进入制造商的利润提高。并且，存在一个阈值 θ_3，使得当 $\theta > \theta_3$ 时，进入制造商将比在位制造商获得更多利润（$\pi_E^{j*} > \pi_I^{j*}$）。

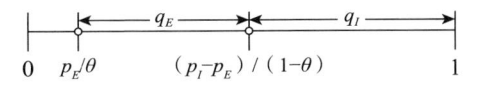

图 7-5 消费者购买行为

此外，还容易知道，由于各制造商均能在 M（R）结构下获得更多（更少）利润，因而在制造商（零售商）市场主导结构下，两家制造商之间的利润差异也更大（小）。结合命题 7.5 还可以知道，较低的产品需求并不一定意味着获得的利润就低，如美国市场研究公司 Strategy Analytics 的研究数据显示，2016 年苹果公司的 iPhone 手机市场占有率仅为 10% 左右，但其却占据了智能手机市场将近 90% 的利润。

第五节 数值算例分析

本节将通过数值算例直观考察上述理论分析结果，以得到更多管理学启示。考虑本章采用消费者效用理论，并假设消费者对产品的估值在区间 $v \sim U[0,1]$ 上均匀分布，即需要满足 $0 < c_i < w_i < p_i < 1$ 的条件。因此，设置参数：$c_I = 0.4$，$c_E = 0.2$。由此，可以得到 $\underline{\theta}^M = \underline{\theta}^R = 0.31$，$\overline{\theta}^M = \overline{\theta}^R = 0.875$，$\underline{\theta}^N = 0.368$，$\overline{\theta}^N = 0.846$。以 θ 为横坐标，分别绘制不同市场权力结构下零售商、各制造商和供应链系统的利润变化曲线。

在图 7-6 中，绘制了不同市场权力结构下零售商利润随 θ 的变化曲线。由图 7-6 可知：在不同市场权力结构下，零售商的利润总是会随 θ 的增大而增大，表明在位制造商和进入制造商之间的竞争对零售商有利；比较不同市场权力结构下的零售商利润水平，零售商在 R 结构下总是能够获得比其他两种结构更多的利润，而在 M 结构下获得的利润最少，这意味着零售商应当利用其渠道优势或者掌握销售渠道，获取供应链主导权，进而占有更多的利润份额；此外，随着 θ 的增大，三种市场权力结构之间的零售商利润之差会减小，表明随着市场竞争的加剧，零售商供应链主导权的作用会削弱。

在图 7-7 中，绘制了不同市场权力结构下在位制造商利润随 θ 的变化曲线。由图 7-7 可知：在不同市场权力结构下，在位制造商的利润总是会随 θ 的增大而减小，表明随着进入制造商竞争力的增强，在位制造商的利润减少，也意味着进入制造商的市场入侵以及市场入侵威胁会导致在位制造商利润的损失；比较不同市场权力结构下的在位制造商利润水平，在位制造商

图 7-6　零售商的利润

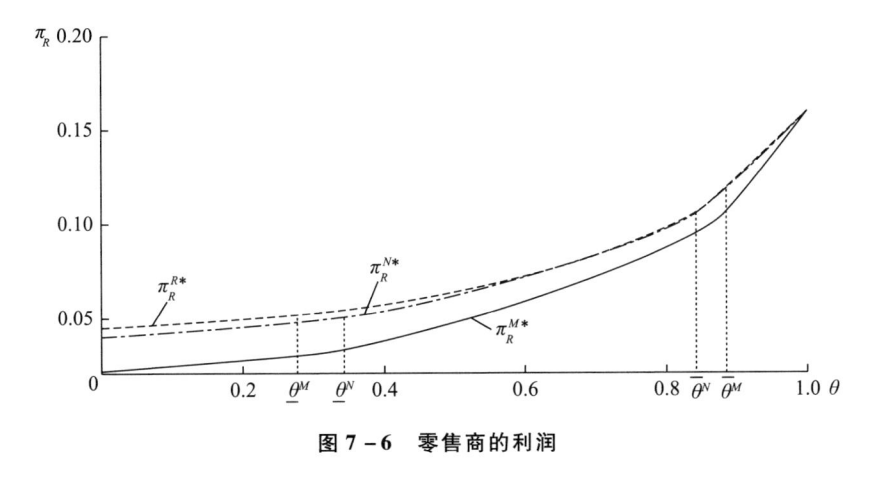

在 M 结构下获得的利润总是比 R 结构和 N 结构下的值要大，说明与零售商类似，拥有供应链主导权对于在位制造商来说总是有利的；不同市场权力结构下的在位制造商利润之差总是会随 θ 的增大而减小，表明市场竞争有利于缓解不同市场权力结构对在位制造商利润的不利影响。

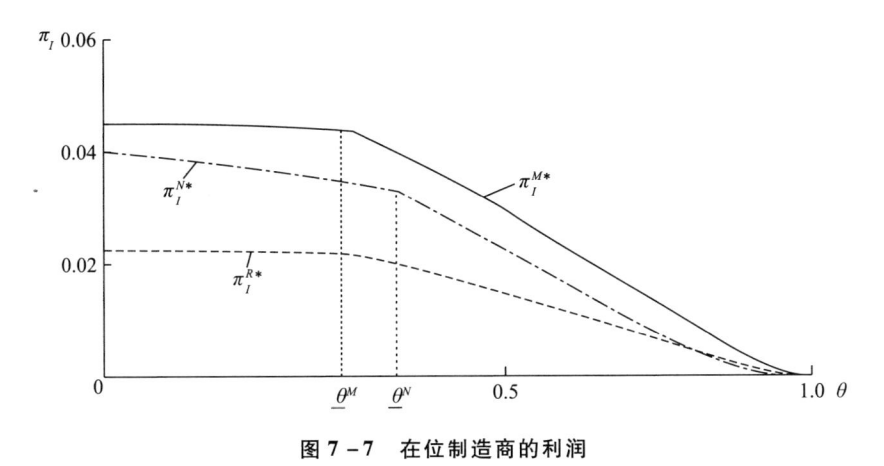

图 7-7　在位制造商的利润

在图 7-8 中，绘制了不同市场权力结构下零售商利润随 θ 的变化曲线。由图 7-8 可知：在不同市场权力结构下，如果两种产品均有需求发生，则进入制造商的利润总是会随 θ 的增大而增大，表明在与在位制造商竞争时，进入制造商能够通过提高其产品品牌价值来获取更多利润；但随着进入制造商竞争力的增强并将在位制造商逐出市场时，不同市场权力结构下的进入制

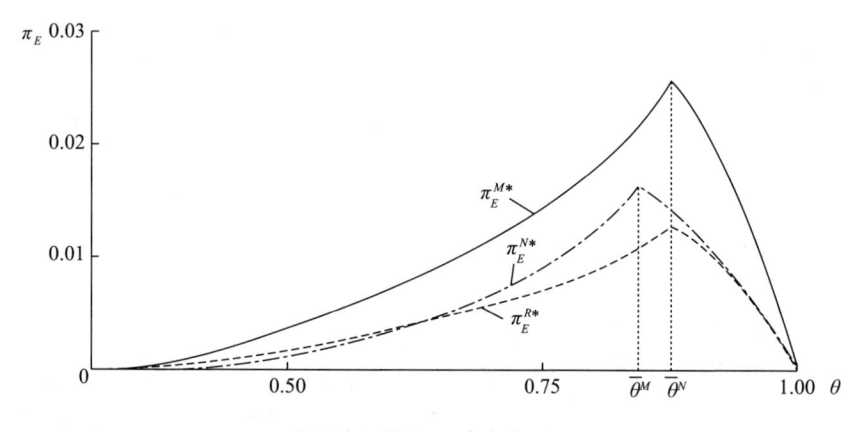

图 7-8 进入制造商的利润

造商利润总是会随 θ 的增大而减小，表明完全垄断市场反而对进入制造商不利；比较不同市场权力结构下的进入制造商利润水平，进入制造商在 M 结构下获得的利润总是比 R 结构和 N 结构下的值要大，表明进入制造商的主导地位能够为其带来更多的利润。结合图 7-6 和图 7-7，还可以发现，对于零售商或者两家品牌差异化竞争制造商而言，谁有供应链主导权，谁就能获得更多的供应链利润份额，表明供应链权力结构在一定程度上会导致利润在供应链系统内部成员企业之间的重新分配。

第六节 本章小结

一 研究结论

本章研究了由一家在位制造商、一家进入制造商和一家零售商组成的供应链，在进入制造商市场入侵前后，分别构建了各制造商主导、零售商主导和供需双方均势三种市场权力结构下的供应链权力结构模型。通过模型求解，得到了六种情形下的唯一子博弈精炼纳什均衡，进而考察了市场入侵、市场权力结构以及品牌差异化等因素对供应链均衡的影响。主要研究结论和启示如下。

（1）无论是否存在市场入侵，供需双方不平衡的市场权力结构总是会造成供应链系统利润的损失，并导致利润在供应链成员之间的重新分配。当不存在市场入侵时，处于主导地位的供应链成员总是能够获得更多利润；当进入制造商入侵市场并与在位制造商形成寡头垄断市场结构时，在位制造商与进入制造商价格竞争加剧，在零售商主导结构和供需双方均势结构下，零售商总是能够占有更多的供应链利润份额；而在制造商主导结构下，当两家制造商的品牌差异化程度低于某一阈值时，零售商仍然能够获得更多的利润。

（2）在不同市场权力结构下，进入制造商的市场入侵（威胁）会导致在位制造商产品的批发价格和零售价格均降低，价格竞争加剧，但总是会高于进入制造商产品的批发价格和零售价格；在进入制造商市场入侵下，市场竞争总是能够有效提高零售商和供应链系统的利润，但也总会给在位制造商造成利润损失；不平衡的供应链权力结构总是会加剧市场入侵对零售商、在位制造商以及供应链系统利润的影响。

（3）不平衡的供应链权力结构和市场结构（即完全垄断和寡头垄断市场结构）均会对供应链成员的最优定价策略产生影响，而且拥有主导权的供应链成员总是会制定更高的价格；在不同的市场结构下，处于主导地位的供应链成员总是能够获得更多利润，不平衡的权力结构总是会造成供应链系统利润损失；在寡头垄断市场结构下，当各制造商未处于主导地位时，平衡的权力结构并不一定对制造商有利，且在位制造商与进入制造商之间的利润大小也存在不确定性，这都取决于消费者对进入制造商品牌的认同价值。

二 研究展望

随着市场竞争的加剧，越来越多的企业选择品牌差异化战略，以使产品、服务、企业形象等与竞争对手有明显的区别，从而获得竞争优势。但企业在实施品牌差异化战略以更好满足消费者需求时，也需要为此支付更高的成本，同时提高产品零售价格。然而，品牌差异化与产品价格提高对产品需求的影响存在差异，其中品牌差异化有利于提高产品需求，更高的价格却会导致产品需求降低，企业如何权衡二者关系显得至关重要。

此外，本章仅考虑两种存在品牌差异化的替代产品，而在现实中，面对激烈的市场竞争，企业往往会利用多种差异化产品进入市场，来与竞争对手抗衡。例如，在竞争比较激烈的冰箱市场，海尔、新飞、美菱等许多品牌都同时向市场推出多种功能差异化的冰箱，海尔大力推广其抗菌冰箱，强调节能静音、自动杀菌，新飞在节能、环保、除臭方面已取得领先地位，并以"无氟"见长，美菱则通过保温、深冷和速冻等来实施冰箱差异化战略。并且，消费者在实体店或者网络购物时，还可能存在退货行为。因此，还可以进一步考虑更多产品竞争、消费者退货等因素，来研究不同供应链权力结构下的差异化竞争及定价问题。

| 第八章 |

顾客退货对差异化竞争供应链价格竞争的影响

近年来，我国线上零售市场规模持续扩大。据商务部数据，2018年我国线上零售额突破9万亿元，同比增长25.4%，对社会消费品零售总额增长的贡献率达到45.2%[1]，线上零售已成为中国市场交易的主要组成形式，如2018年"双十一购物狂欢节"仅天猫和京东的交易额就达3733亿元[2]。据市场调研机构eMarketer的估计，预计2020年全球电商零售额将增长至4.058万亿美元[3]，线上购物已成为消费者最主要的购物方式之一。随着电商的高速发展，以阿里巴巴、亚马逊、京东等为代表的在线零售企业得到飞速发展，其中阿里巴巴和京东一共占有了中国80%的电商市场份额，亚马逊占有了美国70%的电商市场份额[4]。

但消费者在线上购买产品时，无法直接试穿、试用产品，仅凭借产品文字、图片介绍以及自身购物经验来决策是否购买，易导致消费者购买到的产

---

[1] 《商务部召开例行新闻发布会（2019年2月21日）》，商务部网站，2019年2月22日，http://www.mofcom.gov.cn/article/ae/ah/diaocd/201902/20190202836938.shtml。

[2] 《2018双十一购物狂欢节》，百度百科，https://baike.baidu.com/item/2018%E5%8F%8C%E5%8D%81%E4%B8%80%E8%B4%AD%E7%89%A9%E7%8B%82%E6%AC%A2%E8%8A%82/22917873?fr=aladdin。

[3] "Retail Ecommerce Sales Worldwide, 2017-2021 (trillions, % change and % of total retail-sales)", eMarketer, Jun. 21, 2018, https://www.emarketer.com/Chart/Retail-Ecommerce-Sales-Worldwide-2017-2021-trillions-change-of-total-retail-sales/219928.

[4] 《亚马逊、阿里、京东都开始学习曾经被自己打败的公司》，中国电子商务研究中心，2017年4月20日，http://b2b.toocle.com/detail—6393326.html。

品与其预期不符，发生退货（Rao et al.，2014；金亮，2019a），如2018年天猫"双十一购物狂欢节"平均退货率达4.3%～9.2%（金亮等，2019b）。面对消费者可能发生的退货行为，线上零售商往往向消费者提供退款保证，即向消费者承诺，当其选择退货时，线上零售商将提供全额退款，如"7天无理由退换货"等。在此背景下，本章旨在研究退款保证如何影响品牌差异化竞争产品的定价策略，线上零售商退款保证如何影响消费者的产品购买行为和消费者福利，以及线上零售商退款保证又会对上游的产品制造商及供应商的决策和利润造成什么影响等问题。

近年来，随着产品退货问题的日益严重，越来越多的学者开始关注与退款保证相关的问题，且主要从企业是否应该向消费者提供退款保证或退款保证对企业决策和利润的影响展开。例如，Chen和Bell（2009）考虑产品退货数量受到产品销售量和产品价格的影响，研究了退款保证对销售商/零售商最优定价及订货量决策的影响，研究结果表明，销售商/零售商是否选择向消费者提供退款保证取决于退货产品残值的大小；McWilliams（2012）、黄宗盛等（2016a）考虑两家差异化竞争零售商情形，研究了退款保证政策对各零售商最优定价策略和利润的影响，其中McWilliams（2012）认为向消费者提供退款保证对销售低质量产品的零售商有利，但对销售高质量产品的零售商利润的影响存在一定的不确定性，黄宗盛等（2016a）认为产品质量对称会促使两家零售商均提供退款保证，但产品质量不对称则会导致销售低质量产品的零售商不提供退款保证；Akçay等（2013）研究了退款保证政策对零售商最优产品定价、订货及利润的影响，研究发现，在一定条件下，退款保证政策会导致产品价格的提高；Hsiao和Chen（2014a）基于消费者效用理论研究销售商是否应该提供退款保证以及在何种条件下应该提供退款保证，研究结果表明，仅当认为消费者对产品的支付意愿超过某一阈值时，销售商才会选择提供退款保证并获得更多利润；黄宗盛等（2016b）构建了线上、线下渠道分别提供退款保证下的四种博弈情形，研究了零售商在线上、线下渠道的最优退款保证策略选择问题，发现零售商选择在单一线上或者线下渠道提供退款保证反而更有利；在黄宗盛等（2016b）的研究基础上，

Chen 和 Chen（2017）、Li 等（2018）进一步结合个性化定价因素来研究零售商线上、线下渠道退款保证策略选择问题，研究发现零售商进行退款保证策略选择时除了需要考虑退货损失之外，还需要考虑消费者对产品价格的敏感性；Qin 等（2016）、段永瑞和徐建（2017）均考虑市场上存在策略性消费者，其中 Qin 等（2016）研究了策略性消费者对零售商退款保证策略选择的影响，认为策略性消费者的存在会促使零售商提高产品零售价格，进而影响零售商退款保证策略的选择，段永瑞和徐建（2017）构建了两期决策模型来研究零售商最优考察分配策略和退款保证策略。上述有关退款保证的文献结合不同因素研究了退款保证的影响问题，或研究了退款保证下零售商最优定价和订货等问题。不同的是，本章考虑线上零售商同时销售两种品牌差异化的替代产品，研究退款保证对线上零售商品牌差异化竞争的影响，进而考察线上零售商退款保证对上游竞争制造商和消费者剩余的影响。

与本章相关的另一个问题是有关品牌差异化的研究。Zheng 等（2017b）考虑市场上存在两家品牌差异化竞争制造商，研究品牌差异化竞争产品的最优定价策略及其对各制造商和零售商利润的影响；在此基础上，金亮和郭萌（2018）进一步考虑供应链成员企业之间的不同权力结构，研究了品牌差异化竞争制造商市场入侵的影响，认为在位制造商销售高端品牌产品能为其带来额外利润；Giri 等（2017）进一步结合产品退货因素的影响，研究了品牌差异化销售策略对各制造商产品质量决策和产品零售价格决策的影响；Sridhar 等（2018）考虑市场上的消费者存在品牌偏好，研究了品牌差异化制造商的渠道选择策略，研究发现不同产品之间的品牌差异化程度越大，弱势品牌制造商越有可能选择混合渠道策略。上述有关品牌差异化的文献考虑的是不同制造商生产销售品牌差异化产品。此外，还有部分学者研究零售商自有品牌与制造商品牌之间的竞合问题（Besanko et al.，2005；Kuo and Yang，2013；范小军等，2018；Hara and Matsubayashi，2017）。如 Cui 等（2016）研究了风险规避零售商的最优自有品牌引入策略；李海等（2016）构建了零售商与拥有直销渠道的制造商之间的博弈模型，认为零售商自有品牌入侵市场并不一定对零售商有利；Jin 等（2017）考虑下游零售商竞争，研究了制造商单渠道、双渠道等策略下的零售商自有品牌产品定价问题；Karray 和 Martin（2019）研究了零售商自有品牌进入市场的时机以及自有品牌竞争下的广告策略。上述有关品牌差异化的文献大多基于不同背景来研究品牌差异化策略的影响，而本章考虑品牌差异化竞争情形，研究退款保证对线上零售商品牌差异化策略的影响或退款保证对品牌差异化制造商入侵市场的影响。

在已有研究基础上，本章针对由两家品牌差异化竞争制造商和一家线上零售商组成的供应链系统，考虑市场上消费者对品牌差异化产品的偏好以及可能存在的退货行为，基于消费者效用理论，构建消费者预期效用函数和品牌差异化产品需求函数，建立未提供退款保证和提供退款保证情形下的供应链博弈模型。在此系统中，各制造商以各自利润最大化为目标，在存在市场竞争的情形下决策各自产品的批发价格；线上零售商则需要根据产品批发价格以及不同产品退货率，决策产品零售价格。通过模型求解，分析退款保证对品牌差异化产品定价、各成员企业利润以及市场竞争的影响，考察品牌差异化竞争对线上零售商和高端品牌制造商决策、利润的影响。

本章其余部分的结构：第一节从供应链结构设计、基本模型假设、决策过程与事件时序三个方面提出本章的理论模型假设；为考察顾客退货对供应链价格竞争的影响，第二节分别构建有无顾客退货情形下的三阶段动态博弈模型，即未提供退款保证的基准情形与提供退款保证的情形；第三节将通过比较提供退款保证前后的供应链均衡，考察退款保证以及品牌差异化竞争的影响，分析顾客退货以及线上零售商退款保证策略如何影响消费者剩余；第四节是本章的问题延伸与拓展部分，将在前三节的研究基础上，分别从线上零售商促销和供应链信息不对称两种情形进行分析；第五节是本章的研究总结和相关政策建议。

第一节 问题描述与模型假设

如图 8-1 所示，市场上存在由两家品牌差异化制造商（分别为高端品牌制造商和普通品牌制造商）和一家共同线上零售商组成的供应链，其中两家制造商生产的品牌差异化产品通过线上零售商销往市场。例如，京东商城同时销售不同油烟机品牌方太和苏泊尔；亚马逊同时销售不同服饰品牌COACH和Calvin Klein。为简化表达，分别用"1""2"来表示高端品牌制造商和普通品牌制造商；用"R"来表示线上零售商；产品 i（$i=1,2$）的批发价格和零售价格分别为 w_i、p_i。

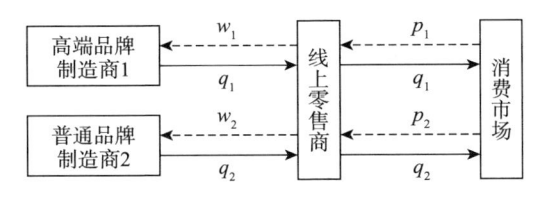

图 8-1 供应链结构

消费者在选购产品时，考虑产品 1 相较于产品 2 具有更高知名度，且高端品牌产品往往在产品质量和服务、售后保障等方面均优于普通品牌产品（金亮和郭萌，2018），因而消费者对产品 1 的满意程度更高。假定消费者对产品 i 的满意程度为 λ_i，并满足 $0 < \lambda_2 < \lambda_1 < 1$。因此，消费者对产品 i 的估值为 $\lambda_i v$，其中 v 为消费者对产品的支付意愿，且不同消费者对同一种产品的支付意愿存在差异（消费者的异质性），即 $v \sim U[0,1]$。然而，当消费者对产品不满意时，消费者将产品退回线上零售商并获得全额退款，但会发生退货成本 t，如产品退货的物流费用等（Karray and Martin，2019；金亮，2019b）。由此，根据 Chen 和 Chen（2017）、许民利等（2019）的设定，可以得到消费者购买产品 i（$i=1,2$）获得的预期净效用 $E[u_i]$ 为：

$$E[u_i] = \lambda_i v + (1 - \lambda_i)(p_i - t) - p_i \tag{8-1}$$

假设每个消费者至多购买一单位的产品，即购买产品 i 或者不购买。消费者通过比较 $E[u_1]$、$E[u_2]$ 和 0 的大小来选择购买产品或者放弃购买。当 $E[u_1] \geq E[u_2]$ 且 $E[u_1] \geq 0$，即 $v \geq \max\left\{\dfrac{p_1 - (p_1 - t)(1 - \lambda_1)}{\lambda_1}, \dfrac{\lambda_1 p_1 - \lambda_2 p_2}{\lambda_1 - \lambda_2} - t\right\}$ 时，消费者会选择购买产品 1；当 $E[u_2] \geq E[u_1]$ 且

E$[u_2]\geq 0$，即$\frac{p_2-(p_2-t)(1-\lambda_2)}{\lambda_2}\leq v\leq\frac{\lambda_1 p_1-\lambda_2 p_2}{\lambda_1-\lambda_2}-t$ 时，消费者会选择购买产品 2。由此可知，当 $p_2+\frac{(\lambda_1-\lambda_2)t}{\lambda_1\lambda_2}\leq p_1\leq\frac{\lambda_2 p_2+(\lambda_1-\lambda_2)(1+t)}{\lambda_1}$ 时，产品 i ($i=1,2$) 的需求 q_i 为：

$$q_1 = 1 + t - \frac{\lambda_1 p_1 - \lambda_2 p_2}{\lambda_1 - \lambda_2} \tag{8-2}$$

$$q_2 = \frac{\lambda_1(p_1 - p_2)}{\lambda_1 - \lambda_2} - \frac{t}{\lambda_2} \tag{8-3}$$

在式（8-2）、式（8-3）中，考虑可能存在的消费者退货行为，仅当消费者对产品满意时，消费者才会保留产品，否则消费者将选择退货，且产品 i 的退货率为 $1-\lambda_i$。当发生消费者退货时，消费者需要将产品退回线上零售商，如消费者在京东商城、苏宁易购退货时，直接将产品退回线上零售企业，而非产品制造商或供应商，故假设退货产品会给线上零售商带来退货损失 w_i-s，其中 s 为产品残值（Chen and Chen，2017）。线上零售商的利润为销售收入 $\sum_{i=1}^{2}p_i\lambda_i q_i$ 加上退货产品残值 $\sum_{i=1}^{2}s(1-\lambda_i)q_i$，再减去产品批发成本 $\sum_{i=1}^{2}w_i q_i$。由此，可以得到线上零售商的利润函数 π_R 为：

$$\pi_R = \sum_{i=1}^{2}[p_i\lambda_i q_i + s(1-\lambda_i)q_i - w_i q_i] \tag{8-4}$$

用 c_i 表示产品 i 的单位生产成本，由于高端品牌制造商生产高端品牌产品要比普通品牌产品投入更多的研发成本，高端品牌产品在质量和服务方面都高于普通品牌产品，因而产品 1 要比产品 2 的生产成本高，即 $c_1>c_2$（金亮和郭萌，2018）。由此，得到制造商 i ($i=1,2$) 的利润函数 π_i 为：

$$\pi_i = (w_i - c_i)q_i \tag{8-5}$$

两家差异化竞争制造商与线上零售商进行三阶段动态博弈，各制造商先决策各自产品批发价格，然后线上零售商同时决策两种产品的零售价格，即供需双方进行 Stackelberg 博弈。其中，由于差异化竞争制造商之间存在不同市场权力结构,高端品牌制造商往往拥有更大市场定价权,因而高端品牌制造商与普通品牌制造商之间也为 Stackelberg 博弈。

本章涉及的部分符号的定义与说明具体见表 8-1。

表 8-1 符号定义与说明

符号	定义与说明
v	消费者的支付意愿或对产品的估值,$v \sim U[0,1]$
λ_i	消费者对产品 i 的满意程度,$i=1,2$ 分别表示高端品牌产品和低端品牌产品
p_i	线上零售商决策的产品 i 零售价格
w_i	制造商 i 决策的产品 i 批发价格
c_i	产品 i 的生产成本,$c_1 > c_2$
q_i	产品 i 的市场需求
$E[u_i]$	消费者购买产品 i 获得的预期净效用
CS	消费者剩余
π_R	零售商获得的利润
π_M	制造商获得的利润
π_{SC}	供应链系统的利润

第二节 模型构建与求解

为考察线上零售商退款保证对品牌差异化竞争的影响,本节先分析未提供退款保证的基准情形,并用上标"N"表示;再分析提供退款保证情形,用上标"G"表示。在不同情形下,由于高端品牌制造商具有较高市场认可度或者长期市场经营并掌握销售渠道,故假设高端品牌制造商相较于普通品牌制造商拥有更强的市场定价权,即在决策过程中高端品牌制造商先于普通品牌制造商确定其产品批发价格。

一 未提供退款保证的基准情形

当线上零售商不提供退款保证时,消费者对产品不满意并不能选择退货。

此时，消费者购买产品 i（$i=1,2$）可以获得预期净效用 $E[u_i^N]=\lambda_i v-p_i$。然后，比较 $E[u_1^N]$、$E[u_2^N]$ 和 0 的大小，可以得到，当 $\dfrac{\lambda_1 p_2}{\lambda_2}\leqslant p_1\leqslant p_2+\lambda_1-\lambda_2$ 时，两种产品的需求函数 q_i^N（$i=1,2$）分别为 $q_1^N=1-\dfrac{p_1-p_2}{\lambda_1-\lambda_2}$，$q_2^N=\dfrac{p_1-p_2}{\lambda_1-\lambda_2}-\dfrac{p_2}{\lambda_2}$。

在基准情形下，由于不存在消费者退货，因而线上零售商不存在产品退货损失，其利润为产品销售收益 $\sum_{i=1}^{2}p_i q_i^N$ 减去相关的产品批发成本 $\sum_{i=1}^{2}w_i q_i^N$，即线上零售商的利润函数为 $\pi_R^N=\sum_{i=1}^{2}(p_i-w_i)q_i^N$。而制造商 i（$i=1,2$）的利润为产品批发销售收益减去生产成本，为 $\pi_i^N=(w_i-c_i)q_i^N$。由此，得到如下优化问题：

$$\begin{cases}\max\limits_{w_1}\pi_1=(w_1-c_1)\left(1-\dfrac{p_1^{N*}-p_2^{N*}}{\lambda_1-\lambda_2}\right)\\ \text{s.t. }w_2^{N*}=\underset{w_2}{\operatorname{argmax}}(w_2-c_2)\left(\dfrac{p_1^{N*}-p_2^{N*}}{\lambda_1-\lambda_2}-\dfrac{p_2^{N*}}{\lambda_2}\right)\\ q_i(p_1,p_2)\geqslant 0,w_i\geqslant c_i,i=1,2\end{cases} \quad (8-6)$$

其中，

$$(p_1^{N*},p_2^{N*})=\underset{p_1\geqslant w_1,p_2\geqslant w_2}{\operatorname{argmax}}\left[\sum_{i=1}^{2}(p_i-w_i)q_i^N\right] \quad (8-7)$$

在式（8-6）中，$\max\limits_{w_1}\pi_1$ 表示高端品牌制造商以其利润 π_1 最大化为目标，率先决策其产品批发价格 w_1；$w_2^{N*}=\operatorname{argmax}\pi_2$ 表示普通品牌制造商根据高端品牌产品的批发价格 w_1，以其利润 π_2 最大化为目标决策其产品批发价格 w_2。约束条件 $q_i(p_1,p_2)\geqslant 0$ 表示两种产品的市场需求均不能为负，以符合现实情形；$w_i\geqslant c_i$ 表示两家制造商决策的产品批发价格均不能小于各自的产品生产成本，否则两家制造商获得的利润为负。在式（8-7）中，$(p_1^{N*},p_2^{N*})=\underset{p_1\geqslant w_1,p_2\geqslant w_2}{\operatorname{argmax}}\pi_R$ 表示零售商以其利润最大化为目标，同时决策两种产品的

零售价格 p_1 和 p_2；约束条件 $p_1 \geq w_1$ 和 $p_2 \geq w_2$ 表示各个产品的零售价格不能低于批发价格，否则线上零售商销售产品获得的利润为负。

根据前文假设，各制造商和零售商的决策过程为：高端品牌制造商率先决策产品 1 的批发价格 w_1；然后，根据 w_1，普通品牌制造商决策产品 2 的批发价格 w_2；最后，根据 w_1 和 w_2，线上零售商同时决策两种产品的零售价格 p_1 和 p_2。根据逆向递推法求解上述优化问题，并分为以下三个步骤。

步骤 1：根据式（8-7），求解线上零售商的最优零售价格决策。求解 $\pi_R(p_1, p_2)$ 的 Hessian 矩阵 H，可以得到：

$$H = \begin{bmatrix} \dfrac{\partial^2 \pi_R}{\partial p_1^2} & \dfrac{\partial^2 \pi_R}{\partial p_1 \partial p_2} \\ \dfrac{\partial^2 \pi_R}{\partial p_2 \partial p_1} & \dfrac{\partial^2 \pi_R}{\partial p_2^2} \end{bmatrix} = \begin{bmatrix} -\dfrac{2}{\lambda_1 - \lambda_2} & \dfrac{2}{\lambda_1 - \lambda_2} \\ \dfrac{2}{\lambda_1 - \lambda_2} & -\dfrac{2\lambda_1}{(\lambda_1 - \lambda_2)\lambda_2} \end{bmatrix} \quad (8-8)$$

根据式（8-8）可以求得：$|H| = \dfrac{4(\lambda_1 - \lambda_2)}{\lambda_2(\lambda_1 - \lambda_2)^2}$，因而 $\lambda_1 > \lambda_2$，所以有 $|H| > 0$。由此可知，Hessian 矩阵 H 负定，即存在唯一最优解。进而求解 π_R 分别关于 p_1、p_2 的一阶偏导数，可以得到：

$$\dfrac{\partial \pi_R}{\partial p_1} = 1 - \dfrac{2(p_1 - p_2) - w_1 + w_2}{\lambda_1 - \lambda_2}, \dfrac{\partial \pi_R}{\partial p_2} = \dfrac{\lambda_2(2p_1 - w_1) - \lambda_1(2p_2 - w_2)}{(\lambda_1 - \lambda_2)\lambda_2}。$$

由最优性一阶条件：$\dfrac{\partial \pi_R}{\partial p_1} = \dfrac{\partial \pi_R}{\partial p_2} = 0$，即可求得线上零售商的定价反应函数 $p_1^*(w_1, w_2)$、$p_2^*(w_1, w_2)$ 分别为 $p_1^*(w_1, w_2) = \dfrac{\lambda_1}{2} + \dfrac{w_1}{2}$，$p_2^*(w_1, w_2) = \dfrac{\lambda_2}{2} + \dfrac{w_2}{2}$。

步骤 2：根据式（8-6），求解普通品牌制造商的最优批发价格决策。将 $p_1^*(w_1, w_2)$ 和 $p_2^*(w_1, w_2)$ 代入式（8-6），在给定 w_1 下，求解 π_2 关于 w_2 的二阶偏导数，易知 $\dfrac{\partial^2 \pi_2}{\partial w_2^2} < 0$，即 π_2 为关于 w_2 的凹函数，存在唯一最

优解。求解 π_2 关于 w_2 的一阶偏导数，根据最优性一阶条件 $\frac{\partial \pi_2}{\partial w_2} = 0$，可以求得普通品牌制造商的定价反应函数 $w_2^{N*}(w_1)$ 为 $w_2^{N*}(w_1) = \frac{\lambda_1 c_2 + \lambda_2 w_1}{2\lambda_1}$。

步骤3：根据式（8-6），将 $w_2^{N*}(w_1)$ 代入 π_1，求解高端品牌制造商的最优批发价格决策。对 π_1 求解关于 w_1 的二阶偏导数，易知 $\frac{\partial^2 \pi_1}{\partial w_1^2} < 0$，即 π_1 为关于 w_1 的凹函数。求解 π_1 关于 w_1 的一阶偏导数，根据最优性一阶条件 $\frac{\partial \pi_1}{\partial w_1} = 0$，可以求得高端品牌制造商的最优定价决策 w_1^{N*} 为

$$w_1^{N*} = \frac{2\lambda_1^2 + (2c_1 + c_2 - 2\lambda_2)\lambda_1 - c_1\lambda_2}{2(2\lambda_1 - \lambda_2)}。$$

将 w_1^{N*} 代入 $w_1^{N*}(w_2)$ 即可求得 w_1^{N*}；将 w_1^{N*}、w_2^{N*} 代入 $p_1^*(w_1, w_2)$、$p_2^*(w_1, w_2)$ 得到 p_1^{N*} 和 p_2^{N*}。

定理8.1 在未提供退款保证情形下，不存在消费者退货行为且线上零售商也不存在退货损失，各制造商和线上零售商的定价策略 w_i^{N*}、p_i^{N*}（$i=1,2$）分别为

$$\begin{cases} w_1^{N*} = \frac{2\lambda_1^2 + (2c_1 + c_2 - 2\lambda_2)\lambda_1 - c_1\lambda_2}{2(2\lambda_1 - \lambda_2)}, w_2^{N*} = \frac{(4c_2 + 2\lambda_2)\lambda_1^2 + 4\lambda_2(2c_1 - c_2 - 2\lambda_2)\lambda_1 - c_1\lambda_2^2}{4\lambda_1(2\lambda_1 - \lambda_2)} \\ p_1^{N*} = \frac{6\lambda_1^2 + (2c_1 + c_2 - 4\lambda_2)\lambda_1 - c_1\lambda_2}{4(2\lambda_1 - \lambda_2)}, p_2^{N*} = \frac{(4c_2 + 10\lambda_2)\lambda_1^2 + 4(2c_1 - c_2 - 6\lambda_2)\lambda_2\lambda_1 - c_1\lambda_2^2}{8\lambda_1(2\lambda_1 - \lambda_2)} \end{cases}$$

定理8.1给出了未提供退款保证情形下的供应链均衡。显然，高端品牌制造商在决策其产品批发价格时，不仅需要考虑其自身产品生产成本（c_1）影响，而且需要考虑市场竞争者普通品牌制造商的产品生产成本。这是因为随着普通品牌制造商的市场入侵/进入，市场竞争会影响产品1的需求量，从而影响高端品牌制造商的定价策略。但也可以发现，高端品牌制造商在定价过程中侧重于考虑自身产品成本的影响（可以验证 $\frac{\partial w_1^{N*}}{\partial c_1} > \frac{\partial w_2^{N*}}{\partial c_1}$）。还可以知道，线上零售商在确定产品零售价格时，会根据两种产品批发价格的变化

进行相应调整，可以验证 $\frac{\partial p_1^{N*}}{\partial w_1} > 0$，$\frac{\partial p_2^{N*}}{\partial w_2} > 0$。将定理 8.1 所得 p_i^{N*} 代入式（8-2）、式（8-3）即可得到未提供退款保证情形下两种产品的需求 q_1^{N*}、q_2^{N*}；将 w_i^{N*}、p_i^{N*} 代入式（8-4）、式（8-5）可以得到线上零售商和各制造商的利润 π_R^{N*}、π_1^{N*}、π_2^{N*}。

在未提供退款保证情形下，分析消费者剩余。当消费者选择购买产品 i 时，消费者剩余包含两个部分：其一，消费者支付了价格 p_i，如果产品满意，则获得效用 v，消费者剩余为 $\int_{\frac{p_i}{\lambda_i}}^{1}(v-p_i)dF(v)$，其中 $F(v)$ 为 v 的累积分布函数；其二，消费者对产品不满意时获得的产品效用为零，消费者剩余为 $\int_{\frac{p_i}{\lambda_i}}^{1}(-p_i)dF(v)$。综合上述两种情形，未提供退款保证情形下的消费者剩余 $CS_i^N(i=1,2)$ 为：

$$CS_i^N = \underbrace{\lambda_i \int_{\frac{p_i}{\lambda_i}}^{1}(v-p_i)dF(v)}_{\text{消费者对产品满意}} + \underbrace{(1-\lambda_i)\int_{\frac{p_i}{\lambda_i}}^{1}(-p_i)dF(v)}_{\text{消费者对产品不满意}} = \frac{(\lambda_i - p_i)^2}{2\lambda_i} \quad (8-9)$$

根据式（8-9）可知，在未提供退款保证情形下，消费者剩余与产品零售价格以及消费者对产品的满意程度有关。当线上零售商决策的产品零售价格较高时，消费者剩余会降低，这意味着线上零售商可以通过低价策略来让渡部分收益给消费者，以履行企业社会责任。将定理 8.1 中的最优产品零售价格 p_i^{N*} 代入消费者剩余函数 CS_i^N，即可得到购买产品 i 的消费者剩余为 CS_i^{N*}。然后，根据消费者对两种产品的购买选择，可以得到未提供退款保证情形下总的消费者剩余为 $CS^{N*} = CS_1^{N*} + CS_2^{N*}$。

二 提供退款保证情形

当线上零售商提供退款保证时，消费者对购买到的产品不满意可以选择退货。例如，根据欧特欧咨询发布的《2018 天猫双 11 商品退货率分析报告》，2018 天猫双 11 退货额为 92.7 亿元，退货率为 5.7%。与未提供退款保证情形类似，各制造商和零售商的决策过程为：各制造商在决策产品批发价格时，进行先后决策，即二者进行 Stackelberg 博弈，先后确定 w_1 和 w_2，然后零售商决策两种产品的零售价格 p_1、p_2。优化问题为：

$$\begin{cases} \max\limits_{w_1} \pi_1 = (w_1 - c_1)\left(1 + t - \dfrac{\lambda_1 p_1 - \lambda_2 p_2}{\lambda_1 - \lambda_2}\right) \\ \text{s.t. } w_2^{G*} = \underset{w_2}{\operatorname{argmax}}(w_2 - c_2)\left[\dfrac{\lambda_1(p_1^{G*} - p_2^{G*})}{\lambda_1 - \lambda_2} - \dfrac{t}{\lambda_2}\right] \\ q_i(p_1,p_2) \geq 0, w_i \geq c_i, i = 1,2 \end{cases} \quad (8-10)$$

其中，

$$(p_1^{G*}, p_2^{G*}) = \underset{p_1 \geq w_1, p_2 \geq w_2}{\operatorname{argmax}}\left\{\sum_{i=1}^{2}\left[p_i \lambda_i q_i + s(1-\lambda_i)q_i - w_i q_i\right]\right\} \quad (8-11)$$

在式 (8-10) 中，与未提供退款保证情形下的优化问题类似，$\max\limits_{w_1} \pi_1$、$w_2^{G*} = \underset{w_2}{\operatorname{argmax}} \pi_2$ 分别表示高端品牌制造商和普通品牌制造商的最优批发价格决策，并满足约束条件 $q_i(p_1, p_2) \geq 0$ 和 $w_i \geq c_i$；在式 (8-11) 中，(p_1^{G*}, p_2^{G*}) 表示线上零售商决策的最优产品零售价格，并满足约束条件 $p_1 \geq w_1$、$p_2 \geq w_2$。根据逆向递推法求解，首先根据式 (8-11)，求解线上零售商的最优零售价格决策 (p_1^{G*}, p_2^{G*})；然后根据式 (8-10)，先后求解各制造商的最优批发价格决策，其中先求解普通品牌制造商的批发价格决策 w_2^{G*}，再将 w_2^{G*} 代入 π_1 求解高端品牌制造商的批发价格决策 w_1^{G*}。

步骤 1：根据式 (8-11)，求解线上零售商的最优零售价格决策。求解 $\pi_R(p_1, p_2)$ 的 Hessian 矩阵 H，可以得到：

$$H = \begin{bmatrix} \dfrac{\partial^2 \pi_R}{\partial p_1^2} & \dfrac{\partial^2 \pi_R}{\partial p_1 \partial p_2} \\ \dfrac{\partial^2 \pi_R}{\partial p_2 \partial p_1} & \dfrac{\partial^2 \pi_R}{\partial p_2^2} \end{bmatrix} = \begin{bmatrix} -\dfrac{2\lambda_1^2}{\lambda_1 - \lambda_2} & \dfrac{2\lambda_1 \lambda_2}{\lambda_1 - \lambda_2} \\ \dfrac{2\lambda_1 \lambda_2}{\lambda_1 - \lambda_2} & -\dfrac{2\lambda_1 \lambda_2}{\lambda_1 - \lambda_2} \end{bmatrix} \quad (8-12)$$

根据式 (8-12)，易得 $|H| = \dfrac{4\lambda_1^2 \lambda_2 (\lambda_1 - \lambda_2)}{(\lambda_1 - \lambda_2)^2} > 0$，即 Hessian 矩阵 H 负定，存在唯一最优解。进而根据最优性一阶条件 $\dfrac{\partial \pi_R}{\partial p_1} = \dfrac{\partial \pi_R}{\partial p_2} = 0$，可以求得

线上零售商的定价反应函数 $p_1^*(w_1, w_2)$、$p_2^*(w_1, w_2)$ 分别为：

$$p_1^*(w_1, w_2) = \frac{s\lambda_1 + t\lambda_1 - s - t + \lambda_1 + w_1}{2\lambda_1}, p_2^*(w_1, w_2) = \frac{s\lambda_2 + t\lambda_2 - s - t + \lambda_2 + w_2}{2\lambda_2}。$$

步骤2：根据式（8-10），求解两家制造商的最优批发价格决策。将 $p_1^*(w_1, w_2)$ 和 $p_2^*(w_1, w_2)$ 代入式（8-10），在给定 w_1 下，求解 π_2 关于 w_2 的二阶偏导数，易知 $\frac{\partial^2 \pi_2}{\partial w_2^2} < 0$，即 π_2 为关于 w_2 的凹函数，存在唯一最优解。根据最优性一阶条件 $\frac{\partial \pi_2}{\partial w_2} = 0$，可以求得普通品牌制造商的定价反应函数 $w_2^{G*}(w_1)$ 为 $w_2^{G*}(w_1) = \frac{(\lambda_1 - \lambda_2)(s - t) + \lambda_1 c_2 + \lambda_2 w_1}{2\lambda_1}$。

步骤3：将 $w_2^{G*}(w_1)$ 代入 π_1，易知 $\frac{\partial^2 \pi_1}{\partial w_1^2} < 0$，即 π_1 为关于 w_1 的凹函数。根据最优性一阶条件 $\frac{\partial \pi_1}{\partial w_1} = 0$，可以求得高端品牌制造商的最优定价决策 w_1^{G*} 为 $w_1^{G*} = \frac{(\lambda_1 - \lambda_2)[(2\lambda_1 - 1)(t - s) + 2\lambda_1 + c_1] + \lambda_1(c_1 + c_2)}{2(2\lambda_1 - \lambda_2)}$。

将 w_1^{G*} 代入 $w_2^{G*}(w_1)$ 即可求得 w_2^{G*}；将 w_1^{G*}、w_2^{G*} 代入 $p_1^*(w_1, w_2)$、$p_2^*(w_1, w_2)$ 得到 p_1^{G*} 和 p_2^{G*}。

定理8.2 在提供退款保证情形下，存在消费者退货行为并给线上零售商带来退货损失，各制造商和线上零售商的最优定价策略 w_i^{G*}、p_i^{G*}（$i = 1, 2$）分别为

$$\begin{cases} w_1^{G*} = \dfrac{(\lambda_1 - \lambda_2)[(2\lambda_1 - 1)(t - s) + 2\lambda_1 + c_1] + \lambda_1(c_1 + c_2)}{2(2\lambda_1 - \lambda_2)} \\ w_2^{G*} = \dfrac{(\lambda_1 - \lambda_2)(s - t) + \lambda_1 c_1 - \lambda_2 w_2}{2\lambda_1} \\ p_1^{G*} = \dfrac{w_1^{G*} + \lambda_1 - (1 - \lambda_1)(s + t)}{2\lambda_1} \\ p_2^{G*} = \dfrac{w_2^{G*} + \lambda_2 - (1 - \lambda_2)(s + t)}{2\lambda_2} \end{cases}$$

定理 8.2 给出了提供退款保证情形下的供应链均衡。容易知道，线上零售商向消费者提供退款保证会影响各企业的最优定价策略。其中，高端品牌制造商在决策其产品批发价格时，除了会受到两种产品生产成本的影响之外，还需要考虑退货产品残值以及消费者退货成本的影响。同样的，普通品牌制造商的最优批发价格决策也受到两种产品生产成本和消费者退货等相关因素的影响。而对于线上零售商而言，根据各品牌制造商的价格策略，两种产品的零售价格也会相应地调整，即当产品批发价格较高时，线上零售商也会提高产品零售价格。此外，由于消费者退货时会将产品退回线上零售商，因而线上零售商会获得产品残值，即产生相应的退货损失（即 $w_i - s_i$），进而促使线上零售商降低产品零售价格来激励消费者购买产品。最后，将定理8.2 得到的 w_i^{G*}、p_i^{G*} 代入式（8-2）、式（8-3）可以得到提供退款保证情形下的产品需求 q_i^{G*}，代入式（8-4）、式（8-5）可以得到零售商和各制造商的利润 π_R^{G*}、π_i^{G*}。

在提供退款保证情形下，消费者剩余分消费者对产品满意和不满意两个部分，消费者剩余分别为 $\int_{p_i+\frac{(1-\lambda_i)t}{\lambda_i}}^{1}(v-p_i)dF(v)$、$\int_{p_i+\frac{(1-\lambda_i)t}{\lambda_i}}^{1}(-t)dF(v)$。其中，与未提供退款保证情形不同的是，当消费者对产品不满意时，消费者选择退货可以获得线上零售商的全额退款，仅损失退货成本。由此，可以得到提供退款保证情形下的消费者剩余 CS_i^G 为：

$$CS_i^G = \underbrace{\lambda_i \int_{p_i+\frac{(1-\lambda_i)t}{\lambda_i}}^{1}(v-p_i)dF(v)}_{消费者对产品满意} + \underbrace{(1-\lambda_i)\int_{p_i+\frac{(1-\lambda_i)t}{\lambda_i}}^{1}(-t)dF(v)}_{消费者对产品不满意} \quad (8-13)$$
$$= \frac{[\lambda_i(p_i-1)+(1-\lambda_i)t]^2}{2\lambda_i}$$

在式（8-13）中，由于存在消费者退货，因而消费者剩余除了会受到产品零售价格和消费者对产品满意程度的影响之外，还会受到消费者退货成本的影响，即较高的消费者退货成本会导致消费者剩余的损失。将定理8.2 得到的各个产品零售价格 p_i^{G*} 代入式（8-13），即可得到购买产品 i 的消费者剩余 CS_i^{G*}。进而可以得到提供退款保证情形下总的消费者剩余为 $CS^{G*} =$

$CS_1^{G*} + CS_2^{G*}$。

命题 8.1 无论线上零售商是否提供退款保证，高端品牌制造商设置的高端品牌产品批发价格总是更高，而线上零售商也会对高端品牌产品设置更高的零售价格，即 $w_1^{N*} > w_2^{N*}$，$p_1^{N*} > p_2^{N*}$，$w_1^{G*} > w_2^{G*}$，$p_1^{G*} > p_2^{G*}$。

证明：根据基准情形和提供退款保证情形下得到的供应链均衡，直接比较两种产品的批发价格和零售价格，易得，略。

命题 8.1 比较了基准情形和提供退款保证情形下各企业最优定价决策。由于市场上消费者对高端品牌产品和普通品牌产品的支付意愿不同，所以高端品牌制造商和普通品牌制造商的定价策略会有所不同，并影响线上零售商的零售价格决策。对于产品批发价格，由于消费者对高端品牌产品具有更高的支付意愿（比普通品牌产品），并且高端品牌产品的成本更高，因而不管是否存在退款保证，高端品牌制造商总是会实施高价策略，即 $w_1^{N*} > w_2^{N*}$、$w_1^{G*} > w_2^{G*}$；同时，产品 1 的批发价格提高会导致线上零售商定价空间减小，进而促使线上零售商也会对产品 1 设置较高的零售价格，即 $p_1^{N*} > p_2^{N*}$、$p_1^{G*} > p_2^{G*}$。并且，高端品牌产品与普通品牌产品之间的定价差异与线上零售商是否提供退款保证无关。

此外，由命题 8.1 也可以知道，在差异化竞争市场中，支付意愿更高的消费者通常会购买高端品牌产品，部分支付意愿较低的消费者则会购买普通品牌产品。但针对购买高端品牌产品的消费者，其在获得更多的产品购买效用时，也需要为此支付额外的品牌溢价。例如，在手机市场，消费者选择购买华为 Mate 系列或者小米手机，其中购买华为 Mate 系列手机的消费者通常需要支付更多的价格。

第三节　退款保证和品牌差异化竞争的影响

在第二节中，针对有无消费者退货情形，分别构建并求解了三阶段动态博弈模型，得到了基准情形以及提供退款保证情形下的供应链均衡。在提供退款保证情形下，产品退货会给线上零售商带来损失，这会如何影响线上零售商的定价策略以及上游制造商的批发价格决策？供应链上下游成员企业的利润以及消费者剩余会发生什么变化？为此，本节将通过比较分析，考察线上零售商退款保证对各企业定价策略、利润以及消费者剩余的影响。

一 退款保证的影响分析

当线上零售商向消费者提供退款保证时，各制造商和线上零售商的定价策略均会受到产品退货的影响，因而本节将比较提供退款保证前后的供需双方定价策略，得到命题8.2。

命题8.2 在退款保证下，根据退货产品残值的大小，线上零售商会策略性地调整其定价决策，表现为当 $s < \gamma_i$ 时（$i = 1, 2$），$p_i^{G*} > p_i^{N*}$；而根据线上零售商价格的调整，各制造商也会相应地调整各自的批发价格决策，可以得到：当 $\lambda_1 > \frac{1}{2}$ 且 $t > s$ 或者 $\lambda_1 < \frac{1}{2}$ 且 $t < s$ 时，$w_1^{G*} > w_1^{N*}$；当 $t < s$ 时，$w_2^{G*} > w_2^{N*}$。

其中，

$$\gamma_1 = \frac{(1-\lambda_1)(\lambda_1-\lambda_2)(c_1+2\lambda_1)+(6\lambda_1^2-4\lambda_1\lambda_2-5\lambda_1+3\lambda_2)t}{2\lambda_1(1-\lambda_1)+\lambda_2},$$

$$\gamma_2 = \frac{\lambda_2(1-\lambda_2)[c_1\lambda_2+\lambda_1(2c_1-c_2)]+(10\lambda_1+9)\lambda_1\lambda_2 t}{(1-\lambda_1)(\lambda_1+\lambda_2)+(\lambda_1-\lambda_2)}。$$

证明：根据定理8.1和定理8.2，直接比较基准情形和提供退款保证情形下的最优产品零售价格，可以得到：

$$p_1^{G*} - p_1^{N*} = -\frac{[2\lambda_1(1-\lambda_1)+\lambda_2]s-(1-\lambda_1)(\lambda_1-\lambda_2)(c_1+2\lambda_1)-(6\lambda_1^2-4\lambda_1\lambda_2-5\lambda_1+3\lambda_2)t}{4\lambda_1(2\lambda_1-\lambda_2)},$$

$$p_2^{G*} - p_2^{N*} = -\frac{[(1-\lambda_1)(\lambda_1+\lambda_2)+(\lambda_1-\lambda_2)]\lambda_2 s-(10\lambda_1+9)\lambda_1\lambda_2 t-\lambda_2(1-\lambda_2)[c_1\lambda_2+\lambda_1(2c_1-c_2)]}{8\lambda_1(2\lambda_1-\lambda_2)}。$$

根据前文假设 $\lambda_1 > \lambda_2$、$0 < \lambda_1 < 1$、$0 < \lambda_2 < 1$，可以知道：当 $s < \gamma_1$ 时，$p_1^{G*} - p_1^{N*} > 0$；当 $s < \gamma_2$ 时，$p_2^{G*} - p_2^{N*} > 0$。

比较基准情形和提供退款保证情形下的最优产品批发价格，可以得到：

$$w_1^{G*} - w_1^{N*} = -\frac{(\lambda_1 - \lambda_2)(s-t)(2\lambda_1 - 1)}{2(2\lambda_1 - \lambda_2)}, w_2^{G*} - w_2^{N*} = \frac{(s-t)(4\lambda_1 - 2\lambda_1\lambda_2 - \lambda_2)(\lambda_1 - \lambda_2)}{4\lambda_1(2\lambda_1 - \lambda_2)}。$$

当 $s > t$ 且 $\lambda_1 < \frac{1}{2}$ 或 $s < t$ 且 $\lambda_1 > \frac{1}{2}$ 时，$w_1^{G*} > w_1^{N*}$；当 $s > t$ 时，$w_2^{G*} > w_2^{N*}$。

命题 8.2 通过比较基准情形与提供退款保证情形下各企业的定价策略，考察了线上零售商退款保证对供需双方最优定价决策的影响。显然，在提供退款保证情形下，各成员企业均会调整各自的定价策略。首先，线上零售商需要考虑退货产品残值的大小，当退货产品残值较低时，消费者退货给线上零售商造成的损失较大（$w - s > w - \gamma_i > 0$），因而为弥补消费者退货造成的损失，线上零售商会对产品实行高价策略（$p_i^{G*} > p_i^{N*}$）；同时，更高的产品零售价格可阻止部分低支付意愿的消费者购买产品，避免部分可能退货的消费者购买产品。其次，对于高端品牌制造商，其在调整产品 1 的批发价格时，也需要考虑消费者退货的影响，即考虑产品退货的残值和消费者退货成本的影响，当产品 1 的退货率较低（即产品 1 符合消费者需求的概率较高，$\lambda_1 > 1/2$）且消费者退货成本较高时，或者当产品 1 的退货率较高且消费者退货成本较低时，高端品牌制造商会提高产品 1 的批发价格（$w_1^{G*} > w_1^{N*}$）。最后，由于市场上的消费者对产品 2 满意的概率相对较低（$\lambda_2 < \lambda_1$），因而当消费者退货成本满足 $t < s$ 时，普通品牌制造商会实行低价策略。

命题 8.3 线上零售商向消费者提供退款保证并不一定对其有利，这与消费者退货成本以及退货产品残值有关，仅当消费者退货成本较低时，线上零售商提供退款保证才能提升其利润水平，表现为：存在一个 $\bar{t} \in (0, 1)$，使得当 $t < \bar{t}$ 时，$\pi_R^{G*} > \pi_R^{N*}$。

证明：比较基准情形和提供退款保证情形下的线上零售商利润，可以得到 $\pi_R^{G*} - \pi_R^{N*} = \dfrac{f(t)}{16\lambda_1^2(\lambda_1 - \lambda_2)(2\lambda_1 - \lambda_2)}$，其中 $f(t) = at^2 + bt + c$，即 $f(t)$ 为关于 t 的一元二次函数，$a = (1 - \lambda_1)(\lambda_1 - \lambda_2)[2\lambda_1\lambda_2(1 - \lambda_1)(\lambda_1 - \lambda_2) + 2\lambda_1 + 3\lambda_2]$，$b = -2\lambda_1^2(2 - \lambda_1 - \lambda_2)[2(1 - \lambda_1)(1 - s)\lambda_1^2\lambda_1 + \lambda_2(c_1 + s)]$，$c = [2(1 - s)(\lambda_1 - \lambda_2)\lambda_1^2 + (\lambda_1 - \lambda_2)(c_1 + s) + \lambda_1(c_1 - c_2)][(\lambda_1 - \lambda_2)(1 + $

$c_1 - s) + (\lambda_1 - \lambda_2) + \lambda_1 s]$。

根据假设 $\lambda_1 > \lambda_2$ 和 $s \in (0, 1)$，易知 $a > 0$、$b < 0$ 以及 $c > 0$。由此，根据一元二次函数的性质，可知 $b^2 - 4ac > 0$。以及 $-b/a > 0$ 和 $c/a > 0$，因此 $f(t)$ 存在两个正实根。在 t 的取值区间 $(0, 1)$ 上，当 $t \to 0$ 时，$f(t) > 0$，当 $t \to 1$ 时，$f(t) < 0$，即存在一个 $\bar{t} \in (0, 1)$，使得当 $t < \bar{t}$ 时，$f(t) > 0$，即 $\pi_R^{G*} - \pi_R^{N*} > 0$。

命题8.3通过比较线上零售商提供退款保证前后的利润，考察了退款保证对线上零售商利润水平的影响。显然，线上零售商向消费者提供退款保证并不总是对其有利。结合命题8.1，随着消费者退货成本和退货产品残值的变化，线上零售商会调整其定价策略，并影响上游制造商的产品批发价格决策，导致退款保证对线上零售商利润的影响存在不确定性，即仅当消费者退货成本较低时，线上零售商才能从退款保证中获利。而对于退货产品残值，较高的退货产品残值对线上零售商有利，可以验证 $\partial \pi_R^{G*}/\partial s > 0$。根据命题8.3，线上零售商从其自身利益角度出发，并不会自愿向消费者提供退款保证，因而我国于2014年3月15日新修订实施的新版《消费者权益保护法》，规定了网络购物可"7天无理由退换货"，以此来强制零售商向消费者提供退货保障。

为直观分析退款保证对线上零售商利润水平的影响，设置 $s = 0.05$、0.10、015，刻画产品残值较低、适中、较高三种情形下线上零售商利润和消费者退货成本的变化曲线，如图8-2所示。根据图8-2可以知道：退款保证并不一定对线上零售商有利，只有当消费者退货成本和产品残值满足一定条件时，退款保证才会对线上零售商有利；但当消费者退货给消费者造成的退货成本较高时，退款保证情形下线上零售商的利润水平 π_R^{G*} 会降低，表明消费者退货成本提高会加剧退款保证对线上零售商的不利影响；最后，还可以发现，随着产品残值的提高，线上零售商从提供退款保证中获利的可能性也会增大，即 $\partial \bar{t}/\partial s > 0$，表明较高的退货产品残值对线上零售商有利。

命题8.4 由于线上零售商提供退款保证会影响各制造商的批发价格决策，且线上零售商定价决策的变化会影响产品需求，所以退款保证同样会对

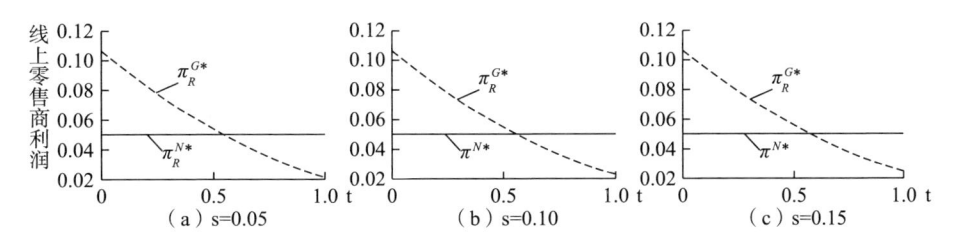

图 8-2 线上零售商利润

各制造商的利润水平造成影响,可以得到:当 $\lambda_1 > \frac{1}{2}$ 且 $t>s$ 时,$\pi_1^{G*} > \pi_1^{N*}$;当 $t<s$ 时,$\pi_2^{G*} > \pi_2^{N*}$。

证明:比较基准情形和提供退款保证情形下的高端品牌制造商利润,可以得到:

$$\pi_1^{G*} - \pi_1^{N*} = \frac{(2\lambda_1-1)(s-t)\{(\lambda_1-\lambda_2)[(2\lambda_1-1)(s-t)-4\lambda_1+2c_1]+2\lambda_1(c_1-c_2)\}}{16\lambda_1(2\lambda_1-\lambda_2)}$$

(8-14)

根据式(8-14)可知,当 $\lambda_1 > \frac{1}{2}$ 且 $t>s$ 时,$\pi_1^{G*} - \pi_1^{N*} > 0$;

比较基准情形和提供退款保证情形下的普通品牌制造商利润,可以得到:

$$\pi_2^{G*} - \pi_2^{N*} = \frac{(s-t)[2\lambda_1(\lambda_2-2)+\lambda_2][\lambda_1(t+2c_2-s)+\lambda_2(2\lambda_1-\lambda_2)(s-t)]}{32\lambda_1\lambda_2(2\lambda_1-\lambda_2)^2}$$

(8-15)

根据式(8-15),容易知道,当 $t<s$ 时,$\pi_2^{G*} > \pi_2^{N*}$。

命题 8.4 表明,退款保证会影响高端品牌制造商和普通品牌制造商的利润水平,且与消费者对各个产品的满意程度以及消费者退货成本有关。具体分析,当线上零售商向消费者提供退款保证时,两家制造商的利润均会受到消费者退货成本和产品残值的影响,并且与消费者对产品满意度有关。具体分析,当产品 1 的退货率较低(即消费者对产品 1 的满意程度较高,满足条件:$\lambda_1 > 1/2$)且消费者退货成本较高时,或者当产品 1 的退货率较高且消费者退货成本较低时，高端品牌制造商就能获得更多的利润（$\pi_1^{G*} > \pi_1^{N*}$），因为线上零售商提供退款保证不仅会影响高端品牌制造商的最优定价，还会影响消费者对产品 1 的需求；普通品牌制造商的利润也受到消费者退货的影响，仅当 $t<s$ 时，普通品牌制造商才能在线上零售商提供退款保证时获利（$\pi_2^{G*} > \pi_2^{N*}$）。

根据命题 8.4，还可以知道，如果不考虑法律约束或者产品不在《商品类目与退换货条件》中，即线上零售商可以选择是否向消费者提供退款保证服务，则线上零售商的退款保证策略存在可行条件。此时，无论线上零售商是否选择提供退款保证服务，两家差异化竞争制造商的利润均会受到影响，且取决于消费者对各自产品的满意程度以及产品退货给线上零售商和消费者造成的影响。

二 品牌差异化竞争的影响分析

为考察品牌差异化竞争的影响，本部分先分析线上零售商仅销售高端品牌制造商生产的高端品牌产品 1 的情形，并用字符"B"来表示。当消费者购买产品 1 获得的净效用非负（即 $E[u_1] \geq 0$）时，才会选择购买。由此，可得产品 1 的需求为 $q_1^B = 1 - p_1 - \dfrac{(1-\lambda_1)t}{\lambda_1}$。此时，高端品牌制造商与线上零售商的决策过程为：高端品牌制造商先决策 w_1^B；然后，根据 w_1^B，线上零售商决策 p_1^B。

根据逆向递推法，先求解线上零售商的定价反应，得到 $p_1^{B*}(w_1^B) = \dfrac{(\lambda_1-1)(s+t)+w_1+\lambda_1}{2\lambda_1}$。其次，将 $p_1^{B*}(w_1^B)$ 代入高端品牌制造商的利润函数，求得 $w_1^{B*} = \dfrac{(\lambda_1-1)(t-s)+c_1+\lambda_1}{2}$。再次，根据 w_1^{B*}，即可得到 $p_1^{B*} = \dfrac{(\lambda_1-1)(s+3t)+c_1+3\lambda_1}{4\lambda_1}$。最后，将 w_1^{B*} 和 p_1^{B*} 分别代入线上零售商和高端品牌制造商的利润函数，可以得到 $\pi_R^{B*} = \dfrac{[(s-t-1)\lambda_1+c_1-s+t]^2}{16\lambda_1}$，$\pi_1^{B*} =$

$$\frac{[(s-t-1)\lambda_1+c_1-s+t]^2}{8\lambda_1},\text{消费者剩余为}CS^{B*}=\frac{[(1-\lambda_1)(t-s)-\lambda_1+c]^2}{32\lambda_1}。$$

命题 8.5 针对线上零售商单品牌销售策略（仅销售高端品牌产品）和品牌差异化销售策略情形，比较高端品牌产品的批发价格和零售价格，可以得到：当 $s>t+c_2$ 或 $s<t+c_2$ 且 $1-\frac{1-c_2}{1+t-s}<\lambda_2<\lambda_1$ 时，$w_1^*<w_1^{B*}$，$p_1^*<p_1^{B*}$。

证明：比较有无市场竞争情形下高端品牌产品1的批发价格和零售价格，可得 $w_1^*-w_1^{B*}=\frac{\lambda_1[c_2-\lambda_2-(1-\lambda_2)(s-t)]}{2(2\lambda_1-\lambda_2)}$，$p_1^*-p_1^{B*}=\frac{c_2-\lambda_2-(1-\lambda_2)(s-t)}{4(2\lambda_1-\lambda_2)}$。

可以得到：当 $s>t+c_2$ 或 $s<t+c_2$ 且 $\frac{t+c_2-s}{1+t-s}<\lambda_2<\lambda_1$ 时，$w_1^*-w_1^{B*}<0$，$p_1^*-p_1^{B*}<0$。

由于在单品牌销售策略下，线上零售商仅销售高端品牌产品1，因而命题8.5仅比较了高端品牌产品1的批发价格和零售价格决策。显然，在品牌差异化销售策略下，市场竞争会影响高端品牌制造商和线上零售商的定价策略，且与退货产品残值和进入市场的普通品牌产品有关。具体分析，如果退货产品残值较高（$s>t+c_2$），高端品牌制造商会降低产品1的批发价格（$w_1^*<w_1^{B*}$），以避免线上零售商对产品1设置较高的零售价格，即线上零售商也会降低产品1的零售价格（$p_1^*<p_1^{B*}$）；如果退货残值较低，但市场上消费者对普通品牌产品的满意程度较高 $\left(\frac{t-s+c_2}{1+t-s}<\lambda_2<\lambda_1\right)$ 时，面对普通品牌产品的竞争，高端品牌制造商同样需要降低其产品的批发价格，以应对普通品牌制造商的市场竞争，而产品1更低的产品批发价格也会促使线上零售商实施低价策略。命题8.5表明，在品牌差异化销售策略下，面对普通品牌制造商的市场入侵，高端品牌制造商总是需要实施低价策略，来最大化自身利润。

命题 8.6 在品牌差异化销售策略下，市场竞争总是对线上零售商有利，即线上零售商总是有动机实施品牌差异化销售策略，表现为 $\pi_R^*>\pi_R^{B*}$；但普通品牌制造商的市场入侵对高端品牌制造商的影响存在不确定性，市场竞争反而有可能对高端品牌制造商有利，即存在一个$\overline{\lambda}_1 \in (\lambda_2, 1)$，使得当$\lambda_2 < \lambda_1 < \overline{\lambda}_1$时，$\pi_1^* > \pi_1^{B*}$。

证明：比较单品牌销售策略和品牌差异化销售策略下的零售商利润水平，容易验证$\pi_R^* - \pi_R^{B*} > 0$，详细证明过程略。在单品牌销售策略下，仅高端品牌制造商通过零售商销售其生产的高端品牌产品，因而比较高端品牌制造商的利润水平，可以得到：

$$\pi_1^* - \pi_1^{B*} = \frac{\{(\lambda_1 - \lambda_2)[2\lambda_1(1-s+t) - (s-t-c_1)] + \lambda_1(c_2 - c_1)\}^2}{16\lambda_1(\lambda_1 - \lambda_2)(2\lambda_1 - \lambda_2)} - \frac{[\lambda_1 - c_1 + (1-\lambda_1)(s-t)]^2 c_2}{8} \quad (8-16)$$

分析式（8-16）与0的大小。可以验证：当$\lambda_1 \to 1$时，$\lim_{\lambda_1 \to 1}(\pi_1^* - \pi_1^{B*}) < 0$；当$\lambda_1 \to \lambda_2$时，$\lim_{\lambda_1 \to \lambda_2}(\pi_1^* - \pi_1^{B*}) > 0$。因此，一定存在$\overline{\lambda}_1 \in (\lambda_2, 1)$，使得当$\lambda_2 < \lambda_1 < \overline{\lambda}_1$时，$\pi_1^* - \pi_1^{B*} > 0$。

由命题8.6可知，在品牌差异化销售策略下，市场竞争总是对线上零售商有利（$\pi_R^* > \pi_R^{B*}$）。结合命题8.5，面对普通品牌制造商的市场入侵，高端品牌制造商为实现利润最大化，总是实行低价策略，更低的产品批发价格降低了线上零售商的成本，增大了线上零售商的利润空间，与此同时，更低的产品批发价格也会促使线上零售商实行低价策略，从而能够刺激更多的消费需求。此外，退款保证能给线上零售商保留一定的残值收入，其利润会受到产品残值大小的影响，退货产品残值越大，在线零售商获益越多，反之，获益较少。市场竞争对高端品牌制造商的影响具有不确定性，高端品牌制造商会根据消费者退货成本和退货产品残值大小，策略性地调整其定价策略，这进而会影响其利润水平。但当市场上的消费者对高端品牌产品的满意程度较低（$\lambda_2 < \lambda_1 < \overline{\lambda}_1$）时，受普通品牌制造商市场入侵的影响，高端品牌制造商会实行低价策略，从而能够刺激更多的消费需求，所以，在一定条件下，市场竞争反而有可能对高端品牌制造商有利。

命题8.6表明，从线上零售商的视角来看，为最大化自身利润，线上零售商有动机引入外部竞争者形成竞争性市场，且随着高端品牌产品和普通品牌产品竞争的加剧，线上零售商获得的利润增量更大，这意味着市场竞争也能够增大线上零售商引入外部竞争者的动机。从高端品牌制造商的视角来看，竞争者的市场进入也不一定会导致其利润的损失，这是因为随着普通品牌产品进入市场，具有较高支付意愿的消费者仍然会选择高端品牌产品，仅有部分支付意愿较低的消费者才会选择购买普通品牌产品。

三 消费者剩余分析

考虑到消费者剩余函数较为复杂，本部分将采用数值仿真的方法来考察退款保证和品牌差异化竞争的影响。为简化表达，定义 $\Delta\lambda = \lambda_1 - \lambda_2$，设置参数 $c_1 = 0.2$、$c_2 = 0.1$、$s = 0.2$，讨论 λ_1、λ_2 和 $\Delta\lambda$ 等参数变化对消费者剩余的影响。

首先，考察消费者购买产品 1 的消费者剩余变化情况。设置参数 $\lambda_2 = 0.8$，取 $\lambda_1 = 0.85$、0.90、0.95，刻画消费者对产品 1 的满意程度较低、适中、较高三种情形下消费者剩余和消费者退货成本的变化曲线，结果如图 8-3 所示。观察图 8-3 可以发现：线上零售商提供退款保证并不总是对消费者有利，仅当消费者对产品 1 的满意程度和消费者退货成本满足一定条件时，退款保证策略才能增加消费者剩余；随着消费者退货成本 t 的增大，退款保证情形下消费者剩余 CS_1^{G*} 降低，说明较高的消费者退货成本会加剧退款保证对消费者的不利影响；随着消费者对产品 1 满意程度的提高，曲线 CS_1^{G*} 变动趋于平缓，说明消费者较高的产品满意程度同样会加剧退款保证对消费者的不利影响。

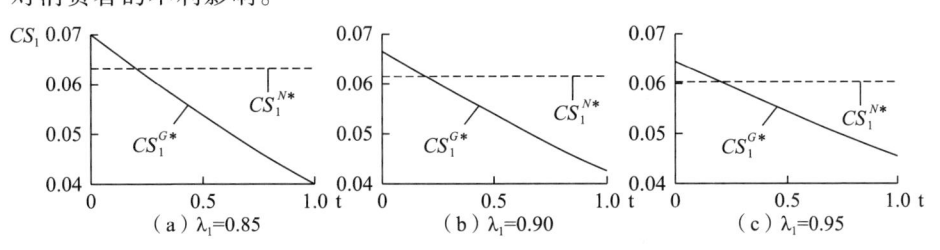

图 8-3　产品 1 的消费者剩余曲线

其次，考察消费者购买产品 2 的消费者剩余变化情况。设置参数 $\lambda_1 = 0.9$，取 $\lambda_2 = 0.75$、0.80、0.85，刻画消费者对产品 2 的满意程度较低、适中、较高三种情形下消费者剩余和消费者退货成本的变化曲线，结果如图 8-4 所示。观察图 8-4 可以发现：线上零售商提供退款保证并不总是对消费者有利，仅当消费者对产品 2 的满意程度和消费者退货成本满足一定条件时，退款保证策略才能增加消费者剩余；随着消费者退货成本 t 的增大，退款保证情形下消费者剩余 CS_2^{G*} 会降低，说明较高的消费者退货成本会使消费者遭受更多的损失，从而加剧退款保证对消费者的不利影响，与产品 1 的情况类似；对于产品 2 来说，随着消费者对产品 2 满意程度的提高，消费者剩余 CS_2^{G*} 会增加，但是 CS_2^{G*} 和 CS_2^{N*} 的差距会逐渐缩小，说明消费者较高的产品满意程度可以增加消费者剩余，但会削弱退款保证对消费者的有利影响。

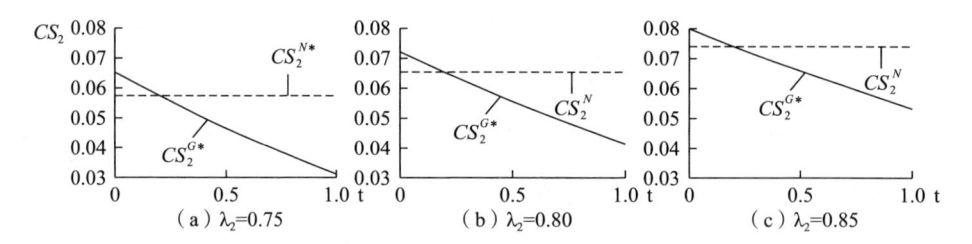

图 8-4　产品 2 的消费者剩余曲线

最后，综合考察消费者购买产品 1 和产品 2 的消费者剩余之和变化情况，设置 $\Delta\lambda = 0.05$、0.10、0.15，刻画 $\Delta\lambda$ 较低、适中、较高三种情形下消费者剩余和消费者退货成本的变化曲线，结果如图 8-5 所示。观察图 8-5 可以发现：只有当消费者退货成本 t 和 $\Delta\lambda$ 满足一定的条件时，线上零售商提供退款保证才对消费者有利；随着消费者退货成本 t 的增加，退款保证情形下消费者剩余 CS^{G*} 会减少，说明较高的消费者退货成本会使消费者剩余减少，从而加剧退款保证对消费者的不利影响；随着 $\Delta\lambda$ 的增大，曲线 CS^{G*} 呈现下移趋势，说明消费者对两种产品的认同程度差异越大，消费者剩余减少的就越多，即市场竞争对消费者不利。

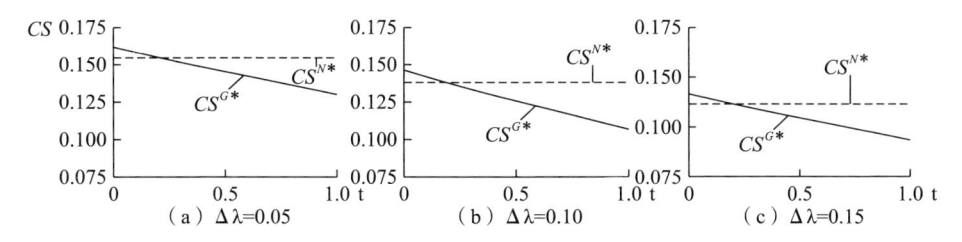

图 8-5 消费者剩余之和的变化曲线

第四节 问题延伸与拓展

通过上文分析可知：线上零售商的退款保证策略会影响供应链上游制造商的价格竞争和利润，而在决策是否引入竞争者时，线上零售商和高端品牌制造商的策略是不同的。本节将考虑其他现实因素或情形，对上述问题进行不同方面的拓展分析，从而得到其他有意义的结论和启示。具体从以下两个方面进行拓展：（1）在存在消费者退货背景下，考虑线上零售商促销情形，即线上零售商通过促销来刺激销售；（2）在线上零售商与制造商合作过程中，考虑二者之间存在信息不对称，即供应链信息不对称情形。

一 线上零售商促销情形

随着中国电商体系发展成熟，用户红利开始消失，促销已成为线上零售企业刺激销售的最主要手段之一，例如会员节、"双十一"、店庆等促销活动。由于消费者退货行为的存在，更高的产品销售量往往会带来更多的产品退货。为此，本节将在上文研究基础上进一步拓展模型，研究线上零售商促销会如何影响产品价格以及企业绩效。

为使本节的延伸拓展更具普遍性以及简化模型表达，本节考虑由制造商（M）和线上零售商（R）组成的系统，制造商生产一种产品通过线上零售商销往市场，产品批发价格为 w，产品零售价格为 p。同时，为了刺激需求，线上零售商还提供产品促销服务，假设促销服务水平为 e。当消费者在线上购买服装、鞋子、帽、手套等服饰品类产品时需要确定产品尺寸与自身需求相符，由于不能对产品进行试穿、试用等实物体验（金亮，2019a），因而有可能消费者收到的产品与预期不匹配，消费者对产品不满意或产品不符合其需求，故假设消费者对产品满意存在一定概率，为 λ （$0<\lambda<1$）。当消费者对产品满意时，消费者购买产品获得的效用为 $v-p+e$，其中 v 为消费者的支付意愿或对产品的估值，$v \sim U[0,1]$，e 为在线零售商促销服务水平。当消费者对产品不满意时，如服装、鞋子等产品尺寸不符合需求，消费者不能穿戴，获得的效用为零，此时消费者对产品的估值为零，即 $v=0$，消费者将产品退给零售商，并在退款保证下获得零售商的全额退款，但消费者要为此支付退货成本 t。由此得到预期净效用函数 $E[u]$ 为：

$$E[u] = \lambda(v-p+e) + (1-\lambda)(p-p) - (1-\lambda)t = \lambda(v-p+e) - (1-\lambda)t \quad (8-17)$$

在式（8-17）中，$\lambda(v-p+e)$ 表示当消费者对产品满足的概率为 λ 时，消费者获得的效用；$(1-\lambda)(p-p)$ 和 $(1-\lambda)t$ 分别表示当消费者对产品不满意时，消费者获得的全额退款和产生的退货成本。假设市场上的潜在消费者至多购买 1 单位的产品。消费者依据效用最大化原则 $\max\{E[u], 0\}$ 来决策是否购买产品。因此，根据 $E[u] \geq 0$，即 $v \geq p-e+(1-\lambda)t/\lambda$，用 $f(v)$ 来表示 v 的概率密度函数，可得产品需求函数 q 为：

$$q = \int_{p-e+\frac{(1-\lambda)t}{\lambda}}^{1} v df(v) = 1 - p + e - \frac{(1-\lambda)t}{\lambda} \quad (8-18)$$

与上文的假定不同，在本节问题延伸与拓展部分，假设产品退货会给线上零售商和制造商均带来退货损失，分别为 r_R、r_M。例如，当消费者选择退货时，退货产品退回线上零售商，导致线上零售商产生退货产品的物流、再次库存等成本；而对于制造商，部分退货产品可能需要退回制造商重新加工、包装等，故会给制造商带来退货损失。因此，线上零售商获得的利润为 $\pi_R = \lambda(p-w)q - (1-\lambda)qr_R - e^2/2$，其中线上零售商促销成本满足边际成本递增规律，故假设线上零售商的促销服务水平为 $e^2/2$；制造商获得的利润为 $\pi_M = \lambda wq - (1-\lambda)qr_M$。

线上零售商和制造商均以各自利润最大化为目标进行决策，决策过程为：首先，制造商决策产品批发价格；然后，线上零售商同时决策产品零售价格和促销服务水平。采用逆向递推法求解，先求解线上零售商的反应函数，求解 π_R Hessian 矩阵 H，容易验证 H 为负定矩阵，存在唯一最优解。因此，根据最优性一阶条件即可求得：

$$p^*(w) = \frac{(1-\lambda)[(1-\lambda)r_R + \lambda w - t] + \lambda}{\lambda(2-\lambda)}, e^*(w) = \frac{\lambda(1-w) - (1-\lambda)(r_R + t)}{2-\lambda}。$$

将 $p^*(w)$、$e^*(w)$ 代入制造商利润函数 π_M，易知 π_M 为关于 w 的凹函数，由此可以求得 w^*。进而将 w^* 代入 $p^*(w)$ 和 $e^*(w)$，即可得到 p^*、e^*。

定理 8.3 在线上零售商促销情形下，制造商的最优批发价格决策 w^*、线上零售商的最优零售价格 p^* 与促销服务水平决策 e^* 分别为：

$$\begin{cases} w^* = \dfrac{\lambda - (1-\lambda)(t - r_M + r_R)}{2\lambda} \\ p^* = \dfrac{3\lambda - (1-\lambda)(3t - r_M - r_R) - \lambda[\lambda - (1-\lambda)(t - r_M - r_R)]}{2\lambda(2-\lambda)} \\ e^* = \dfrac{\lambda[\lambda - (1-\lambda)(t + r_R + r_M)]}{2(2-\lambda)} \end{cases}$$

定理 8.3 给出了在线上零售商提供促销服务和退款保证情形下，制造商和线上零售商的最优定价决策、最优促销服务水平决策。可以知道，与仅提供退款保证情形类似，供需双方的最优定价决策会同时受到线上零售商退货损失、制造商退货损失和消费者退货成本的影响。而对于最优促销服务水平决策，线上零售商退货损失或消费者退货成本均会使得线上零售商降低促销服务水平。最后，依据定理 8.3，得到退款保证情形下的产品需求 q^*，以及制造商和线上零售商的利润 π_M^*、π_R^*。

分析消费者剩余。与式（8-13）类似，根据消费者购买前的产品预期，消费者剩余分为两个部分：一是当消费者购买到的产品符合其预期时，消费者获得效用为 $v - p + e$，消费者剩余为 $\int_{p - e + \frac{(1-\lambda)t}{\lambda}}^{1} (v - p + e) \mathrm{d}F(v)$；二是当消费者购买到的产品不符合其预期时，由于线上零售商未提供退款保证，因而消费者不能退货，消费者剩余为 $\int_{p-e+\frac{(1-\lambda)t}{\lambda}}^{1}(-t)\mathrm{d}F(v)$。由此，综合上述两方面的分析，得到线上零售商促销情形下的消费者剩余 CS 为：

$$CS = \lambda \int_{p-e+\frac{(1-\lambda)t}{\lambda}}^{1}(v-p+e)\mathrm{d}F(v) + (1-\lambda)\int_{p-e+\frac{(1-\lambda)t}{\lambda}}^{1}(-t)\mathrm{d}F(v) \quad (8-19)$$
$$= \frac{[\lambda(1-p+e)-(1-\lambda)t]^2}{2\lambda}$$

将定理 8.3 中的 p^* 和 e^* 代入式（8-19），即可得到消费者剩余为 CS^*。可以知道，在线上零售商提供退款保证情形下，促销服务会影响消费者剩余，且消费者剩余除了会受到消费者退货成本、供需双方退货损失的影响之外，还会受到线上零售商促销的影响。

为考察线上零售商促销以及消费者退货行为对产品定价、企业绩效以及消费者剩余的影响，分别考虑线上零售商不提供促销服务和退款保证（用字符"N"表示）、只提供促销服务不提供退款保证（用字符"E"表示）两种情形下的供应链均衡，见表 8-2。

表 8-2 不同情形下的供应链均衡

j	$E[u^j]$	q^j	w^{j*}	p^{j*}	e^{j*}
N	$\lambda v - p$	$1 - \frac{p}{\lambda}$	$\frac{\lambda}{2}$	$\frac{3\lambda}{4}$	n. a.
E	$\lambda(v+e) - p$	$1 + e - \frac{p}{\lambda}$	$\frac{\lambda}{2}$	$\frac{\lambda(3-\lambda)}{2(2-\lambda)}$	$\frac{\lambda}{2(2-\lambda)}$

表 8-2 分别给出了两种基准模型下的供应链均衡。根据表 8-2，还可以分别得到两种情形下制造商和线上零售商的利润 π_M^{j*}、π_R^{j*} 以及消费者剩余 $CS^{j*}(j \in \{N, E\})$。在 E 情形下，线上零售商提供促销服务，易知较低的产品退货率会促使线上零售商提高促销服务水平，以刺激消费者的购买行为，增加产品需求。

命题 8.7 分析线上零售商促销服务对供应链均衡的影响，可以得到：

（1） $w^{E*} = w^{N*}$，$p^{E*} > p^{N*}$，$q^{E*} > q^{N*}$；

(2) $\pi_R^{E*} > \pi_R^{N*}$，$\pi_M^{E*} > \pi_M^{N*}$，$CS^{E*} < CS^{N*}$。

证明：依据表8-2和定理8.3，比较制造商的最优批发价格决策、线上零售商的最优零售价格决策以及产品需求，易得：$w^{E*} - w^{N*} = 0$，$p^{E*} - p^{N*} = \frac{\lambda^2}{4(2-\lambda)} > 0$，$q^{E*} - q^{N*} = \frac{\lambda^2}{4(2-\lambda)} > 0$。

比较制造商和线上零售商的利润以及消费者剩余，易得：$\pi_O^{E*} - \pi_O^{N*} = \frac{\lambda^2}{16(2-\lambda)} > 0$，$\pi_M^{E*} - \pi_M^{N*} = \frac{\lambda^2}{8(2-\lambda)} > 0$，$CS^{E*} - CS^{N*} = -\frac{\lambda^2(4+\lambda)}{32(2-\lambda)} < 0$。

命题8.7比较了情形N和情形E下的供应链均衡。可以知道，线上零售商提供促销服务并不会影响制造商的定价策略（$w^{E*} = w^{N*}$），但线上零售商为弥补自身的促销服务成本支出，会实施高价策略（$p^{E*} > p^{N*}$）。然而，更高的产品零售价格并不会抑制产品需求，因为促销服务对产品需求的影响更为显著，因而此时产品需求反而更高。此外，还可以发现，随着产品符合消费者需求的概率的增大，促销服务对需求的促进作用愈加显著，容易验证：$\partial(q^{E*} - q^{N*})/(\partial\lambda) > 0$。例如，在2018年"双十一"期间，京东和天猫通过一系列促销活动刺激各类产品需求，导致销量大幅增加，其中京东商城的手机销售同比增长180%，洗发水等产品同比增长300%。

根据命题8.7也可以知道，促销服务会促使线上零售商实施高价策略，同时使得产品需求增加，因而线上零售商能够获得更多利润。而对于制造商而言，尽管制造商确定的批发价格不变，但由于产品总需求增加，实现"薄利多销"，制造商获得更多利润。然而，当不存在退款保证时，消费者购买不满意产品并不能退货，即消费者购买了产品却未获得效用，因而促销会导致消费者剩余的损失。最后，比较供需双方的利润，容易知道，由于线上零售商需要承担促销成本，因而促销服务给线上零售商带来的利润增量要小（比制造商的利润增量），容易验证：$\pi_R^{E*} - \pi_R^{N*} < \pi_M^{E*} - \pi_M^{N*}$。

命题8.8 在提供促销情形下，消费者退货行为对供应链均衡有如下影响：

(1) 当$r_M > t + r_R - \lambda$时，$w^* > w^{E*}$，当$r_R > \frac{\lambda(\lambda - t + r_M) + 3(t - \lambda) - r_M}{1 - \lambda}$

时，$p^* > p^{E*}$；

（2）$e^* < e^{E*}$，$q^* < q^{E*}$；

（3）$\pi_M^* < \pi_M^{E*}$，$\pi_O^* < \pi_O^{E*}$，$CS^* > CS^{E*}$。

证明：比较制造商和线上零售商的最优定价决策，可以得到：$w^* - w^{E*} = \dfrac{(1-\lambda)(\lambda - t + r_M - r_R)}{2\lambda}$，$p^* - p^{E*} = \dfrac{(1-\lambda)(3\lambda - 3t + r_M + r_R)}{4\lambda}$。

根据上述比较结果，容易求解 $w^* - w^{E*} > 0$ 和 $p^* - p^{E*} > 0$ 的条件。

比较最优促销服务水平与产品需求，可以得到：$e^* - e^{E*} = -\dfrac{(1-\lambda)(t + r_M + r_R)}{2(2-\lambda)} < 0$，$q^* - q^{E*} = -\dfrac{(1-\lambda)(t + r_M + r_R)}{2\lambda(2-\lambda)} < 0$。

同理，直接比较制造商和线上零售商的利润以及消费者剩余，易得，略。

命题 8.8 表明，当消费者退货对制造商和线上零售商造成的退货损失较大时，二者均会实施高价策略，制造商和线上零售商决策的产品价格都会提高。然而，当消费者选择退货时，由于退货也会给线上零售商造成退货损失，因而线上零售商总是会适当降低促销服务水平，以阻止部分可能退货的消费者购买产品。也就是说，随着消费者退货和市场的变化，线上零售商和制造商均需要适当调整各自的定价策略，根据中国电子商务研究中心调查，"双十一"期间全友家私天猫旗舰店的产品退货率为 34.94%，高于行业均值约 30%，此时全友家私天猫旗舰店需要适当地调整产品价格，避免部分可能退货的消费者购买产品。此外，从消费者购买行为角度来看，线上零售商提供退款保证时，消费者能在一定程度上降低购买风险，即购买到不满意的产品可以选择退货，减轻消费者对购买产品不符合其需求的担忧，但消费者也可能要为此项服务支付一定的溢价。

此外，命题 8.8 还比较了不同情形下各企业利润以及消费者剩余，可知，无论线上零售商是否提供促销服务，线上零售商向消费者提供退款保证均会导致线上零售商和制造商的利润损失。并且当线上零售商提供促销服务时，退款保证还会导致消费者剩余的损失。与没有退款保证情形相比，退款保证对消费者的影响来自两方面：一是当线上零售商提供退款保证时，由于消费者能够选择退货，并获得全额退款，所以消费者能够降低损失（$p-t>0$）；二是线上零售商提供退款保证也会导致产品需求降低。综合上述两方面的影响，当产品符合消费者需求或消费者对产品满意的概率较高时，若促销服务对消费者的影响也满足一定条件，则线上零售商提供退款保证对消费者有利，提升消费者剩余。

二 供应链信息不对称情形

本节将进一步考虑制造商与线上零售商之间存在信息不对称，即考虑供应链信息不对称情形。因此，为刻画信息不对称，本节考虑线上零售商在提供促销服务过程中，线上零售商提供的促销服务水平以及促销成本为其私有信息，进一步假设线上零售商的促销成本函数为 $ke^2/2$，其中 k 为促销成本系数，$k>0$。同时，线上零售商的促销服务水平及其促销成本均为其私有信息，制造商不能准确观测到，故参考 Li 等（2015）和金亮等（2017）二元分布的研究假定，分别用 k_L 和 k_H 来表示线上零售商促销成本系数存在的两种可能，$k_L/k_H<1$，即 k_L 为低成本类型（低类型），k_H 为高成本类型（高类型）。同时，假设线上零售商为低类型的概率为 ρ，为高类型的概率为 $1-\rho$，这是供需双方的共同信息。为诱使线上零售商披露其私有信息，制造商设计一组合同菜单 $\{w_i, f_i\}$（$i=L, H$），其中 w_i 表示产品批发价格，f_i 表示线上零售商对制造商的一次性转移支付（如加盟费等）。

根据促销成本假设，线上零售商的利润为 $\pi_R=(p-w)\lambda q-r_R(1-\lambda)q-\frac{1}{2}ke^2-f$，其中由于消费者对产品满意的概率为 λ，因而仅比例为 λ 的购买产品的消费者才能给线上零售商带来收益，为 $(p-w)\lambda q$；而对于退货产品，线上零售商进行二次销售或者退回制造商，因而仅发生退货损失 $r_o(1-\lambda)q$。假设制造商在生产产品过程中的边际生产成本为常量，假设为零，得到制造商的利润为 $\pi_M=w\lambda q-r_M(1-\lambda)q+f$。

供应链信息不对称情形下线上零售商和制造商的决策过程与线上零售商

促销情形类似，即制造商先决策，设计产品批发合同；然后，线上零售商同时决策产品零售价格和促销服务水平。采用逆向递推法求解，先求解线上零售商的反应函数，求解 π_R Hessian 矩阵 H，可以得到：

$$H = \begin{bmatrix} \dfrac{\partial^2 \pi_R}{\partial p_i^2} & \dfrac{\partial^2 \pi_R}{\partial p_i \partial e_i} \\ \dfrac{\partial^2 \pi_R}{\partial e_i \partial p_i} & \dfrac{\partial^2 \pi_R}{\partial e_i^2} \end{bmatrix} = \begin{bmatrix} -2\lambda & \lambda \\ \lambda & -k_i \end{bmatrix}, |H| = \lambda(2k_i - \lambda) \qquad (8-20)$$

考虑现实的合理性，即便零售商决策的促销服务水平为 0，要使得产品需求非负，零售商定价 $w < p < v$，而 $v < 1$，故有 $w < p < 1$。此时，$\lambda(1-w_i)$ 可以看作产品销售给供应链系统带来的收益，$(1-\lambda)(r_R + t)$ 可以看作消费者退货给供应链和消费者造成的损失，因而产品销售带来的收益必然要大于损失，即 $\lambda(1-w_i) > (1-\lambda)(r_R + t)$。同时，最优促销服务水平应大于 0，即 $e_i^*(w_i, f_i) = \dfrac{\lambda(1-w_i) - (1-\lambda)(r_R + t)}{2k_i - \lambda} > 0$，由此，可以得到 $2k_i - \lambda > 0$。

因此，当 $2\lambda k_i - \lambda^2 > 0$ 时，$|H| > 0$，H 负定，可求得零售商的反应函数 $p_i^*(w_i, f_i)$ 和 $e_i^*(w_i, f_i)$ 分别为：

$$\begin{cases} p_i^*(w_i, f_i) = \dfrac{(k_i - \lambda)w_i}{2k_i - \lambda} + \dfrac{(1-\lambda)[(r_R - t)k_i - \lambda r_R] + \lambda k_i}{\lambda(2k_i - \lambda)} \\ e_i^*(w_i, f_i) = \dfrac{\lambda(1-w_i) - (1-\lambda)(r_R + t)}{2k_i - \lambda} \end{cases} \qquad (8-21)$$

由式 (8-21) 可知，当制造商确定产品批发合同 $\{w_i, f_i\}$ 后，线上零售商在决策产品零售价格与促销服务水平时要考虑产品批发价格、促销成本系数、消费者退货的概率及其退货成本、退货给线上零售商造成的损失等因素的联合影响。并且，当消费者退货成本较大时，为了避免消费者因退货风险而放弃购买，线上零售商会降低产品零售价格（低价策略）和促销服务水平，可以验证：$\partial p_i^*(w_i, f_i)/\partial t < 0$，$\partial e_i^*(w_i, f_i)/\partial t < 0$。

求解制造商的最优批发合同设计，并分为对称信息和不对称信息两种情形，分别用字符"N"和"A"来表示。将 $p_i^*(w_i, f_i)$ 和 $e_i^*(w_i, f_i)$ 代入制造商利润函数 π_M，容易知道，$\pi_M(w_i, f_i)$ 为关于 w_i 的凹函数 [$\partial^2 \pi_M / \partial w_i^2 = -2\lambda k_i/(2k_i - \lambda) < 0$]，为关于 f_i 的一次函数，故存在唯一最优解。在对称信息下，制造商设计的批发合同需要满足在线零售商的个体理性约束，即保证线上零售商的获利水平，不能低于其保留利润（假设线上零售商的保留利润为零），该约束也说明了线上零售商一定会接受制造商给出的合同。由此，通过最优性一阶条件即可求得制造商的最优批发合同设计 $\{w_i^{N*}, f_i^{N*}\}$。在不对称信息下，制造商除了需要满足线上零售商的个体理性约束外，还需要满足线上零售商的激励相容约束，即保证线上零售商根据其真实的线上零售商类型选择相应的合同。由此，同样通过最优性一阶条件即可求得制造商的最优批发合同设计 $\{w_i^{A*}, f_i^{A*}\}$。

定理8.4 在对称信息和不对称信息下，制造商设计的最优批发合同 $\{w_i^{j*}, f_i^{j*}\}(i=L, H, j=N, A)$ 见表8-3。

表8-3 制造商的最优批发合同设计

j	i	w_i^{j*}	f_i^{j*}
N	L	$\dfrac{(1-\lambda) r_M}{\lambda}$	$\dfrac{k_L (B_1 - B_2)^2}{2\lambda (2k_L - \lambda)}$
N	H	$\dfrac{(1-\lambda) r_M}{\lambda}$	$\dfrac{k_H (B_1 - B_2)^2}{2\lambda (2k_H - \lambda)}$
A	L	$\dfrac{(1-\lambda) r_M}{\lambda}$	$\dfrac{k_H (w_H^{A*} - w_L^{A*})[2B_1 - 2(1-\lambda) r_R - \lambda (w_L^{A*} + w_H^{A*})]}{2(2k_H - \lambda)} + f_H^{A*}$
A	H	$\dfrac{(1-\lambda)(r_M K_1 - K_2) + B_1 K_2}{\lambda (K_1 + K_2)}$	$\dfrac{k_H [B_1 - \lambda w_H^{A*} - (1-\lambda) r_R]^2}{2\lambda (2k_H - \lambda)}$

在表8-3中，$B_1 = \lambda - (1-\lambda) t$，$B_2 = (1-\lambda)(r_M + r_R)$，$K_1 = (1-\rho)(2k_L - \lambda) k_H$，$K_2 = \rho\lambda (k_H - k_L)$。

定理8.4表明，当供需双方不存在不对称信息时，制造商针对不同的线上零售商会设计相同的批发合同。其中，合同参数 w_i^{N*} 会受到消费者退货行为的影响，但由于制造商来设计合同，因而仅与其自身的退货损失有关。并且，最优批发价格总是会随制造商退货损失的增大而增大，表明制造商通过调整批发价格来缓解消费者退货行为给其带来的不利影响。对于线上零售商向制造商支付一次性转移支付 f_i^{N*}，由于制造商需要通过调节 f_i^{N*} 来满足线上零售商的参与约束，因而它会受到产品退货对各方退货成本或退货损失的联合影响。

然而，当供需双方存在不对称信息时，制造商针对不同的线上零售商会设计一组不同的批发合同。其中，当线上零售商为低类型时，制造商通过设置较低的批发价格来诱使线上零售商制定较低的零售价格和较高的促销服务水平，提高产品销售量；同时，低类型线上零售商的促销成本也较低，制造商可以适当提高一次性转移支付水平，在满足线上零售商的参与约束的前提下获取更多利润。对于线上零售商而言，由于其定价决策还与供应链退货损失、消费者退货成本等诸多因素有关联，因而较低的批发价格并不一定能够诱使线上零售商制定较低的产品零售价格，这取决于线上零售商为低类型的概率。还可以发现，较低的批发价格和促销成本系数使得低类型线上零售商决策的促销服务水平总是更高。该推论表明，制造商的最优合同设计需要同时考虑对线上零售商最优定价和促销服务水平决策的影响，并满足线上零售商的参与约束，而线上零售商则通过权衡批发价格、退货损失、促销成本等因素对其利润的影响来决策最优定价和促销服务水平。

根据定理 8.4，分别将对称信息和不对称信息下的供应链均衡决策代入供需双方利润函数，可以得到供需双方的利润分别为 π_{Mi}^{j*}、π_{Ri}^{j*}，以及供应链系统的利润为 $\pi_{SCi}^{j*} = \pi_{Mi}^{j*} + \pi_{Ri}^{j*}$。为简化分析过程，分别用 π_M^{N*}、π_R^{N*}、π_{SC}^{N*}、π_M^{A*}、π_R^{A*}、π_{SC}^{A*} 来表示不同情形下的制造商、线上零售商以及供应链系统的期望利润。其中，对称信息下线上零售商仅能够获得其保留利润，即 $\pi_{Ri}^{N*} = 0$，由此可得 $\pi_{SC}^{N*} = \pi_M^{N*}$。在不对称信息下，若线上零售商为高类型，则线上零售商没有利润（$\pi_{RH}^{N*} = 0$）；若线上零售商为低类型，则线上零售商获得额外信息租金 π_{RL}^{A*}，因而线上零售商信息租金为 $\Delta_R = \rho \pi_{RL}^{A*}$。基于此，可以知道，不对称信息下的供应链系统期望利润为 $\pi_{SC}^{A*} = \pi_M^{A*} + \rho \pi_{RL}^{A*}$。对于制造商而言，其信息价值为信息对称与信息不对称下的期望利润之差，即 $\Delta_M =$

$\pi_M^{N*} - \pi_M^{A*}$;对于供应链系统而言,其信息价值等于信息对称与信息不对称下的期望利润之差,即 $\Delta_{SC} = \pi_{SC}^{N*} - \pi_{SC}^{A*}$。由此得到命题 8.9。

命题 8.9 分析不对称信息对制造商、线上零售商和供应链系统的影响,可以得到:

(1) $\Delta_M > 0$,$\Delta_R > 0$,$\Delta_{SC} > 0$;

(2) $\Delta_M = \Delta_{SC} + \Delta_R$。

证明:根据定理 8.4,比较信息对称与不对称下的制造商、零售商以及供应链系统利润,可得:

$$\Delta_M = \frac{5\rho(k_H - k_L)(B_1 - B_2)^2 [(6k_L - 5\lambda)(1-\rho)k_H K_2 + 4(1-\rho)^2(k_L - 4\lambda)k_L k_H^2]}{10(K_1 + K_2)^2(2k_H - \lambda)(2k_L - \lambda)} > 0,$$

$$\Delta_R = \frac{\rho(k_H - k_L)(B_1 - B_2)^2}{2(2k_H - \lambda)(2k_L - \lambda)} > 0, \Delta_{SC} = \frac{\rho k_H K_2 (1-\rho)(k_H - k_L)(B_1 - B_2)^2}{2(2k_H - \lambda)(K_1 + K_2)^2} > 0。$$

根据上述比较结果,容易验证:$\Delta \pi_M - \Delta \pi_O = \Delta \pi_{SC}$。

命题 8.9 表明,制造商与线上零售商之间存在的信息不对称会影响二者的最优决策,由此导致供需双方的期望利润及其之和会受到不对称信息的影响。具体分析,当线上零售商为低类型时,不对称信息并不会使制造商合同参数中的批发价格发生变化($w_L^{A*} = w_L^{N*}$),制造商仅通过调整向线上零售商收取的转移支付来满足激励相容约束,此时供应链系统利润满足 $\pi_{SCL}^{A*} = \pi_{SCL}^{N*}$,即能够达到最优水平。当线上零售商为高类型时,制造商通过设置更高的产品批发价格(高于对称信息下的值,即 $w_H^{A*} > w_H^{N*}$),来避免线上零售商依据其真实的促销成本类型信息如实选择合同 $\{w_H^{A*}, f_H^{A*}\}$ 所导致的制造商利润损失($\pi_{ML}^{A*} < \pi_{ML}^{N*}$)。并且,此时高类型线上零售商不能获得额外信息租金,故制造商的利润损失即为供应链系统的期望利润损失。该命题也表明,供应链系统内部的信息不对称不一定会造成供应链的损失,此时产品销售收益仅在系统内部进行重新分配。此外,还可以发现,信息劣势对制造商利润的不利影响(即信息价值 Δ_M)可以理解为由线上零售商信息租金 Δ_R 和供应链系统损失 Δ_{SC} 构成,因而制造商在决策合同参数 w_i^{A*} 和 f_i^{A*} 时,能够通过权衡 Δ_R 与 Δ_{SC} 来缓解不对称信息对自身利润的不利影响,即最小化不对称信息对

其造成的不利影响，从而实现自身利润的最大化。

根据命题8.9，还可以知道，如果将线上零售商和制造商的退货损失之和理解为供应链系统的退货损失，此时供应链系统退货损失有利于缓解不对称信息对供需双方利润的影响。也就是说，线上零售商退货损失越小，线上零售商拥有的私有信息为其带来的额外收益也越小；而制造商或者供应链退货损失越小，不对称信息的存在给二者造成的损失也越小。此外，也可以发现，较大的退货损失也会对各成员企业和供应链系统不利，使其期望利润降低。

根据上述分析，信息不对称会使得系统利润损失，因而为避免这部分损失，假设制造商与线上零售商合作时拥有的谈判力为 θ（$0<\theta<1$），则线上零售商拥有的谈判力为 $1-\theta$，进一步在命题8.10讨论二者的信息共享谈判。先定义如下两个阈值：$\underline{\theta}=\dfrac{\rho K_1 K_3^2+[K_1-K_2-\rho\lambda(k_H+3k_L)]K_1^2}{(1-\rho)[\rho k_L(2k_H-\lambda)+K_1](K_1+K_2)^2}$，

$\bar{\theta}=1-\dfrac{K_2}{\rho k_L(2k_H-\lambda)+K_1}$。

命题8.10 在满足一定条件下制造商与线上零售商才能达成信息共享谈判，当满足条件 $\underline{\theta}<\theta<\bar{\theta}$ 时，拥有私有信息的线上零售商会向制造商披露其促销服务成本信息，即与制造商进行谈判，从而与制造商实现"双赢"，共同分享供应链新增利润。

证明：当零售商愿意谈判时，其得到利润需要满足 $(1-\theta)\pi_{SC}^{N*}>\pi_R^{A*}$，可求得 $\theta<\bar{\theta}$。当制造商愿意谈判时，其得到利润需要满足 $\theta\pi_{SC}^{N*}>\pi_M^{A*}$，可求得 $\theta>\underline{\theta}$。并且，可以验证，$0<\underline{\theta}<\theta<\bar{\theta}<1$，因而可以得到制造商与零售商达成谈判的条件为 $\underline{\theta}<\theta<\bar{\theta}$。

命题8.10表明，当制造商谈判力满足一定条件时，供需双方能够达成信息共享谈判，从而使得供应链系统期望利润达到最优水平（对称信息下的值），且制造商与线上零售商的期望利润均能得到有效提升。基于不同类型的线上零售商，制造商通过设计的一组合同菜单来规制线上零售商的定价决策，当线上零售商为低类型时，线上零售商的信息优势体现在可以选择针对

高类型的合同来获得利润。因此，为了激励低类型线上零售商如实选择合同，处于信息劣势的制造商须降低向线上零售商收取的固定费用，给予线上零售商部分"信息共享费"，且该费用等于线上零售商获得的信息租金，由此导致制造商期望利润损失和线上零售商获得额外信息租金。而当线上零售商为高类型时，不对称信息会导致制造商降低批发价格，并会造成供应链系统的损失，但此时线上零售商也不能获得更多利润，只能保证其最低盈利水平。基于此，综合考虑供需双方和供应链系统的期望利润，若满足 $\underline{\theta} < \theta < \overline{\theta}$，则供应链成员企业能达成"信息共享谈判"，使得供应链系统期望利润达到最优水平（对称信息下的值）。

第五节　本章小结

本章针对由一家线上零售商和两家品牌差异化竞争制造商组成的供应链系统，考虑了市场上消费者对品牌差异化产品的偏好以及可能存在的退货行为，根据消费者效用理论，构建了消费者预期效用函数和品牌差异化产品需求函数，建立了未提供退款保证和提供退款保证情形下的供应链博弈模型，通过比较两种情形下的消费者剩余、供应链成员的最优定价以及利润来考察退款保证策略的影响，得到如下研究结论。

（1）在提供退款保证情形下，各制造商和线上零售商均会调整各自的定价策略。当消费者退货时，线上零售商会根据退货产品残值大小策略性地调整产品的零售价格；高端品牌制造商在决策产品批发价格时会考虑产品退货的残值和消费者退货成本的影响，仅当消费者退货成本满足一定条件时，普通品牌制造商才实行低价策略；退款保证不一定对提高供应链成员的利润有利，只有当消费者对产品的满意程度和消费者退货成本满足一定条件时，线上零售商和各制造商才能通过退款保证策略获利。

（2）在品牌差异化销售策略下，市场竞争会影响高端品牌制造商和线上零售商的定价策略，且与退货产品残值和进入市场的普通品牌产品有关；当线上零售商从退货产品获得的残值发生变化时，各制造商均会相应地调整各自产品的批发价格；同时，为了应对普通品牌的竞争，高端品牌制造商总是实行低价策略，这促使线上零售商也实行低价策略。

（3）品牌差异化竞争总是对线上零售商有利，即供应链上游企业的竞争会对下游的线上零售商有利，同时不总是会导致高端品牌制造商的利润损失；在品牌差异化竞争下，线上零售商提供退款保证并不一定对消费者有利，消费者退货成本会加剧退款保证对消费者的不利影响，同时，消费者对高端产品和普通产品的认同程度存在较大差异，也会加剧退款保证对消费者的不利影响。

本章研究的供应链系统仅包含线上零售商，然而实际上制造商不仅会通过线上零售商，还会通过线下零售商或是两种渠道相结合的方式来销售产品，因此，零售商提供退款保证对不同渠道的供应链的影响问题是未来可以进一步研究的方向。

第九章
主要结论与管理启示

第一节　主要结论

价格竞争策略是企业参与市场竞争的核心，也是企业竞争的有力手段，合理的价格不仅可以调节产品供应，而且能使企业在竞争中处于有力的地位，提高市场竞争力、求得生产与发展。然而，面对市场中可能存在的不同市场权力结构，各企业在考虑不同影响因素、不同市场竞争结构后，应当如何调整其价格竞争策略是本书研究的问题。本书得到的有关结论，可以为企业运营管理实践提供理论指导和系统性建议。

（1）在由两家竞争企业组成的寡头垄断市场上，通过分析各企业在价格竞争情形与产量竞争情形下的定价策略，可知两家企业之间不同的市场权力结构会影响二者的最优定价策略和利润。如果某家企业拥有市场主导权，则该企业会实施高价策略来获得利润。在不同市场权力结构下，比较价格竞争情形和产量竞争情形下两种产品的最优产品零售价格，价格竞争情形并不一定会导致两家企业之间价格竞争的加剧；当两家企业生产的两种产品的品牌差异化程度或者质量差异化程度较低时，各企业以及整个市场的利润在价格竞争情形下更高，但两家企业之间不平衡的市场权力结构也会加剧各企业在不同决策情形下的利润差异。

（2）针对"一对二"型供应链，供应链上游的制造商往往存在统一定价策略和差别定价策略两种情形。在统一定价策略下，两家竞争零售商因消费者对其不同的支付意愿而选择不同的定价策略，但二者不一定能够获得更多利润；从市场份额的视角来看，两家零售商均应该选择统一定价策略或者选择实施统一定价策略的制造商；在制造商主导的供应链权力结构下，供需双方企业均能获得更多利润。在差别定价策略下，不管各零售商是否拥有供应链主导权，拥有市场优势的零售商总是会选择高价策略，即其决策的产品零售价格要更高，并能获得更多的利润。比较两种定价策略情形，相比统一定价策略，在差别定价策略下制造商会对拥有市场优势的零售商设置较低的产品批发价格，而该零售商为提高市场竞争力，会策略性地提高其售后服务水平；在制造商主导的供应链权力结构下，差别定价策略会导致制造商利润水平的降低；而在零售商主导的供应链权力结构下，差别定价策略对制造商利润水平的影响存在不确定性，取决于需求端零售商之间的竞争程度。

（3）在供应链与供应链竞争的情形下，供需双方不平衡的市场权力不会影响供应链系统的利润水平，只是导致收益在供应链成员企业之间的重新分配，并且拥有市场主导权或者供应链主导权的企业能够获得更多的利润份额；较高质量的产品的批发价格和零售价格总是更高，即相比销售高质量产品的供应链，销售低质量产品的供应链决策的产品批发价格和零售价格要低；面对供应链之间的竞争，高质量产品制造商以及销售高质量产品的零售商均会实施低价策略，分别降低高质量产品的批发价格和零售价格，故供应链竞争反而会导致高质量产品的需求增加；在不同市场权力结构下，根据高质量产品价格和需求的变化，在满足一定条件下，高质量产品制造商以及销售高质量产品的零售商才能获得更多利润，即市场竞争并不一定会导致供需双方企业的利润损失。面对供应链竞争，购买高质量产品的消费者的福利总是能得到提升，而购买低质量产品的消费者的福利也有可能提升，故引入供应链竞争能够在一定程度上提升消费者福利，且消费者福利的提升也能够体现企业承担的社会责任。

（4）针对"一对一"型供应链，考虑供应链上游的制造商实施质量差异化销售策略。制造商实施质量差异化销售策略存在可行条件，仅当高、低质量产品之间的质量差异化程度满足一定条件时，才能成功实施质量差异化销售策略（即两种产品才会同时有需求发生）；在不同的市场权力结构下，制造商和零售商设置的高质量产品的零售价格以及批发价格总是更高，但随着两种产品质量差异化程度的降低，价格差异会减小，价格竞争会加剧；拥有价格领导权的供应链成员总是能够获得更多利润，不平衡的市场权力结构会加剧供应链双重边际效应，导致供应链系统利润的损失。在不同市场权力结构下，制造商实施质量差异化销售策略并不会影响零售商对高质量产品的最优定价策略，但会导致高质量产品需求降低，两种产品总需求增加，即质量差异化销售策略能满足更多消费者的需求；制造商引入低质量产品总是有利于提升供需双方的利润，且质量差异化销售策略对拥有价格领导权的供应链成员利润增长的正效应更显著；质量差异化销售策略能够有效提升消费者剩余，但不平衡的市场权力结构却会导致消费者剩余的损失。

（5）在"二对一"型供应链中，考虑在位制造商与进入制造商之间的价格竞争问题。在不同市场权力结构下，面对品牌差异化制造商的市场入侵，在位制造商并不总是需要实施低价策略，降低其批发价格，也不一定会导致在位制造商的利润损失，但在位制造商决策的高端品牌产品批发价格总是高于进入制造商普通品牌产品的批发价格；在制造商主导结构下，在位制造商确定的高端品牌产品的批发价格总是要高于零售商主导结构下的值，且在位制造商利用其主导优势总是会设置较高的批发价格，这有利于缓解价格竞争，提高在位制造商的利润。在零售商主导结构下，在位制造商的市场优势反而对其不利，会导致在位制造商的利润损失。在不同市场权力结构下，进入制造商总是需要实施低价策略来入侵市场；在制造商主导结构下，尽管进入制造商确定的普通品牌产品批发价格总是要高于零售商主导结构下的值，但进入制造商并不能获得更多利润；在寡头垄断市场下，进入制造商的从属地位意味着其应降低产品批发价格以增加利润，进入制造商垄断市场反而会导致其利润的损失。在零售商主导结构下，进入制造商的从属地位总是不利于其提高利润。在不同市场权力结构下，随着在位制造商和进入制造商产品品牌差异化程度的降低，零售商将降低高端品牌产品的零售价格，提高普通品牌产品的零售价格，且高端品牌产品的零售价格总是更高；在零售商主导结构下，进入制造商市场入侵有利于提升零售商的利润水平，且零售商设置的两种产品的零售价格总是要高于制造商主导结构下的值，零售商能够获得更多利润；在制造商主导结构下，进入制造商市场入侵并不一定能有效提高零售商的利润。

（6）在"二对一"型供应链中，考虑差异化竞争制造商选择在线零售商销售产品，并存在消费者退货问题。当消费者退货时，在线零售商会根据退货产品残值大小策略性地调整产品的零售价格；高端品牌制造商在决策产品批发价格时会考虑产品退货的残值和消费者退货成本的影响，仅当消费者退货成本满足一定条件时，普通品牌制造商才实行低价策略；退款保证不一定对供应链成员有利，只有当消费者对产品的满意程度和消费者退货成本满足一定条件时，在线零售商和各制造商才能通过退款保证策略获利。在品牌差异化策略下，市场竞争会影响高端品牌制造商和在线零售商的定价策略，且与退货产品残值和进入市场的普通品牌产品有关；当在线零售商从退货产品获得的残值发生变化时，各制造商均会相应地调整各自产品的批发价格；同时，为了应对普通品牌制造商的市场竞争，高端品牌制造商总是实行低价策略，促使在线零售商也实行低价策略。品牌差异化竞争总是对在线零售商有利，即供应链上游企业的竞争会对下游的在线零售商有利，同时不总是会导致高端品牌制造商的利润损失；在品牌差异化竞争下，在线零售商提供退款保证并不一定对消费者有利，消费者退货成本较高会加剧退款保证对消费者的不利影响，同时，消费者对高端产品和普通产品的认同程度存在较大差异也会加剧退款保证对消费者的不利影响。

第二节 管理启示

本书通过前八章的内容，针对单家制造商和单家零售商组成的"一对一"型供应链、单家制造商和两家竞争零售商组成的"一对二"型供应链、两家竞争制造商和单家零售商组成的"二对一"型供应链、多家竞争制造商和多家竞争零售商组成的竞争供应链，以及不同企业之间的市场权力结构或者不同供应链之间的市场权力结构，从动态博弈与消费者行为的视角，研究了不同企业之间、供应链与供应链之间的价格竞争问题。本书在不同市场结构或者供应链结构下形成的模型、理论方法和运作策略对企业的运营管理实践，尤其是价格竞争策略或市场营销策略具有指导意义。

首先，企业最基本的目标是生存，有了生存才能有发展。企业在市场竞争或者供应链竞争中首先要考虑的就是生存目标，要保持企业的正常生产运营，并在此基础上提高产品质量、提供完善的售后服务等，从而提升企业竞争力，提高市场占有率以及扩大企业规模。但同时需要注意，企业追求的利润最大化目标又分为两个层次，一是长远利润，一是短期利润。在竞争愈加激烈的市场中，企业必须考虑企业的长远利润才能保持持续稳定发展，选择较易被顾客接受的适宜价格，以保持持续稳定销售获得长远利润，不能盲目地参加"价格战"，但企业也需要适当地追求短期利润，考虑单个销售周期的成本支出与收益。企业产品要有市场才会有效益，没有市场就没有利润可言。此外，在产品的不同生命周期，即在导入（进入）期、成长期、成熟（饱和）期、衰退（衰落）期四个阶段，都要保持一定的市场占有率，只有市场占有率高，经济效益才能提高。因此企业在选择价格战略时务必要考虑市场占有率，确定合适的产品价格很重要。企业在运营过程中也须明确自身定位和企业形象目标，价格战略尤其是低价战略或"价格战"是会导致企业形象受损的，如果企业定位高端品牌或名牌产品，则须谨慎地选择价格战略；如果走中低档路线或者大众形象路线，则可以适当利用低价策略来提高市场占有率和实现短期利润目标。

其次，随着市场竞争的加剧，虽然价格战略能够为企业带来短期市场份额、利润等的提升，但也会牺牲部分利润。从长期来看，由于市场的供求关系是不确定的，供过于求的现象也是周期性的发生。"价格战"无异于饮鸩止渴、竭泽而渔，利润势必会减少，也会限制企业在研发、营销、管理等领域的投入，致使发展后劲不足。而发展后劲不足又会反过来进一步影响企业的经营业绩，使得企业陷入恶性循环的泥淖。例如，第一章提到的很多20

世纪 80 年代红极一时的彩电企业因长期的"价格战"而入不敷出乃至退出市场。此外，从供应链运营的角度来看，价格战略导致短期需求激增，供应链上下游企业在仓库、配送、客服等方面的运营成本会急剧升高，且订单配送的延迟还会进一步降低顾客体验，影响品牌价值。

最后，企业并非必须选择价格战略或者价格竞争策略。第一，企业可依靠技术创新或者产品差异化走出价格竞争困境，如本书第四章提及的完善售后服务，第五章介绍的产品质量差异化以及第六章和第七章介绍的品牌差异化。第二，企业可依靠产品延伸或创新走出价格竞争困境。如美的空调面对空调行业激烈的价格战，选择进行品牌延伸，切入微波炉市场，并通过研发、技术投入来提高微波炉附加值，并于 2000 年推出了将食物中的蛋白质、维生素和微量元素等营养成分的保有量增加 25% 的产品，第一次提出了营养保存概念。营养价值的附加使产品一上市就受到了各界的好评，2000 年 9 月到当年底，提货量达到 350 万台。第三，企业还可以通过其他方式走出价格竞争困境，一是提升品牌形象和完善企业定位，如本书第四章提及的零售商高端品牌形象、第八章提及的制造商高端产品定位等；二是为消费者提供完善服务，如第四章提及的零售商通过完善售后服务来吸引消费者；三是可以依靠规模效益来降低生产成本，进而实现价格优势。

参考文献

[1] 艾兴政、马建华、唐小我，2010，《不确定环境下链与链竞争纵向联盟与收益分享》，《管理科学学报》第 7 期。

[2] 艾学轶、张金隆、徐浩轩、王林，2019，《考虑保存技术投资的非立即变质品定价和库存联合决策》，《系统管理学报》第 6 期。

[3] 曹宗宏、刘文先、周永务，2014，《引入自有产品对零售商主导的供应链成员决策的影响》，《中国管理科学》第 1 期。

[4] 曾伏娥、王克卫、虞晋钧，2017，《产品多样化与服务质量关系研究：范围经济视角》，《管理评论》第 10 期。

[5] 段永瑞、徐建，2017，《考虑异质型策略消费者的零售商库存分配与退款保证策略》，《中国管理科学》第 8 期。

[6] 范丹丹、徐琪，2018，《不同权力结构下企业碳减排与政府补贴决策分析》，《软科学》第 12 期。

[7] 范建昌、梁旭晖、倪得兵，2019，《不同渠道权力结构下的供应链企业社会责任与产品质量研究》，《管理学报》第 5 期。

[8] 范小军、刘艳，2016，《制造商引入在线渠道的双渠道价格与服务竞争策略》，《中国管理科学》第 7 期。

[9] 范小军、王成付、刘艳，2018，《成本差异条件下的自有品牌定位策略与渠道效应》，《系统工程理论与实践》第 8 期。

[10] 冯颖、张炎治，2018，《不同权力结构下 TPL 服务增值的供应链决策

与效率评价》，《中国管理科学》第 10 期。

[11] 高鹏、杜建国、聂佳佳、陆玉梅，2017，《消费者后悔预期对竞争型再制造供应链权力结构的影响》，《中国管理科学》第 1 期。

[12] 扈衷权、田军、冯耕中，2019，《基于数量柔性契约的双源应急物资采购定价模型》，《中国管理科学》第 12 期。

[13] 黄帅、樊治平，2020，《不同渠道权力结构下资金约束零售商的采购和融资策略》，《中国管理科学》第 1 期。

[14] 黄宗盛、聂佳佳、赵映雪，2016，《基于消费者满意的双渠道销售商退款保证策略研究》，《中国管理科学》第 2 期。

[15] 黄宗盛、聂佳佳、赵映雪，2016，《基于有限理性消费者的竞争性退款保证策略》，《中国管理科学》第 1 期。

[16] 姜璇、程相惠、李沿海，2020，《基于收益共享契约的网络零售联合促销策略研究》，《管理工程学报》第 3 期。

[17] 金亮、郭萌，2018，《不同权力结构下品牌差异化制造商市场入侵的影响研究》，《管理学报》第 1 期。

[18] 金帅、顾敏、盛昭瀚、苑玉锋，2020，《考虑排污权市场价格不确定性的企业生产决策》，《中国管理科学》第 4 期。

[19] 金亮、郑本荣、胡浔，2019a，《专利授权合同设计与生产外包——基于企业社会责任的视角》，《南开管理评论》第 3 期。

[20] 金亮、朱莉、郑本荣，2019b，《退款保证对品牌差异化竞争供应链的影响研究》，《管理学报》第 12 期。

[21] 金亮、郝冠淞，2018，《考虑社会责任的线上零售供应链定价与促销策略研究》，《软科学》第 8 期。

[22] 金亮、张旭梅、但斌、李诗杨，2017，《交叉销售下"线下体验+线上零售"的 O2O 供应链佣金契约设计》，《中国管理科学》第 11 期。

[23] 金亮、黄向敏，2020，《不同价格领导权下的产品定价及差异化策略研究》，《管理评论》第 5 期。

[24] 金亮、温焜，2020，《市场入侵下存在品牌差异化的供应链权力结构模

型》，《管理工程学报》第 4 期。

[25] 金亮，2018a，《不对称信息下"农超对接"供应链定价及合同设计》，《中国管理科学》第 6 期。

[26] 金亮，2018b，《不同主导权下线上零售商定价与 O2O 渠道策略研究》，《系统科学与数学》第 8 期。

[27] 金亮，2019a，《退款保证下线上零售商定价与 O2O 渠道策略》，《系统工程学报》第 2 期。

[28] 金亮，2019b，《线下到线上 O2O 供应链线上推荐策略及激励机制设计》，《管理评论》第 5 期。

[29] 李海、崔南方、徐贤浩，2016，《零售商自有品牌与制造商直销渠道的互动博弈问题研究》，《中国管理科学》第 1 期。

[30] 李诗杨、但斌、李红霞、张海月，2019，《限价与公益性下药品双渠道供应链权力结构模型》，《管理评论》第 9 期。

[31] 李世杰、李伟，2019，《产业链纵向价格形成机制与中间产品市场垄断机理研究——兼论原料药市场的垄断成因及反垄断规制》，《管理世界》第 12 期。

[32] 李晓静、艾兴政、唐小我，2017，《电子商务环境下交叉竞争供应链的渠道策略研究》，《管理学报》第 3 期。

[33] 李晓静、艾兴政、唐小我，2016，《基于链与链竞争的再制造产品销售渠道的研究》，《系统工程学报》第 5 期。

[34] 李新然、刘媛媛、俞明南，2018，《不同权力结构下考虑搭便车行为的闭环供应链决策研究》，《科研管理》第 3 期。

[35] 李友东、夏良杰、王锋正、支华炜，2019，《考虑渠道权力结构的低碳供应链减排策略比较研究》，《管理评论》第 11 期。

[36] 刘春玲、黎继子、罗细飞，2012，《跨国企业嵌入集群下链与链竞争动态网络模型分析》，《管理工程学报》第 3 期。

[37] 刘汉进、范小军、陈宏民，2015，《零售商价格领导权结构下的双渠道定价策略研究》，《中国管理科学》第 6 期。

[38] 刘晓婧、艾兴政、唐小我，2016，《网络外部性下链与链竞争纵向联盟和收益共享合同》，《预测》第 4 期。

[39] 罗子灿、沈厚才、欧阳建军，2020，《消费者短视和以旧换新情形下设计架构与定价策略研究》，《管理工程学报》第 2 期。

[40] 毛照昉、王方圆，2017，《基于消费者行为和估值折扣差异的易逝品两期定价决策研究》，《管理学报》第 3 期。

[41] 聂佳佳，2012，《预测信息分享对制造商开通直销渠道的影响》，《管理工程学报》第 2 期。

[42] 浦徐进、石琴、凌六一，2007，《直销模式对存在强势零售商零售渠道的影响》，《管理科学学报》第 6 期。

[43] 任晓丽、刘鲁、吕成功，2013，《C2C 环境下卖家差异化策略对销量的影响——基于两阶段决策的买家购物决策分析》，《管理评论》第 2 期。

[44] 申成然、熊中楷、晏伟，2014，《网络比价行为下双渠道定价及协调策略研究》，《中国管理科学》第 1 期。

[45] 舒斯亮、柳键，2017，《公平关切下电子商务效率对不同权力结构双渠道博弈影响》，《软科学》第 11 期。

[46] 孙书省、浦徐进、韩广华，2019，《考虑线下权力结构的制造商线上销售模式选择研究》，《中国管理科学》第 5 期。

[47] 孙自来、王旭坪、詹红鑫、阮俊虎，2020，《不同权力结构下制造商双渠道供应链的博弈分析》，《中国管理科学》第 5 期。

[48] 谭德庆、李子庆，2017，《网络视频内容提供模式选择、价格及嵌入广告量研究》，《管理评论》第 4 期。

[49] 唐跃武、范体军、刘莎，2018，《考虑策略性消费者的生鲜农产品定价和库存决策》，《中国管理科学》第 11 期。

[50] 王聪、杨德礼，2017，《基于链与链竞争的零售商线上线下同价 O2O 销售策略研究》，《运筹与管理》第 5 期。

[51] 王素娟、贾淇宁，2019，《基于链与链竞争及共同广告情景下的渠道结

构》,《系统工程学报》第 2 期。

[52] 王文宾、达庆利、聂锐,2011,《考虑渠道权力结构的闭环供应链定价与协调》,《中国管理科学》第 5 期。

[53] 王文宾、丁军飞、林欣怡,2020,《政府补贴对双回收渠道价格竞争的引导作用研究》,《科研管理》第 3 期。

[54] 王玉燕、申亮,2014,《基于消费者需求差异和渠道权力结构差异的 MT – CLSC 定价、效率与协调研究》,《中国管理科学》第 6 期。

[55] 文悦、王勇、段玉兰、士明军,2019,《基于渠道接受差异和权力结构差异的电商平台自营影响研究》,《管理学报》第 4 期。

[56] 许丽君、杨丽、李帮义,2009,《不同控制模式下差异化渠道中的价格形成机制及其稳定性》,《系统工程理论与实践》第 10 期。

[57] 许民利、郭爽、简惠云,2019,《考虑企业社会责任和广告效应的闭环供应链决策》,《管理学报》第 4 期。

[58] 杨丽、李帮义、兰卫国,2010,《基于博弈分析的旅行社产品差异化策略研究》,《管理评论》第 1 期。

[59] 杨仕辉、魏守道,2016,《企业环境研发、产品差异化与政府环境管制》,《中国管理科学》第 1 期。

[60] 杨天剑、田建改,2019,《不同渠道权力结构下供应链定价及绿色创新策略》,《软科学》第 12 期。

[61] 杨艳、程燕培、陈收,2019,《不同权力结构下供应链企业社会责任激励》,《中国管理科学》第 3 期。

[62] 姚洪心、三品勉,2007,《寡头市场条件下的产品差异化及关税效应研究》,《管理科学学报》第 4 期。

[63] 易余胤、张永华、姚俊江,2018,《考虑网络外部性和渠道权力结构的供应链延保服务模式研究》,《管理工程学报》第 3 期。

[64] 于悦、邱若臻、孙艺萌,2020,《考虑参照利润和参照价格效应的订货与定价联合决策》,《管理学报》第 4 期。

[65] 张廷龙、梁樑,2012,《不同渠道权力结构和信息结构下供应链定价和

销售努力决策》，《中国管理科学》第 2 期。

[66] 张新鑫、申成霖、侯文华，2016，《考虑竞争者进入威胁的易逝品动态定价机制》，《管理科学学报》第 10 期。

[67] 赵海霞、艾兴政、马建华、何雪峰，2015，《需求不确定和纵向约束的链与链竞争固定加价》，《管理科学学报》第 1 期。

[68] 赵海霞、艾兴政、马建华、唐小我，2013，《风险规避型零售商的链与链竞争两部定价合同》，《系统工程学报》第 3 期。

[69] 赵海霞、艾兴政、唐小我，2014，《链与链基于规模不经济的纵向联盟和利润分享》，《管理科学学报》第 1 期。

[70] 赵静、肖亚倩，2018，《不同渠道偏好和运营成本下双渠道闭环供应链定价决策研究》，《运筹与管理》第 12 期。

[71] 郑本荣、杨超、杨珺，2018，《CSR 投入对闭环供应链定价与协调决策的影响》，《中国管理科学》第 10 期。

[72] 周茂森、但斌、周宇，2017，《规模经济的差异化竞争制造商集团采购的权力结构模型》，《管理工程学报》第 3 期。

[73] Afeche, P., Baron, O., Milner, J., et al., 2019, "Pricing and Prioritizing Time-Sensitive Customers with Heterogeneous Demand Rates" *Operations Research* 67 (4): 1184 – 1208.

[74] Agrawal, A., Muthulingam, S., Rajapakshe, T., et al., 2017, "How Sourcing of Interdependent Components Affects Quality in Automotive Supply Chains" *Production and Operations Management* 26 (8): 1512 – 1533.

[75] Akçay, Y., Boyacı, T., Zhang, D., 2013, "Selling with Money-back Guarantees: The Impact on Prices, Quantities, and Retail Profitability." *Production and Operations Management* 22 (4): 777 – 791.

[76] Albuquerque, R. A., Koskinen, Y., Zhang, C., et al., 2019, "Corporate Social Responsibility and Firm Risk: Theory and Empirical Evidence" *Management Science* 65 (10): 4451 – 4469.

[77] Altug, M. S., 2016, "Supply Chain Contracting for Vertically Differentia-

ted Products" *International Journal of Production Economics* 171(1): 34 – 45.

[78] Aydin, A., Parker, R. P., 2018, "Innovation and Technology Diffusion in Competitive Supply Chains" *European Journal of Operational Research* 265 (3): 1102 – 1114.

[79] Bai, T., Wu, M., Zhu, S. X., 2019, "Pricing and Ordering by a Loss Averse Newsvendor with Reference Dependence" *Transportation Research Part E: Logistics and Transportation Review* 131 (11): 343 – 365.

[80] Besanko, D., Dubé, J. P., Gupta, S., 2005, "Own-brand and Cross-brand Retail Pass-through" *Marketing Science* 24 (1): 123 – 137.

[81] Bian, J., Lai, K. K., Hua, Z., 2017, "Service Outsourcing under Different Supply Chain Power Structures" Annals of *Operations Research* 248 (1): 123 – 142.

[82] Bian, W., Shang, J., Zhang, J. et al., 2016, "Two-way Information Sharing under Supply Chain Competition" *International Journal of Production Economics* 178 (8): 82 – 94.

[83] Cao, Z. H., Zhou, Y. W., Zhao, J. et al., 2015, "Entry Mode Selection and Its Impact on an Incumbent Supply Chain Coordination" *Journal of Retailing and Consumer Services*, 26 (9): 1 – 13.

[84] Ceryan, O., 2019, "Asymmetric Pricing and Replenishment Controls for Substitutable Products" *Decision Sciences* 50 (5): 1093 – 1119.

[85] Chen, B. T., Chen, J., 2017, "When to Introduce an Online Channel, and Offer Money Back Guarantees and Personalized Pricing?" *European Journal of Operational Research* 257 (2): 614 – 624.

[86] Chen, B., Chao, X., Ahn, H. S., 2019, "Coordinating Pricing and Inventory Replenishment with Nonparametric Demand Learning" *Operations Research* 67 (4): 1035 – 1052.

[87] Chen, J., Bell, P. C., 2009, "The Impact of Customer Returns on Pri-

cing and Order Decisions" *European Journal of Operational Research* 195 (1): 280 – 295.

[88] Chen, J., Chen, B., Li, W., 2018, "Who Should be Pricing Leader in the Presence of Customer Returns?" *European Journal of Operational Research* 265 (2): 735 – 747.

[89] Chen, J., Liang, L., Yao, D. et al., 2017a, "Price and Quality Decisions in Dual-channel Supply Chains" *European Journal of Operational Research* 259 (3): 935 – 948.

[90] Chen, N., Gallego, G., 2019, "Welfare Analysis of Dynamic Pricing" *Management Science* 65 (1): 139 – 151.

[91] Chen, R. R., Galor, E., Roma, P. et al., 2014, "Opaque Distribution Channels for Competing Service Providers: Posted Price vs. Name-Your-Own-Price Mechanisms" *Operations Research* 62 (4): 733 – 750.

[92] Chen, X., Wang, X., Chan, H. K., 2017b, "Manufacturer and Retailer Coordination for Environmental and Economic Competitiveness: A power perspective" *Transportation Research Part E: Logistics and Transportation Review* 97 (2): 268 – 281.

[93] Chiang, W. K., Chhajed, D., Hess, J. D., 2003, "Direct Marketing, Indirect Profits: A strategic Analysis of Dual-channel Supply-chain Design" *Management Science* 49 (1): 1 – 20.

[94] Chiang, W. K., 2012, "Supply Chain Dynamics and Channel Efficiency in Durable Product Pricing and Distribution" *Manufacturing & Service Operations Management* 14 (2): 327 – 343.

[96] Cui, Q., Chiu, C. H., Dai, X. et al., 2016, "Store Brand Introduction in a Two-echelon Logistics System with a Risk-averse Retailer" *Transportation Research Part E: Logistics and Transportation Review* 90(6): 69 – 89.

[97] Cui, Y., Orhun, A. Y., Duenyas, I. et al., 2019, "How Price Dispersion Changes When Upgrades Are Introduced: Theory and Empirical Evidence

from the Airline Industry" *Management Science* 65 (8): 3835 – 3852.

[98] De Zegher, J. F., Iancu, D. A., Lee, H. L. et al., 2019, "Designing Contracts and Sourcing Channels to Create Shared Value" *Manufacturing & Service Operations Management* 21 (2): 271 – 289.

[99] Dennis, Z. Y., Cheong, T., Sun, D., 2017, "Impact of Supply Chain Power and Drop-shipping on a Manufacturer's Optimal Distribution Channel Strategy" *European Journal of Operational Research* 259 (2): 554 – 563.

[100] Ebrahimkhanjari, N., Hopp, W. J., Iravani, S. M. et al., 2012, "Trust and Information Sharing in Supply Chains" *Production and Operations Management* 21 (3): 444 – 464.

[101] Esenduran, G., Lu, L. X., Swaminathan, J. M. et al., 2020, "Buyback Pricing of Durable Goods in Dual Distribution Channels" *Manufacturing & Service Operations Management* 22 (2): 412 – 428.

[102] Fan, J., Ni, D., Fang, X. et al., 2020, "Liability Cost Sharing, Product Quality Choice, and Coordination in Two-Echelon Supply Chains" *European Journal of Operational Research* 284 (2): 514 – 537.

[103] Fang, F., Gurnani, H., Natarajan, H. P., 2018, "Leadership, Dominance, and Preeminence in a Channel Structure with a Common Retailer" *Decision Sciences* 49 (1): 65 – 120.

[104] Fang, Y., Shou, B., 2015, "Managing Supply Uncertainty under Supply Chain Cournot Competition" *European Journal of Operational Research* 243 (1): 156 – 176.

[105] Feng, L., Chan, Y. L., 2019, "Joint Pricing And Production Decisions for New Products with Learning Curve Effects under Upstream And Downstream Trade Credits" *European Journal of Operational Research* 272 (3): 905 – 913.

[106] Feng, T., Ren, Z. J., Zhang, F. et al., 2019, "Service Outsourcing: Capacity, Quality and Correlated Costs" *Production and Operations Man-

agement 28 (3): 682 – 699.

[107] Galbreth, M. R., Ghosh, B., 2020, "The Effect of Exogenous Product Familiarity on Endogenous Consumer Search" *Quantitative Marketing and Economics* 18 (2): 1 – 41.

[108] Gao, S. Y., Lim, W. S., Tang, C. S., 2016, "Entry of Copycats of Luxury Brands" *Marketing Science* 36 (2): 272 – 289.

[109] Gao, S. Y., Lim, W. S., Tang, C. S., 2017, "The Impact of the Potential Entry of Copycats: Entry Conditions, Consumer Welfare, and Social Welfare" *Decision Sciences* 48 (4): 594 – 624.

[110] Giri, B. C., Balaji, R., Maiti, T., 2017, "Multi-manufacturer Pricing and Quality Management Strategies in the Presence of Brand Differentiation and Return Policy" *Computers & Industrial Engineering* 105 (3): 146 – 157.

[111] Guo, L., Li, T., Zhang, H. et al., 2014, "Strategic Information Sharing in Competing Channels" *Production and Operations Management* 23 (10): 1719 – 1731.

[112] Gupta, V., Ting, Q. U., Tiwari, M. K. et al., 2019, "Multi-period Price Optimization Problem for Omnichannel Retailers Accounting for Customer Heterogeneity" *International Journal of Production Economics* 212 (7): 155 – 167.

[113] Ha, A., Long, X., Nasiry, J., 2015, "Quality in Supply Chain Encroachment" *Manufacturing & Service Operations Management* 18 (2): 280 – 298.

[114] Hagiu, A., Wright, J., 2020, "Platforms and the Exploration of New Products" *Management Science* 66 (4): 1527 – 1543.

[115] Hao, Z., Jiang, L., Wang, W., 2018, "Impacts of Sequential Acquisition, Market Competition Mode, and Confidentiality on Information Flow" *Naval Research Logistics* 65 (2): 135 – 159.

[116] Hara, R., Matsubayashi, N., 2017, "Premium Store Brand: Product Development Collaboration Between Retailers and National Brand Manufacturers" *International Journal of Production Economics* 185 (5): 128 – 138.

[117] Harutyunyan, M., Jiang, B., 2017, "Strategic Implications of Keeping Product Value Secret from Competitor's Customers" *Journal of Retailing* 93 (3): 382 – 399.

[118] Herbon, A., 2018, "Single-Versus Two-Opportunity Price Postponement and Ordering Strategies of a Seasonal Product" *Decision Sciences* 49 (5): 901 – 931.

[119] Hopp, W. J., Iravani, S. M., Xu, W. L. et al., 2010, "Vertical Flexibility in Supply Chains" *Management Science* 56 (3): 495 – 502.

[120] Hsiao, L., Chen, Y. J., 2014a, "Return Policy: Hassle-free or Your Money-back Guarantee" *Naval Research Logistics* 61 (5): 403 – 417.

[121] Hsiao, L., Chen, Y. J., 2014b, "Strategic Motive for Introducing Internet Channels in a Supply Chain" *Production and Operations Management* 23 (1): 36 – 47.

[122] Hsieh, C., Chang, Y. L., Wu, C. et al., 2014, "Competitive Pricing and Ordering Decisions in a Multiple-channel Supply Chain" *International Journal of Production Economics* 154 (8): 156 – 165.

[123] Hu, J., Hu, Q., Xia, Y. et al., 2019, "Who Should Invest in Cost Reduction in Supply Chains" *International Journal of Production Economics* 207 (1): 1 – 18.

[124] Hu, Y., Qu, S., Li, G. et al., 2020, "Power Structure and Channel Integration Strategy for Online Retailers" *European Journal of Operational Research*, https://doi.org/10.1016/j.ejor.2019.10.050.

[125] Huang, Q., Yang, S., Shi, V. et al., 2018, "Strategic Decentralization under Sequential Channel Structure and Quality Choices" *International Journal of Production Economics* 206 (12): 70 – 78.

[126] Huang, Y., Wang, Z., 2017, "Information Sharing in a Closed-loop Supply Chain with Technology Licensing" *International Journal of Production Economics* 191 (9): 113-127.

[127] Huang, Z., Feng, T., 2020, "Money-back Guarantee and Pricing Decision with Retailer's Store Brand" *Journal of Retailing and Consumer Services* 52 (1): 101897.

[128] Jena, S. K., Sarmah, S. P., Sarin, S. C., 2019, "Price Competition Between High and Low Brand Products Considering Coordination Strategy" *Computers & Industrial Engineering* 130 (4): 500-511.

[129] Jalali, H., Carmen, R., Van Nieuwenhuyse, I. et al., 2019, "Quality and Pricing Decisions in Production/Inventory Systems" *European Journal of Operational Research* 272 (1): 195-206.

[130] Jeon, H., 2019, "Licensing and Information Disclosure under Asymmetric Information" *European Journal of Operational Research* 276 (1): 314-330.

[131] Jiang, B., Yang, B., 2019, "Quality and Pricing Decisions in a Market with Consumer Information Sharing" *Management Science* 65 (1): 272-285.

[132] Jin, Y., Hu, Q., Kim, S. W. et al., 2019, "Supplier Development and Integration in Competitive Supply Chains" *Production and Operations Management* 28 (5): 1256-1271.

[133] Jin, Y., Wu, X., Hu, Q., 2017, "Interaction between Channel Strategy and Store Brand Decisions" *European Journal of Operational Research* 256 (3): 911-923.

[134] Jing, B., 2015, "Lowering Customer Evaluation Costs, Product Differentiation, and Price Competition" *Marketing Science* 35 (1): 113-127.

[135] Kalnins, A., 2016, "Pricing Variation Within Dual-Distribution Chains: The Different Implications of Externalities and Signaling for High-and Low-

quality Brands" *Management Science* 63 (1): 139 – 152.

[136] Karray, S., Martin, H. G., 2019, "Fighting Store Brands through the Strategic Timing of Pricing and Advertising Decisions" *European Journal of Operational Research* 275 (2): 635 – 647.

[137] Khouja, M., Ajjan, H., Liu, X., 2019, "The Effect of Return and Price Adjustment Policies on a Retailer's Performance" *European Journal of Operational Research* 276 (2): 466 – 482.

[138] Kirshner, S. N., Levin, Y., Nediak, M., 2017, "Product Upgrades with Stochastic Technology Advancement, Product Failure, and Brand Commitment" *Production & Operations Management* 26 (4): 742 – 756.

[139] Kuo, C. W., Yang, S. J. S., 2013., "The Role of Store Brand Positioning for Appropriating Supply Chain Profit under Shelf Space Allocation" *European Journal of Operational Research* 231 (1): 88 – 97.

[140] Kurata, H., Yao, D., Liu, J. J. et al., 2007, "Pricing Policies under Direct vs. Indirect Channel Competition and National vs. Store Brand Competition" *European Journal of Operational Research* 180 (1): 262 – 281.

[141] Kurtulus, M., Ulku, S., Toktay, B. et al., 2012, "The Value of Collaborative Forecasting in Supply Chains" *Manufacturing & Service Operations Management* 14 (1): 82 – 98.

[142] Kyparisis, G. J., Koulamas, C., 2016, "Assembly Systems with Sequential Supplier Decisions and Uncertain Demand" *Production and Operations Management* 25 (8): 1404 – 1414.

[143] Lackes, R., Schlüter, P., Siepermann, M., 2016, "The Impact of Contract Parameters on the Supply Chain Performance under Different Power Constellations" *International Journal of Production Research* 54 (1): 251 – 264.

[144] Levina, T., Levin, Y., Mcgill, J. et al., 2015, "Strategic Consumer Cooperation in a Name-Your-Own-Price Channel" *Production and Opera-*

tions Management 24 (12): 1883 – 1900.

[145] Li, G., Huang, F. F., Cheng, T. C. E. et al., 2014, "Make-or-Buy Service Capacity Decision in a Supply Chain Providing After-sales Service" European Journal of Operational Research 239 (2): 377 – 388.

[146] Li, K. J., 2018, "Behavior-based Pricing in Marketing Channels" Marketing Science 37 (2): 310 – 326.

[147] Li, W., Chen, J., Liang, G. et al., 2018, "Money-back Guarantee and Personalized Pricing in a Stackelberg Manufacturer's Dual-channel Supply Chain" International Journal of Production Economics 197: 84 – 98.

[148] Li, Z., Gilbert, S. M., Lai, G., 2015, "Supplier Encroachment as an Enhancement or a Hindrance to Nonlinear Pricing" Production and Operations Management 24 (1): 89 – 109.

[149] Li, Z., Gilbert, S. M., Lai, G., 2013, "Supplier Encroachment under Asymmetric Information" Management Science 60 (2): 449 – 462.

[150] Lin, M., Pan, X. A., Zheng, Q. et al., 2020, "Platform Pricing with Strategic Buyers: The Impact of Future Production Cost" Production and Operations Management, 29 (5) 1122 – 1144.

[151] Lin, Y., Parlakturk, A. K., Swaminathan, J. M. et al., 2014, "Vertical Integration under Competition: Forward, Backward, or No Integration?" Production and Operations Management 23 (1): 19 – 35.

[152] Liu, J., Zhai, X., Chen, L., 2019, "Optimal Pricing Strategy under Trade-in Program in the Presence of Strategic Consumers" Omega 84 (4): 1 – 17.

[153] Liu, Y., Cooper, W. L., Wang, Z., 2019, "Information Provision and Pricing in the Presence of Consumer Search Costs" Production and Operations Management 28 (7): 1603 – 1620.

[154] Liu, Z., Chen, J., Diallo, C., 2018, "Optimal Production and Pricing Strategies for a Remanufacturing Firm" International Journal of Pro-

duction Economics 204 (10): 290 – 315.

[155] Liu, Z., Hua, S., Zhai, X., 2019, "Supply Chain Coordination with Risk-averse Retailer and Option Contract: Supplier-led vs. Retailer-led" *International Journal of Production Economics* 223 (5): 107518.

[156] Lu, M., Sethi, S., Xie, Y. et al., 2019, "Profit Allocation, Decision Sequence and Compliance Aspects of Coordinating Contracts: A Retrospect" *Production and Operations Management* 28 (5): 1222 – 1237.

[157] Luo, Z., Chen, X., Kai, M., 2018, "The Effect of Customer Value and Power Structure on Retail Supply Chain Product Choice and Pricing Decisions" *Omega* 77 (6): 115 – 126.

[158] Ma, S., Li, G., Sethi, S. P. et al., 2019, "Advance Sellingin the Presence of Market Power and Risk-averse Consumers" *Decision Sciences* 50 (1): 142 – 169.

[159] MacCarthy, B. L., Zhang, L., Muyldermans, L., 2019, "Best Performance Frontiers for Buy-online-pickup-in-store Order Fulfilment" *International Journal of Production Economics* 211 (5): 251 – 264.

[160] Matsui, K., 2016, "Asymmetric Product Distribution between Symmetric Manufacturers Using Dual-channel Supply Chains" *European Journal of Operational Research* 248 (2): 646 – 657.

[161] McWilliams, B., 2012, "Money-back Guarantees: Helping the Low-quality Retailer" *Management Science* 58 (8): 1521 – 524.

[162] Meng, X., Yao, Z., Nie, J. et al., 2018, "Low-carbon Product Selection with Carbon Tax and Competition: Effects of the Power Structure" *International Journal of Production Economics* 200 (6): 224 – 230.

[163] Mokhtar, A. R., Genovese, A., Brint, A. et al., 2019, "Improving Reverse Supply Chain Performance: The Role of Supply Chain Leadership and Governance Mechanisms" *Journal of Cleaner Production* 216 (4): 42 – 55.

[164] Niu, B., Mu, Z., Li, B., 2019, "O2O Results in Traffic Congestion Reduction and Sustainability Improvement: Analysis of 'Online-to-Store' Channel and Uniform Pricing Strategy" *Transportation Research Part E: Logistics and Transportation Review* 122 (2): 481 – 505.

[165] Orsdemir, A., Hu, B., Deshpande, V. et al., 2019, "Ensuring Corporate Social and Environmental Responsibility through Vertical Integration and Horizontal Sourcing" *Manufacturing & Service Operations Management* 21 (2): 417 – 434.

[166] Ouardighi, F. E., Sim, J., Kim, B. et al., 2019, "Pollution Accumulation and Abatement Policies in two Supply Chains under Vertical and horizontal Competition and Strategy Types" *Omega* 78 (8): 179 – 191.

[167] Pan, K., Lai, K. K., Leung, S. C. et al., 2010, "Revenue-sharing versus Wholesale Price Mechanisms under Different Channel Power Structures" *European Journal of Operational Research* 203 (2): 532 – 538.

[168] Pazgal, A., Soberman, D., Thomadsen, R., 2016, "Profit-increasing Asymmetric Entry" *International Journal of Research in Marketing* 33 (1): 107 – 122.

[169] Qin, Z., Mambula, C., Huang, I. L., 2016, "Offering Money-back Guarantees in the Presence of Strategic Consumers" *International Journal of Operations Researchand Information Systems* 7 (3): 23 – 35. "

[170] Rao, S., Rabinovich, E., Raju, D., 2014, "The Role of Physical Distribution Services as Determinants of Product Returns in Internet Retailing" *Journal of Operations Management* 32 (6): 295 – 312.

[171] Rossi, F., 2018, "Lower Price or Higher Reward? Measuring the Effect of Consumers' Preferences on Reward Programs" *Management Science* 64 (9): 4451 – 4470.

[172] Shamir, N., Shin, H., 2016, "Public Forecast Information Sharing in a Market with Competing Supply Chains" *Management Science* 62 (10):

2994-3022.

[173] Shi, J., 2019, "Contract Manufacturer's Encroachment Strategy and Quality Decision with Different Channel Leadership Structures" *Computers & Industrial Engineering* 137 (11): 106078.

[174] Shum, S., Tong, S., Xiao, T., 2017, "On the Impact of Uncertain Cost Reduction When Selling to Strategic Customers" *Management Science* 63 (3): 843-860.

[175] Song, P., Wang, Q., Liu, H. et al., 2020, "The Value of Buy-Online-and-Pickup-in-Store in Omni-Channel: Evidence from Customer Usage Data" *Production and Operations Management* 29 (4): 995-1010.

[176] Sridhar, M., Yongmin, C., Shervin, S. T., 2018, "Selling Your Product through Competitors' Outlets: Channel Strategy when Consumers Comparison Shop" *Marketing Science* 37 (1): 138-152.

[177] Taleizadeh, A. A., Hajisami, E., Nooridaryan, M. et al., 2019, "A Robust Optimization Model for Coordinating Pharmaceutical Reverse Supply Chains under Return Strategies" *Annals of Operations Research* 291: 875-896.

[178] Tang, R., Yang, L., 2020, "Financing Strategy in Fresh Product Supply Chains under E-commerce Environment" *Electronic Commerce Research and Applications* 39: 100911.

[179] Villas-Boas, J. M., 1998, "Product Line Design for a Distribution Channel" *Marketing Science* 17 (2): 156-169.

[180] Wang, C. X., Qian, Z., Zhao, Y. et al., 2018, "Impact of Manufacturer and Retailer's Market Pricing Power on Customer Satisfaction Incentives in Supply Chains" *International Journal of Production Economics* 205 (12): 98-112.

[181] Wu, C. H., 2019, "Licensing to a Competitor and Strategic Royalty Choice in a Dynamic Duopoly" *European Journal of Operational Research*

279 (3): 840 – 853.

[182] Wu, C. H., 2018, "Price Competition and Technology Licensing in a Dynamic Duopoly" *European Journal of Operational Research* 267 (2): 570 – 584.

[183] Wu, C., Chen, C. W., Hsieh, C. et al., 2012, "CompetitivePricing Decisions in a Two-echelon Supply Chain with Horizontal and Vertical Competition" *International Journal of Production Economics* 135 (1): 265 – 274.

[184] Wu, C., Lai, J. Y., 2019, "Dynamic Pricing and Competitive Time-to-market Strategy of New Product Launch under a Multistage Duopoly" *European Journal of Operational Research* 277 (1): 138 – 152.

[185] Wu, X., Zhou, Y., 2019, "Buyer-specific versus Uniform Pricing in a Closed-loop Supply Chain with Third-party Remanufacturing" *European Journal of Operational Research* 273 (2): 548 – 560.

[186] Xia, Y., Xiao, T., Zhang, G. P. et al., 2019, "Service Investment and Channel Structure Decisions in Competing Supply Chains" *Service science* 11 (1): 57 – 74.

[187] Xia, Y., Xiao, T., Zhang, G P., 2017, "The Impact of Product Returns and Retailer's Service Investment on Manufacturer's Channel Strategies" *Decision Sciences* 48 (5): 918 – 955.

[188] Xiao, T., Shi, J., 2016, "Pricing and Supply Priority in a Dual-channel Supply Chain" *European Journal of Operational Research* 254 (3): 813 – 823.

[189] Xiao, Y., Zhou, S. X., 2020, "Trade-in for Cash or for Upgrade? Dynamic Pricing with Customer Choice" *Production and Operations Management* 29 (4): 856 – 881.

[190] Xue, W., Demirag, O. C., Niu, B., 2014, "Supply Chain Performance and Consumer Surplus under Alternative Structures of Channel Domi-

nance" *European Journal of Operational Research*, 2014, 239 (1): 130 – 145.

[191] Yu, D. Z., Cheong, T., Sun, D., 2017, "Impact of Supply Chain Power and Drop-shipping on a Manufacturer's Optimal Distribution Channel Strategy" *European Journal of Operational Research* 259 (2): 554 – 563.

[192] Yan, Y., Zhao, R., Lan, Y., 2019, "Moving Sequence Preference in Coopetition Outsourcing Supply Chain: Consensus or Conflict" *International Journal of Production Economics* 208 (2): 221 – 240.

[193] Yang, H., Luo, J., Zhang, Q., 2018, "Supplier Encroachment under Nonlinear Pricing with Imperfect Substitutes: Bargaining Power versus Revenue-sharing" *European Journal of Operational Research* 267 (3): 1089 – 1101.

[194] Zhan, G. J., Onal, S., Das, S., 2017, "Price Differentiated Channel Witching in a Fixed Period Fast Fashion Supply Chain" *International Journal of Production Economics* 193 (12): 31 – 39.

[195] Zhang, Q., Tang, W., Zaccour, G. et al., 2019, "Should a Manufacturer Give up Pricing Power in a Vertical Information-sharing Channel?" *European Journal of Operational Research* 276 (3): 910 – 928.

[196] Zheng, B., Yang, C., Yang, J. et al., 2017a, "Dual-channel Closed Loop Supply Chains: Forward Channel Competition, Power Structures and Coordination" *International Journal of Production Research* 55 (12): 3510 – 3527.

[197] Zheng, B., Yu, N., Jin, L. et al., 2019, "Effects of Power Structure on Manufacturer Encroachment in a Closed-loop Supply Chain" *Computers & Industrial Engineering* 137 (11): 106062.

[198] Zheng, L., Xu, C., Jing, C. et al., 2017b, "Optimal Pricing Policies for Differentiated Brands under Different Supply Chain Power Struc-

tures" *European Journal of Operational Research* 259 (2): 437 –451.

[199] Zhou, J., Zhao, R., Wang, W., 2019, "Pricing Decision of a Manufacturer in a Dual-channel Supply Chain with Asymmetric Information" *European Journal of Operational Research* 278 (3): 809 – 820.

[200] Zhou, Y. W., Cao, Z. H., Zhong, Y., 2015, "Pricing and Alliance Selection for a Dominant Retailer with an Upstream Entry" *European Journal of Operational Research* 243 (1): 211 – 223.

图书在版编目(CIP)数据

市场权力结构与价格竞争：基于动态博弈的分析 / 金亮著. -- 北京：社会科学文献出版社，2021.1
ISBN 978-7-5201-7756-6

Ⅰ.①市… Ⅱ.①金… Ⅲ.①企业竞争－研究 Ⅳ.
①F271.3

中国版本图书馆CIP数据核字(2021)第016657号

市场权力结构与价格竞争：基于动态博弈的分析

著　　者 / 金　亮

出 版 人 / 王利民
责任编辑 / 高　雁
文稿编辑 / 胡　楠

出　　版 / 社会科学文献出版社·经济与管理分社（010）59367226
　　　　　　地址：北京市北三环中路甲29号院华龙大厦　邮编：100029
　　　　　　网址：www.ssap.com.cn

发　　行 / 市场营销中心（010）59367081　59367083
印　　装 / 三河市龙林印务有限公司

规　　格 / 开　本：787mm×1092mm　1/16
　　　　　　印　张：15.5　字　数：235千字
版　　次 / 2021年1月第1版　2021年1月第1次印刷
书　　号 / ISBN 978-7-5201-7756-6
定　　价 / 128.00元

本书如有印装质量问题，请与读者服务中心（010-59367028）联系

▲ 版权所有 翻印必究